open · 世界工匠精神书系

| 德国著名企业只做不说的秘密 |

Die Mohns

摩恩家族

德国贝塔斯曼出版公司的掌舵人

[德] 徐菲·施莱克 / 主编
[德] 托马斯·舒乐 / 著　李永村　于梦梦 / 译　高钰杰 / 校译

贵州出版集团
贵州人民出版社

图书在版编目（CIP）数据

摩恩家族：德国贝塔斯曼出版公司的掌舵人 /(德)托马斯·舒乐著；李永村，于梦梦译. -- 贵阳：贵州人民出版社，2018.12
（open·世界工匠精神书系）
ISBN 978-7-221-14982-4

Ⅰ.①摩… Ⅱ.①托… ②李… ③于… Ⅲ.①企业家—家族—史料—德国 Ⅳ.①K835.160.9

中国版本图书馆CIP数据核字(2018)第285149号

Impressum
Das Werk einschließlich aller seiner Teile ist urheberrechtlich geschützt. Jede Verwertung ist ohne Zustimmung des Verlags unzulässig. Das gilt insbesondere für Vervielfältigungen, Übersetzungen, Mikroverfilmungen und die Einspeicherung und Verarbeitung in elektronischen Systemen.
Copyright ©2004. Campus Verlag GmbH
Besuchen Sie uns im Internet: www.campus.de
E-Book ISBN: 978-3-593-40373-1

著作权合同登记图字：22-2017-08号

摩恩家族：德国贝塔斯曼出版公司的掌舵人

著　者：	[德]托马斯·舒乐（Thomas Schuler）
译校者：	李永村　于梦梦 / 译　高钰杰 / 校译
组稿编辑：	谢丹华　黄筑荣
组稿编辑助理：	何文龙
责任编辑：	潘　乐　杨智婷
出版发行：	贵州出版集团　贵州人民出版社
地　　址：	贵阳市观山湖区会展东路SOHO办公区A座
邮　　编：	550081
装帧设计：	贵州创世天际印务设计有限公司
印　　刷：	贵阳精彩数字印刷有限公司
开　　本：	880毫米×1230毫米　1/32
印　　张：	12.5　字数：256千字
版次印次：	2018年12月第1版　2018年12月第1次印刷
书　　号：	ISBN 978-7-221-14982-4
定　　价：	46.00元

本书获2016年贵州省出版传媒事业发展专项资金资助

出版说明

近年来，无论是"一带一路"倡议、亚投行，还是"中国制造2025"，无不昭示着新时代的中国正以开放、发展、创新、合作的姿态面向世界。我们策划的这套"open·世界工匠精神书系"正是立意于此，旨在向中国读者介绍世界优秀企业和企业家以及在他们身上所体现出来的"工匠精神"。而说到"工匠精神"，"德国制造"世界闻名，其代表，如汽车领域的奔驰、电气领域的西门子、化学领域的拜耳，等等，无不享誉世界，有口皆碑，诠释着一丝不苟、兢兢业业、锐意臻美的工匠精神。

他山之石，可以攻玉。本书系选取了德国最具代表性的一些家族企业和人物的传记进行译介出版。通过这套书，读者能够更深入地了解严谨理性的日耳曼民族是如何在工作中践行标准主义、完美主义、精准主义、专注主义和实用主义的，而这些文化特征又是如何成就了"德国制造"，成为百年传承的根基的。而在此基础上，读者必将会对"工匠精神"有更深入的思考和理解。

此次出版的"open·世界工匠精神书系"共有6种书，分别是：《摩恩家族——德国贝塔斯曼出版公司的掌舵人》《弗利克家族——德国经济发展史上的传奇色彩》《涅克曼家族——德国邮递百货巨擘的荣耀与耻辱》《厄特克尔家族——德国食品王朝的生意奥秘》《蒂森家族——德国钢铁世家的悲剧》《格茨·维尔纳——德国dm企业创始人的成功奥秘》。除《格茨·维尔纳——德国dm企业创始人的成功奥秘》一书是个人传记外,其余5本均为家族传记,主要讲述了摩恩、弗利克、涅克曼、厄特克尔、蒂森五大家族和格茨·维尔纳的创业史,并揭露了许多不为人知的企业和家族内幕。

这6种书是由本套丛书的主编德籍华人徐菲·施莱克女士选定的。徐菲主编长期在德国工作和生活,对德国的文化和国情都十分熟悉,她选择的这些作品所介绍的企业或家族,在德国乃至全世界都有着很强的影响力,能够充分诠释出"德国制造"的内涵。而且,这些作品都侧重纪实性,内容深入浅出,在德国面世以来广受读者欢迎。而在作者方面,本套丛书除了《格茨·维尔纳——德国dm企业创始人的成功奥秘》是由企业家为自己作传以外,其余5本均由德国知名报刊的记者或专栏作家执笔,而翻译则是由主编组织精通德文的译者来进行,足以保证本译丛内容的权威性和可读性。

"open·世界工匠精神书系"是一套体现创业创新精神的学习型丛书,其视野是开放的、全球性的、面向未来的,其姿态是积极的、进取的。我们希望这套丛书能够让广大读者开拓视野,有所收获。

Contents ｜ 目 录

序 言 / 001

1. 把你的重担交给上帝 / 007
创始家族：贝塔斯曼家族 / 007
"黑面包和自由" / 008
海因里希·贝塔斯曼 / 021

2. 居特斯洛的第四个牧师 / 026
约翰内斯·摩恩娶了一个出版社 / 026
居特斯洛的第四个牧师 / 029

3. "更大和最大的发行量" / 037
海因里希·摩恩和贝塔斯曼的崛起 / 037
威克斯福特给读者带来好书 / 044
销售天才 / 051
成功的故事 / 056

4. 贝塔斯曼万岁！ / 068
纳粹时期的贝塔斯曼 / 068

居特斯洛的水晶之夜 / 075
同帝国文学院的冲突 / 078
停业 / 081

5. 纳粹时期的摩恩家族 / 089
妻子阿格娜斯 / 089
儿女们 / 092
赖因哈德的青年时代 / 095

6. 就是这小子！/ 101
继承者们都上了战场 / 101

7. 重建出版社 / 112
从零开始 / 112
生意再次启动 / 121

8. 纳粹政府的眼中钉 / 129
抵抗纳粹的传说 / 129
事实真相 / 131
期刊许可证 / 138

9. 上千个销售代表和数百辆宣传汽车 / 149
书友会的绝妙主意 / 149
书友会 / 154
招揽会员 / 162
实施一个想法 / 166

10. 红色摩恩 / 174
通往媒体帝国之路 / 174
创办杂志失败 / 183
收购古纳亚尔 / 185
《明星周刊》搅局 / 187

11. 赖因哈德的两任妻子 / 193
第一次婚姻 / 193
不圆满的婚姻 / 199
结识伊丽莎白 / 201
赖因哈德"叔叔"和约阿希姆"爸爸" / 205
"我的婚姻是一个错误。" / 211

12. "如果一切属实,真叫人难以置信。" / 213
贝塔斯曼和希特勒日记 / 213

13. 我必须让他们放手干 / 221
退出是为了更好地留下 / 221
费舍尔成为接班人,建立"临时政府" / 223
伊丽莎白·朔尔兹嫁给集团成了利兹·摩恩 / 226

14. 他是我儿子这个事实是不够的 / 229
赖因哈德和他的经理们 / 229
父亲和养子 / 231
孙子辈 / 240

养子和亲儿子 / 243

15. 一个敏感的话题 / 248
收购兰登书屋 / 248
荣幸获奖 / 252
米德霍夫接管公司 / 255
赫尔什·费舍尔逼贝塔斯曼承认真相 / 257

16. 一个从没做过的实验 / 264
做赖因哈德的继承人可真不容易 / 264
爱会敞开心扉 / 272

17. 我们必须迈出这一步！ / 276
决定上市 / 276

18. "我的毕生心血" / 283
创办基金会 / 283

19. "现在就让你们看看，你们在给谁干活！" / 291
家庭成员重新成为企业高层 / 291
"贝塔斯曼学到了许多新东西" / 299
转折点 / 304
利兹掌权 / 308
谁将成为董事会主席？ / 312

20.克里斯朵夫不会是我的接班人 / 315
全球集团又重新变回家族企业？/ 315

21.我根本不存在 / 323
被遗忘的贝塔斯曼 / 323
被踢出局的曾经的集团骄子们离开贝塔斯曼后的生活如何呢？/ 337

后记 / 347

信息来源 / 351

选出的书籍，报刊文章，发言，纪念出版物 / 353

对赖因哈德·摩恩的采访 / 356

对利兹·摩恩的采访 / 358

每章的参考文献 / 360

感谢词 / 387

序 言

一天，花园的篱笆旁站了一位书友会的销售代表，他身着西装，面露笑容，胳膊下面还夹着一个公文包。他祝贺我在班级绘画比赛中取得了好成绩，还说我获奖了，奖品为一本画册和贝塔斯曼书友会的会员资格。我感到非常惊奇，当时我还只是一个上小学的男孩，这可是我第一次获奖。我的父母看穿了他的小伎俩，犹豫要不要成为会员，但我坚持要我的奖品。随后的一年中，父母订购了一本健康百科、一本园艺指南以及贝塔斯曼出版的一些冒险小说。我们的书柜摆满了所有重要的园艺、健康类书籍。一年到期时，父母马上就退出了书友会。尽管如此，当时我对贝塔斯曼出版社仍非常有好感。

之后，作为记者，我对贝塔斯曼又有了一种复杂的情感，一方面是尊敬，另一方面是对贝塔斯曼及其老板赖因哈德·摩恩的敬佩之情。他将一个家族企业打造成为一个全球性集团企业，还是德国战后企业创始人中唯一健在的代表性人物。其创建公司和建立媒体权威的经历也是战后历史的一部分。赖因哈德·摩恩一再突破界限，在以前别人只是想想的时候，他就看准了市场趋势并贯彻实施。他也被称作"开明的资本家"，他付给员工的薪资比同行高。他和企业职工委员会建立了伙伴关系，以此削弱了工会的权力，在贝塔斯曼公司里从未发生过一次罢工。通过把员工培养成为企业管理者来激发他们的积极性，当然他也从中受益匪浅。贝塔斯曼公司每年的增长规模相当于一个布尔达出版社。他建立和收购的公司使出版业发生了彻底的变革，并且使媒体走向商业化。

时事评论员君特·豪斯在1986年称他为"联邦共和国最成功的企业家"。凭借自己独特的企业管理方式，摩恩在1988年被《时代周刊》评选为"世纪企业家"之一。如果没有将自己的资产转移到基金会，他将是最富有的德国人，如今他却只排在财富榜第五位。不同于贝卢斯科尼、基希和默多克，他并不为公众所熟知。北德意志广播电台NDR在一部纪录片中称他为"那个低调的居特斯洛男人"。只要他的产品被认可了，个人的知名度对他来说并不是特别重要。

他的企业和他一样低调。听到贝塔斯曼这个名字，人们总是不由自主地想起书友会。然而，贝塔斯曼早已成长为一家顶级媒体集团，旗下有多家响当当的子公司，如兰登书屋——世界上最大的图书出版社，曾出版了约翰·格里森姆、托尼·莫里森、丹尼尔戈尔德哈根、理查德·冯·魏茨泽克、迈克尔·戈尔巴乔夫和比尔·克林顿，以及鲍里斯·贝克尔、迪特·博伦和丹尼尔·库布伯克的作品；RTL——欧洲最大的电视公司，在德国拥有如薇若娜·普什和君特·耀赫这样的电视主持人，播出过《老大哥》和《德国寻找超级明星》电视节目；贝塔斯曼唱片集团BMG——全球最大的音乐制作公司之一，出售过尤多·尤尔根斯、卢奇亚诺·帕瓦罗蒂和布兰妮·斯皮尔斯的唱片；古纳亚尔——欧洲最大的杂志出版商，杂志《明星周刊》是其旗舰杂志，自从鲁道夫·奥格斯坦去世后，古纳亚尔在竞争对手《明镜周刊》作重大决策时也具有了否决权；欧唯特——欧洲最大的印刷公司，德国大部分书籍由它印刷，几乎每部手机都是由它出产，参与铁路优惠卡和德国汉莎航空公司的飞行常客奖励计划的制定与实施；贝塔斯曼基金会，德国最大的基金会——对德国乃至欧洲政界的影响不可小视。

比起贝塔斯曼的规模，我更钦佩的是其开放的沟通环境。在采访中记者们始终都没有感觉有什么禁忌。然而一谈到摩恩家族，谈话就会结束。利兹·摩恩和赖因哈德·摩恩喜欢谈论贝塔斯曼的点点滴滴，但一涉及他们自己，就没那么善谈了。即使谈到文化、信仰、遗产以及基金会，只要是有关家庭的采访，他们总是避之唯恐不及。

2001年利兹·摩恩出版了她的自传。赖因哈德·摩恩在1985年的公司周年庆时介绍了他的生平。1999年和2000年，在公众压力下，赖因哈德·摩恩再次向贝塔斯曼公司建立的历史委员会告知了他的个人生活。但两位的陈述引发的问题就像他们回答的问题一样多。为了这本书，我多次提出采访利兹·摩恩和赖因哈德·摩恩的请求，但均被拒绝,所以我无法询问那些自相矛盾的表述。尽管他们两位拒绝了我,但是我仍然有机会走进这个家族,进行了大量的采访和对话。尤其是和赖因哈德的校友古斯塔夫·艾勒特、第一任妻子玛格达勒娜及其最小的儿子安德烈亚斯的谈话,使我能够了解赖因哈德·摩恩及其家庭50多年的生活。古斯塔夫·艾勒特至今仍和摩恩家族联系紧密,他的女儿嫁给了摩恩的儿子约翰内斯。

为了写摩恩家族,我们就必须要认识贝塔斯曼集团。20世纪90年代以来,我就一直追随着贝塔斯曼:先是在慕尼黑的《南德意志报》做媒体编辑,从1998年开始在属于贝塔斯曼公司的《柏林日报》担任媒体编辑,同时作为媒体专栏作家在《时代周刊》工作。在过去几年里,我密切关注马克·沃斯诺尔、托马斯·米德尔霍夫掌权时期公司的变化,目睹了利兹·摩恩的崛起,并参加了利兹和赖因哈德·摩恩众多公开露面的活动。我也和许多贝塔斯曼的员工以及业界观察者谈过贝塔斯曼公司和摩恩家族的重大事件。

20世纪90年代中期,我就想出一本有关贝塔斯曼公司的书,现在却成了一本关于摩恩家族的书。因为我对贝塔斯曼公司的研究越深入,我就越觉得,只有了解了摩恩家族,才能了解贝塔斯曼。赖因哈德·摩恩也强调继续加强家族的影响力。如今,贝塔斯曼公司的未来和摩恩家族的未来前所未有地紧密联系在一起。

2000年12月12日,赖因哈德·摩恩在居特斯洛第一次接受历史调查委员会的四位历史学家的采访,当时历史学家们正在针对外界对贝塔斯曼公司在第三帝国时期发展历史的指责进行调查研究。诺伯特·弗莱问赖因哈德，他究竟怎样看待出版社的历史。赖因哈德·摩恩回避了这个问题，然后说明了他对过去不怎么感兴趣的理由：他是一个总在考虑未来问题的人。为了关注社会问题，他不断扩大自己的企业并创立了一个基金会。弗莱反驳说，一个面向未来的企业，尤其是一个与媒体和交流相关的企业，就更不应该忘记历史了。

赖因哈德·摩恩回答说："现在我想非常私人地回答一次您提出的问题。常有人问我，什么时候让谁来写我的传记。我的答复是，我不会出传记的。不久之前有一个科威特的访问团来到这里，贝塔斯曼为他们的部落首领辖地建立了一个交流中心。访问者用了5部摄像机，想要记录下交流中心的落成典礼。当时他们在采访中提问我，您希望以后人们能够记住您什么？我的回答是，他们不需要记住我什么。我看到很多人追名逐利，包括一些政治家、演员以及企业家。我对这种自我表现非常反感。"诺伯特·弗莱说，他感觉自己完全被误解了。只要问他有关他的传记的事，他的回答始终没有变过。

对于赖因哈德·摩恩来说，这个回答就是企业政策的一部分，他要传达的消息总是正面积极的。在一个十分看重个人崇拜的行业，他掌控着世界最具影响力的媒体企业之一，却偏偏表现得很谦逊。只要他点头，无数媒体就会将他放在封面并且在黄金时段访问他。他拥有的媒体权力比任何德国人都多，但他却拒绝了媒体的追捧。实际上这正好和西尔维奥·布卢斯科尼以及鲁珀特·默多克形成了对比。这似乎在暗示，媒体不仅仅意味着秘密交易、追名逐利，也意味着社会责任、慷慨大度。

  不过事实远没有这么简单。基金会如今是公司的所有者，通过基金会，赖因哈德·摩恩和各个党派的政治家们联系紧密，他们可以坐在一个桌子旁边谈事情。有人猜测，基金会的专题研讨会就像议会的委员会，贝塔斯曼基金会在幕后为德国和欧洲许多方面制定政策。

  但是这个公司终究是由赖因哈德·摩恩及其家族绝对掌控的。基金会建立后，虽然摩恩家族持有的资产还不到20%，但却独自决定着公司的发展。单单因为这种庞大的权力，我们就应该认真研究一下摩恩家族。

  是谁执掌贝塔斯曼公司长达50年之久并使其成为一个国际集团？能继承这个媒体帝国的家族是什么样的？只有了解摩恩家族和他们的企业，我们才可以了解到那个以隐秘方式统治我们的媒体帝国，以及我们生活的媒体社会。贝塔斯曼的权力体现在何处？它又是如何被维护和传承的？在媒体时代权力意味着什么？它又是如何发挥作用的？

  我们无法期望从赖因哈德·摩恩那里得到答案，他始终拒绝出自己的传记。当他告诉历史学家诺伯特·弗莱不需要任何人记住他什么时，诺伯特·弗莱却回应他说："这事您决定不了，他们不会管您是否想要被别人记住，这决定权不在您的手上。"

1.把你的重担交给上帝

创始家族：贝塔斯曼家族

在贝塔斯曼家族，对出版社创始人卡尔·贝塔斯曼的纪念活动不断以多种多样的方式进行着。赖因哈德·贝塔斯曼的父亲海因里希·贝塔斯曼在创始人卡尔·贝塔斯曼去世之后的100年里，仍以卡尔·贝塔斯曼的名字签署重要文件，其中包括：与作者签署的合同，为员工开具的证明，以及他在1947年告知英国占领军当局自己将从公司退休的文件。

赖因哈德·摩恩让人在位于居特斯洛的卡尔·贝塔斯曼大街的公司总部地下室建造了一个所谓的"家族历史陈列室"，里面陈设的都是父母老房子里的家具和其他物品。在过去的时间里，他特别注重家庭传统。有重要采访时，他都坐在这个房间里,靠在桌子旁;比如1999年他在记者招待会上宣布将自己的公司过户给他的基金会后在这里接受了采访。公司的公关部门也喜欢带美国和日本的访问团到这个木质的小房间,让他们充满敬畏地赞叹这个家族的历史。

灯光在瓷砖壁炉、衣柜和餐桌上洒着柔和的光芒。在木制壁板上刻有格言警句:"上帝不会忘记,一个欢乐的客人从来不是负担";"上帝想要一个人恢复精神,谁也不会让他感觉负担过重";"不要抱怨你的苦难,不要害怕上帝,上帝日夜帮助你"。赖因哈德和他的兄弟姐妹们是看着这些人生格言长大的,他们每日餐前在老房子的餐厅祈祷时就会看到这些。

在一张大桌子上有两本供客人翻看的相册,里面是些黑白老照片。墙上是贝塔斯曼家族和摩恩家族成员的油画肖像。在这个照片墙上挂着24幅摩恩家族祖辈的肖像,包括赖因哈德·摩恩的父母阿格娜丝和海因里希·摩恩。

在所有这些油画和照片中偏偏缺少卡尔·贝塔斯曼。只有他创建的石板印刷厂的一根木梁被保留了下来,上面雕刻着他的座右铭,这根木梁装饰了总部的地下室。在隔壁的客人餐厅里挂着他的继任者海因里希·贝塔斯曼和约翰内斯·摩恩的画像。那么是谁带领公司走过了最初100年的岁月?

"黑面包和自由"

卡尔·贝塔斯曼将有一天获得巨大的经济成功,这在当时是不可想象的，尽管这个家族一直有经商的传统。卡尔·贝塔斯曼来自一个商人家庭，由于工作原因以及当时动荡不安的生活，他们经常更换住址。这个家族的起源可以追溯到三十年战争时期。关于家族名字的起源流传着不同的版本：奥斯纳吕贝克附近有一个村庄叫"贝塔斯曼"，据说这个村庄曾建立了附近第一座教堂，而这座教堂的资助人是神圣的巴索罗梅。海因里希·摩恩也只是在一篇回忆卡尔·贝塔斯曼的文章中提到过这一版本——卡尔·贝塔斯曼这个虔诚的男人可能会喜欢这个说法。而历史学家德克·巴芬达姆发表在贝塔斯曼成立150周年编年史中的另一个版本则是：这个名字可以追溯到萨克森的"贝尔特霍尔德"，当时易北河－威悉河三角洲是萨克森州的中心地带，贝塔斯曼家族曾是农民，放弃务农后成为比勒费尔德地区附近的商人。

卡尔·贝塔斯曼的父亲约翰·弗里德里希（1757—1793）大概在1775年，也就是18岁时成为居特斯洛的商人和啤酒酿造师。他从事啤酒酿造工作可能有一点讽刺，因为他的后代是特别虔诚的信徒，严禁饮酒。据说他们宁愿停办一份报纸，也不愿为啤酒节刊登广告。1791年10月11日，卡尔·贝塔斯曼出生于居特斯洛，他是6个孩子中年龄最小的那个。当他的母亲弗里德里克·路易丝独自抚养孩子们时，他还不到2岁，因为他的父亲约翰·弗里德里希在35岁时去世了。

这个家庭仍然在居特斯洛居住。母亲为养活这个家庭付出了很多努力，卡尔·贝塔斯曼也在贫困中长大了。他可能从他的母亲那里获得了"支撑和反抗所有生活苦难的力量"。母亲是一个坚强的女人,她在很小的时候就不得不接受命运的沉重打击,因为她的父亲也很早就去世了,她的母亲在1775年失去了所有的财产。正如海因里希·摩恩在回忆录中所描写的那样:"一大群蒙面的强盗在一个晚上袭击了房子,这群强盗毫不费力地破门而入,击倒并绑住了这个无助悲惨的女人。这些暴徒把所有可以移动的财产都拉出来了,他们抢劫得如此彻底,以至于连早上煮咖啡用的烧水壶都没有留给这些可怜的人。金戒指也没给她留下,因为戒指太紧,其中的一个强盗甚至用牙齿把它拽了下来。所以这个寡妇在一夜之间失去了所有财产。"

在卡尔的童年时期,住在威斯特法伦的主要是些农户,他们的住所相距较远,大的聚居点不多,而居特斯洛只是一个住了约300户人家的小地方。海因里希·摩恩这样描写他曾祖父的生活:"人们几乎无法想象那种原始的生活条件。"1800年,八成的住房都没有烟囱,村里所有的路都是连接附近村落的土路。直到1817年,第一条从比勒费尔德通往利普施塔特的公路才开始修建。尽管如此,居特斯洛的纱线贸易仍生机勃勃,纱线主要销往柏林以及荷兰。

几乎没有关于卡尔·贝塔斯曼童年和教育经历的记录。他18岁的哥哥弗里茨在1812年拿破仑的俄法战争中战死了,他的姐姐弗里德里克是一个心灵手巧的人,直到结婚一直经营着一家缝纫和针织学校。最小的妹妹洛特则帮助母亲操持家务。和比他大11岁的哥哥阿诺尔德一样,卡尔也学习书籍装订手艺。之后他找到了一份为市长莱曼做秘书的工作,而这位市长是被法国占领军任命的,因此他提前得知了被应征入伍到拿破仑军队的消息。卡尔·贝塔斯曼担心会遭受与哥哥弗里茨同样的命运，于是他于1812年2月22日从他的家乡连夜逃走了。1812年6月23日，在距离菲斯滕瓦尔德2英里的卢登博格的一个乡村旅馆里，这个20岁的年轻人在日记本中写下了人生座右铭："我拥有的是黑面包和自由/我的内心充满的是对和平的渴望/在尘世间我不想得到更多/和平，有你我就足够了。"经过一天的长途跋涉，他在日记本里写道："我满身大汗淋漓，把包裹扔到椅子上，畅饮着啤酒，然后赶到那个离村庄不远的偏僻小湖，清洗着我这疲惫的身躯，彻底洗去我一天的疲倦，为明天做准备。"第二天晚上，他记下："虽然距离晚上睡觉的地方只剩两英里远，然而我对每天跋涉的路程很满意，我就是这样一个知足常乐的人。"他从菲斯滕瓦尔德继续前往奥得河畔的法兰克福，直到位于上西里西亚的布雷斯劳。"我通常独自在路上，虽然我可以有同伴，但结伴同行总让我不舒服。"

两个月后，他又回到了菲尔斯滕瓦尔德，因为他第一次路过这里时答应了林登堡先生在他那里工作，林登堡先生是一个五十多岁的男人，"不太正派，行为有些放纵"。尽管为他提供工作和住宿的这个雇主是一个有很多毛病的人，还是个酒鬼，喝光了自己的家产，卡尔还是在他那里待了很长时间。"如今，我的面前每天都有这样一个让我警醒的例子。一个人为自己感到羞愧是多么的不幸，一个人怎么会因为酒瘾堕落到这种地步？"这激起了这个年轻人对酒精深深的厌恶。他向自己保证："无论如何，只要我还有意识和力气，我就不会沾一滴酒，至少我不会因为上瘾而这么做。"

尽管如此，卡尔在林登堡家过得还不错。"我得到了所有我需要的、适合我并且对我有益的一切；就差一样东西，那就是钱；但怎么可能事事顺心呢？"在空闲时间里他学习了算数和印章。他并非一个喜爱交际的人，"我在这里没有熟人，为了尽量避免跟人打交道，我不打算交朋友，我也不会主动跟人交往，这样我就可以不受干扰地投入我的学习中。"他在日记本中这样写道。

1814年，他去柏林工作了几个月，然后又继续去了波茨坦、勃兰登堡、费勒伯林、诺伊鲁平和罗斯托克。在罗斯托克时，他曾在一家图书装订工厂工作。1815年3月，他继续前往梅克伦堡的一个小地方。他在日记中写道："人们把我的工作成果看作艺术品，我也非常享受这种尊重。"然而他在享受这种认可的同时，良心又受着谴责。他认为，自己必须立即为这种赞美道歉，他写道："为此高兴是可笑的，但是听到赞美感到高兴也许是人的天性吧。"他离开梅克伦堡后，又到了汉堡、吕贝克、策勒和汉诺威。1815年10月他终于又回到了居特斯洛，回到了那个他无法忘记的女人身旁。

早在1812年2月连夜离开居特斯洛前的1811年11月22号，他在居特斯洛附近的博尔格霍尔茨豪森就已认识了他后来的妻子弗里德里克·赫林。弗里德里克的父母是卡尔·贝塔斯曼哥哥阿诺尔德妻子的远房亲戚，经营着一家小旅馆。卡尔和弗里德里克互称表兄妹。她是一个阳光快乐的女孩，第一次见面时就给严肃内向的卡尔·贝塔斯曼留下了深刻的印象。在她眼中，他是这样的："谁在他的心里

/他能干，沉着又智慧/他总能让人信赖，又有勇气/我无法浇灭的思念/精神上永不停歇/希望他永远在身旁。"他在外游历的这些年里一直把这几行话带在身边。

然而卡尔在回来后又等了7年才敢向她坦露自己的心意，向她求婚。1822年，距他们第一次相遇十多年后，他在给她的信中写道："我通过了这个考验，我也不知道，我是否应该为自己通过了这个考验而高兴，因为我对你的爱意仍在。我看到，在十多年后我仍然如此地珍视它，以至于我所有的愿望就是拥有你，然而在静静地思索后，我又无法允许自己有想要拥有你的想法，因为我缺乏外在和内在的条件。"她是这样答复他的求婚的："您难道不害怕这只是您的错觉？人在经历了这些年里多种关系和情绪的不断变换后，脾气和性格会多么容易改变。您最好再认真考虑一下，您是否仍要承受这样一个负担？"

三周后，她在信中写道："我想，我已经想得足够清楚了。您能原谅我吗？那就请原谅我吧。我只是努力想要让自己更配得上你……每天我都会听到我亲爱的母亲和兄弟姐妹对你极为夸赞。"他回信写道："如果我能得到您的认同，那我就是一个非常幸福的人并且在实现我想要的目标了。以我内心最深处的爱保证。"

订婚一周后，他给他的新娘寄去了一枚"值一个泰勒"的银币，银币上刻着以下文字："为了永远纪念心中真正友情的甜蜜味道。"1822年10月17日他和弗里德里克结婚了。夫妇二人有五个孩子：路易丝、卡尔·弗里德里希·威廉（还是婴儿时已死亡）、海因里希、安娜和威廉。

他们共同生活了28年，而她不得不和他的出版社一起分享他的爱，还要和他一起工作。他早在婚礼前就已将这些考虑在内了，他不仅将弗里德里克看作是妻子，也将她看作是一个让人喜爱的同事，他告诉自己："如果现在有我没时间去做的工作，我就经常会想：如果有了我的小里克，她应该就会帮助我了，我非常相信这一点。"卡尔·贝塔斯曼商业上的成功不仅因为他的勤俭节约，虽然他的确说过"在每一处可以省钱的地方节省"，然而当他自己做机械工作或者让他的妻子一起工作时，他是绝不吝啬的，他把工作看得比什么都重要。

　　1815年，当24岁的他回到家乡时，居特斯洛并没有适合图书装订工人的工作。他的哥哥阿诺德已经在从事这个职业了，因此卡尔去了邻近的比勒费尔德和伏罗托，然而在那里他也找不到任何工作。直到他的哥哥去世了，他才得以在1819年取代哥哥在居特斯洛的工作位置。"孤独且目标明确，"编年史作者沃尔特·肯伯夫斯基在贝塔斯曼成立150周年纪念日时写道，"他在那段时期为后来的一切奠定了基础。他不间断地工作，就像被逼迫似的。他每天工作14个小时或者更长时间，他们从早上4点一直工作到深夜。"卡尔·贝塔斯曼继续着他哥哥的生意。很明显，生意运行得不错，1823年他雇用了学徒恩斯特·博赫尔森。

　　1824年他尝试学习石版印刷，这是他从装订书工人成为出版商的第一步。1824年6月19日他在笔记本上写下："石版印刷的应用。印制刻度盘的前五个数字以及四又二分之一令动物图片，做成一个模具；对石刻羊皮纸精致的加工，这方面技术还不够成熟。"他的石版印刷厂是当地第一家，平版印刷模板是他特意让人从巴伐利亚内尔特林根市带来的。1829年12月他向明登市的皇家普鲁士政府申请平版印刷企业营业执照，仅仅5年后他就让自己建立的工厂变得非常正规。他的生意在蓬勃发展，比如说，贝塔斯曼为学校印的歌曲集销路很好。他对价格精细的计算还催生出一些稀奇古怪的创意，比如他在乐谱上用数字代替音符来表示音阶，因为这比印刷带音符的乐谱便宜。销量上升后，再重新在歌曲集上印曲谱。不但纸张越来越好，而且装饰也越来越精美了，因此销量增加了，价格同时也提高了些。1833年他已经以"我的出版社"的名义给一位出版商写信了，尽管当时他还未申请出版社的营业执照。

他的歌曲集很受欢迎，销量达到2万份。在居特斯洛，他得到了弗里德里希·艾克霍夫在音乐技巧上的帮助，弗里德里希·艾克霍夫既是一名教师，也是一名管风琴家。这位老师不仅演奏管风琴，而且还会作曲，他非常擅长创作易懂好记的曲调，例如，至今仍流行的圣诞歌曲《你们的小孩儿来了》就是由他创作的。弗里德里希·艾克霍夫可能是贝塔斯曼家里一位非常受欢迎的客人，他在拜访期间和卡尔·贝塔斯曼的女儿建立了特别的感情，之后他们还结了婚。一些史学家甚至猜测，是他激发了岳父产生成立一家出版社的想法，以便将他创作的歌曲更好地带给人们。无论如何，这个商业想法为卡尔·贝塔斯曼带来了利润：在石版印刷厂运营几年后，他已经能够用1500泰勒买一套住房和商用房了。他让人在房子的门楣上刻下了《圣经·旧约》第55诗篇："把你的重担交给上帝，他不会让正义的人永远在不安中。"

对他来说，约翰·辛里奇·沃尔肯宁应该属于自己最重要的朋友之一了，约翰·辛里奇·沃尔肯宁1826年当选为居特斯洛地区路德教会的牧师，他们一起推动了明登-拉文斯堡地区的新教徒觉醒运动。当时35岁的卡尔·贝塔斯曼是否完全认同沃尔肯宁的信仰，这就不得而知了。但他们的思想彼此接近，这后者成了朋友。人们可以从中推论，沃尔肯宁使卡尔·贝塔斯曼对新教徒觉醒运动产生了兴趣并为他的印刷厂提供了订单。曾为贝塔斯曼出版社成立150周年撰写编年史的史学家巴芬达姆写道："对出版社的建立起决定性作用的既不是一段主观的经历，也不是居特斯洛的管风琴师弗里德里希·艾克霍夫对印刷乐谱的需求，而是卡尔对市场潜力理智又有远见的预测。"巴芬达姆说，因为觉醒运动意味着"当时交流方式的一场革命"。觉醒运动是一场世俗运动，它的根基就是通过口耳相传的形式进行传播，因此越来越多的新社交圈子组建起来，讲述圣经、传教并组织更多的新聚会。

牧师沃尔肯宁的崛起始于牧师住所的一个小的圣经颂歌圈子。最初，很多公民不想了解他并且毫不掩饰自己的拒绝。管风琴师艾克霍夫还曾拒绝为他演奏。巴芬达姆说，人们"半敬畏半害怕地"称沃尔肯宁为"虔诚派教徒将军"。卡特林·迈纳在《城市和她的市民们》一书内提到："跳舞被沃尔肯宁谴责为淫荡。"谁要是打牌或者参加游行队就会被他看作走上了通往"地狱"的路。即使只是从窗户观看节日游行队伍，也已经被判"下地狱"了。有些人认为他的布道是非基督教的或"低级的侮辱"，但沃尔肯宁并不畏缩。巴芬达姆认为，他的讲道在居特斯洛和周边地区的许多信徒中是"一种轰动"。随着时间的推移，越来越多的追随者来听他简单明了的讲话，即使是他的对手也希望听他布道。五年后，涌来的听众如此之多，以至于牧师住所的空间已经不够用了，于是沃尔肯宁在教堂里继续进行传教。巴芬达姆说："沃尔肯宁的布道祈祷变成了大规模的集会，有时候甚至有数千人。"四年后，在居特斯洛的这场运动发展得如此之快，以至于教堂都太狭小了。因此1835年第一次举办了露天的布道节，这也是由沃尔肯宁与几个志同道合的牧师一起制订的牧师会议框架计划的一部分。

巴芬达姆写道，这样的传教节是"基督徒读书、唱歌和祈祷的民间节日"。"1835年举办活动时，已有17位牧师、6位候选人，以及无数来自远近各方的追随者参加。整个莱茵兰威斯特伐利亚州都有圣经学会、传教团体、青年和少女社团组织这些聚会。突然到处都需要宣传小册子、歌词和文章。觉醒运动要唤醒那些还在沉睡的人，它释放了一个关于原罪、惩罚和宽恕的信息，希望能够让人们接收。为此，这场运动需要印在纸上的文字及乐谱。可以说，这场运动也推动了交流和大众传播。卡尔·贝塔斯曼在传教节前夕创办了他的出版社，这当然不是巧合。"

这一步他已经准备好了：在春天，他就从乌珀塔尔-巴门的一位五金师傅那里订购了一台印刷机，购买了不同字体的活字。他申请到了明登政府1835年3月18日授予的图书印刷许可证，这总共花了1泰勒150芬尼。如今，他被允许印刷的图书版数更大了。有了许可证后，他申请印刷的第一部出版作品是管风琴师艾克霍夫的基督教赞美诗集《圣歌》。1835年6月1日他在给当局官方的信中这样写道："因为我打算在这一年7月1日建立一家图书印刷厂，第一个任务就是出版赞美诗集，因此我恳请在此之前可以先完成这部作品的部分工作，到时不至于因为工人太过忙碌而陷入窘境。"从此这一天就被看作是这个企业成立的日期。

然而几周之后，直到8月3号，卡尔·贝塔斯曼的印刷样品才获得通过。他选择了《圣经·旧约》的第二十四篇作为印刷试验品，而这一篇也成了出版社的座右铭："向世界打开大门，让尊敬的王者进来，谁是那个尊敬的王者呢？他是强壮又有力量、在战斗中最强大的那个人。"这一延误是卡尔·贝塔斯曼的吝啬造成的：他想省下雇一名机械师的钱，于是自己安装了带斯坦霍帕型英文模板的印刷机。这个印刷机安装后需要多次修理，费用达7泰勒，大概是工人两周的工资。样品通过验收后，直到秋天，印刷工作终于可以开始了。

企业家卡尔·贝塔斯曼从一开始就始终努力为他的印刷厂争取订单。他应该怎么做呢？他要如何确保机器能够长期地充分使用呢？卡尔为这些问题找到了一个简单的答案：成为自己的顾客和出版商，由贝塔斯曼出版社给印刷厂下订单。这样一来，即使在几乎没有外部订单的情况下，工人们仍然很忙。当时他可能并不知道现代媒体企业一体化这个概念，但是当他创办出版社时，他已经确立了这个至今仍影响着贝塔斯曼公司的原则。

与觉醒运动的"明星"沃尔肯宁成为朋友，又进一步推动了策略的实施，因为沃尔肯宁想要出版自己的书。沃尔肯宁的书卖得很好，在艾克霍夫的《圣歌》首次出版20年之后，卡尔的儿子海因里希出版了沃尔肯宁的赞美诗歌集《小小的传教竖琴》，销售量超过两百万册，成了该出版社的第一本畅销书。1836年以来，卡尔出版了"拉文斯堡传教协会"的各种著作。当时参加协会盛典的人多达1万人，全都是贝塔斯曼出版社刊物潜在或实际上的订阅者。顺便说一下，拉文斯堡传教协会的负责人是沃尔肯宁，他为卡尔·贝塔斯曼接触觉醒运动的追随者们提供了机会，卡尔凭此机会还可以为乌珀塔尔的城镇和其他地区的人供货。

卡尔总能知道如何巧妙地将自己企业的进步与承担的公共责任结合起来。游历完回到居特斯洛，他就上缴了兼职需缴纳的税，之后居特斯洛就委托卡尔·贝塔斯曼管理市政财务。他热心照顾老人，关注新教区的建造，并捐款修建了一条从科隆到柏林的铁路线，希望为这个地区带来经济利益。他当选为教区理事会成员，担任了一个负责财务的职位，并最终当选市议员。1846年他首次参选9人议席的市议会，几近成功。他写信给儿子说："我只少了一票。"1847年他再次参选时，他获得的选票非常之多，不仅让他当选了市议会的议员，甚至还成为市政府三人执政官中的一员。在政治上他属于保守党，支持"王座与祭坛"同盟，反对理性主义、自由主义和启蒙运动。"卡尔·贝塔斯曼非常正直，有着虔诚的信仰，极其勤奋并被证明是一个忠于国王的人。"贝塔斯曼出版社后来的老板约翰内斯·摩恩写道。

卡尔多次试图通过创办报纸，以大众传播的方式扩大政治影响力。自1833年7月起，他开始出版《维登布吕克城区公共告示》，每周发行一份8页的报纸，内容包括：官方的法令和公告，具有启发性和娱乐性的文章。然而这个报纸只发行了25版，据说他叫停了这个报纸，因为他不想为射击比赛刊登任何广告。对于那种比赛期间可能会大量饮酒的赛事，他都一律拒绝。1848年革命那一年，他又尝试出版一份名为《人民报》的刊物，但同样没有成功。1848年开始发行的《对居特斯洛全部城镇的通知》也只发行了两期。

上了年纪后，他尤为赞成在居特斯洛建立第一所福音派教会基金资助的文理中学，一所新教中学，为整个德国培养新教的下一代。他和另外两位居住在居特斯洛的商人威廉·巴特尔斯和弗里德里希·拉斯费尔德成了由教会任命的创始委员会成员。这所新教文理中学得益于普鲁士坚持新教学校与州立学校平等的政策，能够跟整个国家的教育保持衔接。1849年6月卡尔·贝塔斯曼在《对居特斯洛全部城镇的通知》中写道："这个文理中学虽然在我们身边，却并非是我们的，它是为整个新教德国提前做准备的，将有助于培养对人民忠诚的儿子和领导者，这样我们才会有一个更好的未来，而这只有在基督教的教化下才能实现，因此我们有义务对所有人解释托付给我们的钱。"这些是卡尔·贝塔斯曼最后一次公开发表的讲话。没过几个月，也就是在1850年11月17日，他就患了脑中风。

结局早在几个月前就已确定了。人们可以从他的妻子给儿子的信中得知，几年来卡尔·贝塔斯曼的听力一直很差，如今他的健康状况也越来越差了。年轻时一直被认为非常健康的他上了年纪后才打算放慢生活节奏。为了过上更健康的生活，在新鲜的空气中工作，他花了2650泰勒在卡滕斯特罗斯农村买了一个农场。出版社交给儿子后，他于10月搬到了农村。然而他在农场的幸福生活只持续了很短一段时间，2个月后就去世了。出身贫寒的他，享年59岁，生前是一个受人尊敬的富有的公民。

他无法参加这所新教文理中学的开幕式了。但是这所中学能够在居特斯洛建成，他的确在其中发挥了决定性作用。历史学委员会这样评判他的遗产："新教文理中学是卡尔·贝塔斯曼创造的两大政治保守主义壁垒之一，另一个则是他的出版社。直到他去世，他出版了将近50本书。"新教-基督教的教育思想和普鲁士民族思想在他的努力下与国家发展建立了联系。

海因里希·贝塔斯曼

卡尔·贝塔斯曼对市场有着非常出众的敏锐眼光，而他的儿子海因里希则采取了另一种策略，这种策略使贝塔斯曼公司取得了成功并不断发展，即通过追加购货实现增长。他的父亲交代他，"要对我们出生地宗教的构成"产生影响，但海因里希·贝塔斯曼却活出了自己。在他的领导下，公司在不断成长。他刚执掌公司时，公司只有14名员工，不久就增长到60人了。他将出版社的计划从宗教领域拓展到小说和非小说（历史、哲学、语言学等）领域，增加了印刷版次。此外，他还收购了比勒费尔德的J.D.

昆斯特印刷厂、埃尔伯费尔德的N.R.弗里德里希斯出版社、斯图加特塞缪尔·戈特利布·利兴的部分出版社以及纽伦堡出版社、G.勒厄、柏林的J.雷马克和费迪南德·杜姆勒出版社。1869年他把父亲的零售书店送给了学徒弗里德里希·蒂格斯，弗里德里希·蒂格斯的家族至今仍在经营着这家书店。

海因里希·贝塔斯曼出生于1827年。接手出版社时，他才刚满22岁。他是一个不合群并且沉默寡言的人，和他相比，他的父亲卡尔可以称得上一个比较健谈开朗的人了。也许父亲的期望太过沉重，让他背负了过多压力，因为在海因里希的青年时代以及他的生活中，只有一件事：成为一个可以领导出版社的继承人。他一生的时间都在用父亲的名字"卡尔·贝塔斯曼"签署商业信函，仿佛在按照父亲的指示行事。

在他新教文理中学监督委员会成员工作，后来又将自己的后代送去新教文理中学读书。在他年轻时这所中学并不存在。他的父亲不信任公立学校，因此把他送到牧师沃尔肯宁那里学习，沃尔肯宁当时已不在居特斯洛了，而是在位于离居特斯洛不远的比勒费尔德的约勒贝克传教。这样一来，可谓一箭双雕：他既可以与出版社最重要的作者保持密切的联系，儿子作为指定的接班人又在可靠的人的手中。海因里希接受了历史、拉丁文、法文、英文、绘画和文学史的全面教育。即使不在身边，父亲也会在信中提醒儿子将来的责任，经常勉励他要勤奋、专注、缜密、谨慎。父亲还提出善意的建议："为了使你自己不要忘记要做的事情，最好在你卧室合适的位置贴上一个备忘便条，这样你每天早上都能认真对待在做的事情了。"这当然没有乐趣,但海因里希还是遵从了父亲的期望。他在约勒贝克待了多久,人们不得而知。可以肯定的是,在严格的新教教舍里停留的数月对这个15岁的孩子产生了深刻的影响,这里笼罩着的纪律精神正是沃尔肯宁在他的《小小的传教竖琴》的序言发誓宣称的那样。父亲对儿子的表现很骄傲:"这使我尤为喜爱读你的信,我从中看到,你打算如何在宗教的基础上建立你的生活,你已经认识到,我们的教区和救世主是你职业的目标和汲取力量的源泉。"

海因里希想要学习图书装订工作,父亲却不想给儿子介绍一份图书装订或者印刷的工作。父亲特意送儿子到一位书商好友那里学习,因为他打算为企业再拓展一个书店。在乌珀塔尔-巴门书商阿尔弗雷德·赛多利斯那里,海因里希要学会如何管理一家零售书店。卡尔·贝塔斯曼认为,"这样一家书店对我们家族可能极具价值",他给儿子写信也是这样说的,"我们可能会因此一如既往地对我们出生地的基督教构成产生更大的影响,即使我们也可能被迫为对立方服务"。

从阿尔弗雷德·赛多利斯1年3个月后交给海因里希的评语可以看出,海因里希·贝塔斯曼曾多么努力地去满足他父亲的期望:"他将谦逊、道德和宗教上的严肃认真以及纯正的纪律性集于一身,我很少在年轻人身上看到这些特质。"然而儿子海因里希有时也会遭受深深的自我怀疑的折磨。有一次他在日记本里写道:"我在复活节的第一天参加圣餐仪式。但是我感到自己如此冷漠,没有内心的生活,一个有如此多机会建立并唤醒内心精神世界的基督徒不应该如此。我不再喜欢下决心了，因为我太过敏感，以至于它们经常会把我抛弃。"

海因里希的弟弟威廉却成了同父亲卡尔一样的印刷工人。海因里希接管了父亲的事业后，于1864年与弟弟威廉一起成立了一家名为"贝塔斯曼兄弟公司"的活版石版印刷厂，这个厂坐落在比勒费尔德的奥伯街4号的后院。接下来的几年里，兄弟俩出版了三份报纸：《普通公报》《比勒费尔德、哈勒和维登布吕克三区的区报》《保守人民之友和威斯特法伦的家庭之友报》。除了担任印刷工人，威廉还负责编辑工作，海因里希则负责报纸的社论。此外，兄弟俩还为商人、政府当局、教会和学校印制表格。1865年，公司业务扩大。1869年海因里希搬到了奥伯街9号，当时是用威廉·贝塔斯曼的名义进行注册。1870年，弟弟威廉还收购了出版《比勒费尔德日报》的印刷公司J. D. 昆斯特。

然而，海因里希还是决定退出和弟弟共同经营的公司，为此他必须付钱给弟弟威廉，这让他压力很大。"在如此沉重的负担下，"他写道，"我非常担心生意，但又坚定地相信依靠上帝的帮助，依靠自己的双手能够渡过难关。"十年后，他从弟弟那里收回了J. D. 昆斯特公司，也因此接管了报纸。威廉则以"W. 贝塔斯曼图书印刷厂"的名字重新组建了他的公司，并搬到了居特斯洛大街。他把公司业务集中在为当局印刷表格上。自1890年以来，出版社更名为"W. 贝塔斯曼"，威廉的儿子弗里德里希·威廉和弗里德里希·卡尔继续管理这个公司。1905年，弗里德里希·卡尔·贝塔斯曼成为公司的唯一所有者。

再回来谈谈海因里希。他不仅在出版方面跟随父亲的足迹，还参与了居特斯洛的教区建设和市议会的工作，照顾老人、穷人和病人。比如说，他是海因里希·巴尔特基金会的成员之一。这位商人在临死前指示，他的财产要惠及居特斯洛的新教居民。此外，居特斯洛接受资助，建了一所贫民院和一家医院、一所接收贫困孩子的编织缝纫学校，并成立了一个帮助遗孀的基金会。

海因里希生了三个孩子，其中两个儿子在婴儿时期就夭折了。因此对公司来说，约翰内斯·摩恩进入公司是一个决定命运的重大事件。海因里希把他当作自己的儿子，他可能很乐意看到这个年轻人和自己的女儿弗里德里克成为一对儿，海因里希·贝塔斯曼甚至还说合他俩呢！他一直教育弗里德里克不要违背自己：她必须像当时许多资产阶级家庭的风俗一样站着吃饭。如今在公司档案室里仍保存着一份弗里德里克被罚抄写的干净整洁的作业：十遍"指责往往先于赞美"。当她与约翰内斯·摩恩结婚时，海因里希就有了接班人。贝塔斯曼这个名字虽然会在公司所有人家族中消失，但仍会在公司里继续留存下去。

2. 居特斯洛的第四个牧师

约翰内斯·摩恩娶了一个出版社

摩恩家族起源于莱茵河下游的费尔贝特,位于埃森、乌珀塔尔和杜塞尔多夫之间,他们曾是农民、手工业者和商人。他们可能从罂粟花中得出了家族的名字。更可能的是,这个名字来自"月亮"这个词,因为直到19世纪他们一直生活的农庄叫作"月中"。当时的家族可能就是按照天体命名的,因为他们附近的家族分别叫"太阳"和"星星"。摩恩家族加工从当地开采的铁矿,他们经营小的炼铁工厂。通过同费尔贝特以及其他家族的联姻,他们积累了数目可观的地产,随后,他们又接管了炼铁厂。虽然他们的产品和传媒还没有任何关系,但摩恩家族早期做生意的形式至今仍影响着摩恩家族和贝塔斯曼公司,即采购和销售。生意显然做得不错，阿诺尔德·摩恩（1708—1788）不久后就自称为"铁制品批发商"了。

阿诺尔德经常外出，去法兰克福和荷兰参加博览会。他和尤莉亚娜·赛尔霍夫结婚后生育了十个孩子。其中一个儿子弗里德里希·摩恩（1762—1845）成了新教-路德教派的牧师。他是一位爱国者，从小就对一切写在纸上的东西很喜爱。14岁时，他被父亲送到埃森的一个文理中学读书，16岁时又被送到哥廷根读神学。因此弗里德里希·摩恩结合了两种特质：写作和布道，而这两种特质也对贝塔斯曼产生了影响。在他上大学的6年里，他读了诗人弗里德里希·戈特利布·克洛普斯托克的作品，而这位诗人和觉醒运动联系密切。

1784年弗里德里希在靠近杜塞尔多夫的拉廷根基督教堂里第一次担任牧师，一直工作到40岁，在那里待了18年。这个路德派教区很穷，而拉廷根的大部分新教徒也并不视自己为路德派信徒，而是改革派。在拉廷根，这位年轻的牧师遇到了企业家约翰·戈特弗里德·布鲁格曼，布鲁格曼在曾经的骑士封地上建立了一家机械棉纺厂，将效率更高的英国生产工艺引进到了德国。布鲁格曼对弗里德里希进行了资助，而后者则以1795年出版的第一本诗集作为回报，献给他的这位"赞助人和朋友"。弗里德里希和杜塞尔多夫协会的文学家以及画家建立了友谊，而这种联系又给他带来了"艺术之父"的称号。至1802年，他还出版了一本诗集和五册《下莱茵爱美爱善之人的口袋书》，这些书外形小巧，包含一本日历、一篇引言和弗里德里希的一些诗。

1795年，弗里德里希的第一任妻子索菲·沙洛姆·瓦格纳去世了，年仅33岁。他们共有三个孩子。弗里德里希在一篇前言中表示妻子的去世是他开始写作的原因："至今我在尘世间的人生历程充满了不幸，大部分的诗都是在受到沉重生活负担压迫时创作的。"在拉廷根这座小城里，很少人能够理解这位创作诗歌的牧师，他不得不同敌视和误解抗争。他在一本袖珍书的序言中写道，他不想要"任何形式的所谓正统"，因为"我的创作不是为某个宗教派别，而是为所有追求美和善的人，而这些人在德国所有教派中肯定为数众多"。对于那些批评他的爱情诗的人，弗里德里希给出的建议是：不要读！"我完全有理由相信，我的书有时候也会落到傻瓜的手里……我必须得请求这些人，立即把我的书放一边，把自己的诗歌读物限制在宗教诗歌集内。"

第一任妻子去世两年后，弗里德里希再次结婚。1802年，全家搬往荷兰的马斯特里希特，可能是因为这里能够为路德派教徒提供更好的生活条件。然而这一家在这儿也没待多久，两年后全家人又搬至杜伊斯堡。正如他描写的那样，"远离我所有的亲戚朋友，并承受着身体的严重痛苦"，他在马斯特里希特过得"并不好"。他在家里为女儿以及那些有声望的市民的女儿们上课，教授语言和科学。在杜伊斯堡他赢得了很多赞许，1834年，当他庆祝自己牧师生涯50周年时，全城教堂的钟都为他敲响了。他于1845年去世，享年83岁，而他在几年前已是第三次成为鳏夫了。

当父亲弗里德里希去世时，儿子约翰·弗里德里希·威利巴尔特·摩恩23岁。他的母亲安娜·玛丽娅·摩恩在1822年生他时去世了。同父亲弗里德里希一样,威利巴尔德也学习了神学,并成了牧师。他在威斯特瓦尔德任职,一次重病后他写了一篇标题为《醒来!》的文章,表明自己是觉醒运动的追随者。除此之外,他还撰写了一系列神学作品,只是它们都没能被保存下来。如果说父亲弗里德里希在觉醒运动中表现出来的信仰还有部分启蒙主义思想的色彩,那么威利巴尔特·摩恩则完完全全是觉醒运动中最虔诚的信徒。

他将1856年出生的儿子约翰内斯·摩恩送到了地处觉醒运动中心的一所学校就读,这所学校就是由卡尔·贝塔斯曼创办的位于居特斯洛的新教文理中学。约翰内斯在学校参加了长号乐队,他本打算追随父亲的传统成为牧师,然而慢性的颈部病痛阻碍了他,使他无法大声说话,只能低声细语。由于无法站在教区前传教,他只能继续父亲的另一传统——写作——了。他从1874年开始在贝塔斯曼集团做学徒,这份工作是文理中学的一位老师推荐他去的。

居特斯洛的第四个牧师

约翰内斯·摩恩一定深受他的老板海因里希·贝塔斯曼的赏识。通过将这位学徒送到巴塞尔、慕尼黑和柏林的书商朋友那里工作,这位出版商帮助约翰内斯·摩恩躲过了兵役。1881年,约翰内斯刚回到居特斯洛不久,就被授予了代理权并迎娶了爱玛·弗里德里克·贝塔斯曼。婚礼上,老牧师摩恩送给了这对新人一本红色皮革封皮包裹的精美小书，里面写着："父亲摩恩/婚姻，治愈之歌/再唱起，因为他曾是新郎/也曾是一首婚礼赞歌永恒的爱，不朽的时光/而我已不复青春/他的孩子，约翰和弗里德/在他们的婚礼上1881年9月15日献上。"

婚礼后，这对新婚夫妇进行了一次直到德累斯顿的长途旅行。在他们回来后，弗里德里克的父母已经为他们安排好了一个房子，然而弗里德里克对房内布置并不满意。她在一封信中写道："我们已经把丝绒沙发搬上了楼上的客房里，红色小沙发放到小屋角落，绿色的……搬进好的房间，这些东西对我来说实在太过陈旧；那长毛绒让我感到难过，另外躺在上面也并不舒服。"很明显，在丈夫的帮助下，弗里德里克逐渐摆脱了家里苦行僧似的严格教育的束缚。比如摩恩夫妇去北海旅行，在那里游泳，仅仅是为了玩乐，而她的父亲只会在外出工作之余这样做。不过海因里希·贝塔斯曼倒是很高兴女儿出去旅行，他给她写道："弗里德里克，你想去游泳就尽管去吧，约翰也会去的，很乐意去的。"很明显，找到了一位接班人让海因里希如释重负，心情也放松了。

1887年，海因里希·贝塔斯曼去世，约翰内斯成了股东。然而弗里德里克的母亲，这位遗孀却使得这对年轻夫妇的日子并不好过。虽然她允许他们住在她家里，然而她对待女儿就像对待小孩儿一样，女佣们都不知该听从谁的话了。不知什么时候，这位老夫人意识到，她插手的事情太多，都快让女儿窒息了。于是她买下邻居的房子，重新装修后把它作为圣诞礼物送给了女儿，这座房子被取名为"常春藤"。

尽管与女儿的矛盾解决了，这位寡妇暂时仍不想放手出版社的管理。约翰内斯在岳父身边已经工作了13年，然而他的岳母仍无法完全信任他，她认为年轻的约翰缺乏经商的经验，于是继续插手出版社的管理。她甚至在女婿面前查看出版社的邮件，接待作家。正如公司家族编年史里写的那样，为了了解公司的业务发展，她有时会叫"一位财务处的员工"到家里。直到1896年，约翰内斯才终于成为贝塔斯曼的独立控股人。

约翰内斯·摩恩和妻子共有3个孩子，包括后来的接班人卡尔·海因里希，这三个孩子和公司一起在成长。在为莱比锡书展捆扎图书大包裹时，他们就在旁边看人们打包。他们透过图书装订工人的肩膀认真观察，用剩下的纸张做成风筝在秋天放飞。他们的父亲与他们的外祖父海因里希·贝塔斯曼相比，被认为是"感性、心肠软却又脾气暴躁"的。

海因里希·贝塔斯曼将出版范围扩展到了哲学和历史领域，并打算出版更多实用书籍、教科书以及青少年图书，而约翰内斯·摩恩则试图遵循卡尔·贝塔斯曼的方针，将出版神学作品作为出版工作的中心。除了神学作品外，宗教实用性书籍对他来说也尤为重要：他的岳父曾试图用杂志《信仰的证明》为基督教信仰的科学性辩护。正如2002年贝塔斯曼历史委员会所说："其核心在于对存在于社会民主中、新宗教运动中，尤其是犹太教中反对基督教的倾向的探讨。"约翰对待这件事非常认真。此外，他为觉醒运动的传教思想注入了新的活力并创办了具有纲领性作用的杂志，比如《医生的使命》《传教领域的播种和收获》以及《新教的使命》。毫无疑问，约翰内斯想要为觉醒运动做出自己的贡献。

1910年时，出版社员工达到了80人，这位出版社老板像父亲般关心着他们。当他们生病时，他就去探望他们，同时他又非常注意督促他们认真完成自己的本职工作。他为朋友们做担保，为员工提供房屋建筑贷款。约翰内斯·摩恩就像一个典型的大家族族长，要求绝对的忠诚并为他人提供保障。在庆祝公司成立75周年时，他很骄傲地注意到，一名员工已在C.贝塔斯曼公司工作了50年，还有三名员工也已加入公司25年。

1910年7月1日举办的周年庆非常隆重。约翰内斯邀请员工们以及他们的妻子到陶托堡森林郊游了一天。第二天市长图姆斯还带了一个代表团前来祝贺。每位参加周年庆的宾客都会获赠两个夹心黄油面包和少量雪茄，女士们还可以得到由巧克力制成的雪茄。然后宾客们登上14辆被鲜花装饰的汽车，汽车驶向位于一棵巨大的老山毛榉树下的美丽广场，约翰内斯·摩恩要在这里纪念出版社的创始人。在途中，所有人一起唱起约翰内斯·摩恩专门让人为周年庆印刷的歌集中的歌曲。借此机会，约翰内斯向众人介绍了他的接班人——刚刚接受完教育回到居特斯洛的儿子海因里希。他向公司的福利基金会捐赠了一万马克。此外，每名员工都收到了他亲手发放的钱：每在公司工作一年就可得到一泰勒。排字工人雅克因此得了53泰勒。游览完城堡后，还有咖啡和蛋糕、长号演奏以及合唱团演出，最后约翰内斯·摩恩给每位员工发放了一本出版社的书。虽然第二天又要开始工作，但员工们还是有理由再次高兴一下，因为约翰内斯宣布，即日起每名员工可享有每年三天的带薪休假，这在当时的德国可不是理所应当的事情。

当时，约翰内斯在居特斯洛相当活跃：他是教会的领袖、长老、市议员、文理中学的管理者、不同传教协会以及新教书商协会的理事。同父亲一样，他还是巴尔特基金会管理委员会成员和巴特勒慈善机构的理事会成员，作为卡尔·贝塔斯曼的接班人担任这些名誉职位，他称卡尔·贝塔斯曼是"一位非常虔诚的男人"，并且是"一位经过了考验的对君王忠诚的人"。他坚信，他在以自己的方式为德意志国家服务。他也经常在《新威斯特法伦人民报》上亲自撰写文章，表达对霍恩佐伦王朝的忠诚。

在居特斯洛，人们给约翰内斯起了个别名——居特斯洛的第四位牧师，因为他总是穿着一件路德教派的黑色外套。无论是种挖苦还是赞同，这个称呼都非常贴切，因为约翰内斯曾经想成为牧师。如今他对教区的投入几乎同出版社一样多，教区有事情时，他总是捐款相助，做贡献；修缮教堂时，他为装饰窗户和粉刷工作出资；修建新的公墓、修女住所、幼儿园时，他就以低于市场价的价格出让产地。他帮助传教士的儿子们，并成了波德尔希温学校的董事。在将出版社的工作转交给儿子后，他就全身心地投入众多的荣誉职位中去了。

谁接受了他作为"父亲"或者"叔叔"的角色，就能体会到他的好。出版社的一个传记中称：他是"特别有趣的人"。他尤其爱孩子。在海因里希·贝塔斯曼创办的幼儿园的60周年的纪念文集中有这样的赞美词：

"每次摩恩叔叔来到幼儿园，

总会先说你好
所有人都很开心
因为叔叔摩恩带来了很多乐趣
同他们开玩笑：
小丽辛，你的辫子咋丢啦？
小丽辛瞅了瞅地面，然后抓着小辫子说：
不，摩恩叔叔，你看啊
我的辫子在这呢！
如果摩恩叔叔问：
你们也会唱歌吗？
歌声就立刻响起来了
孩子们高兴地唱起：
《皇帝是个可爱的人》
《我是一个普鲁士人》和《头戴胜利王冠的你》
摩恩叔叔的眼里闪烁着光芒
摩恩叔叔来看望我们谁最开心啊？
谁猜出来谁就最聪明。"

孩子们在这种场合选择唱的歌，坦白地说，更多出自约翰内斯的意愿，而不是孩子们的偏好。他的行为符合一个家族族长的形象以及他在整个城市面前扮演的角色。他为居特斯洛人在城郊建了一个公园，之后作为"摩恩公园"转卖给了市政府。1904年，为了给喜欢称自己城市为"居泽尔"的居特斯洛人留下一块"老居泽尔风光"，他买下了城市西北部的荒原和森林。然而不久后他就开始厌恶人们使用这个公园的方式了，因此他让人用篱笆将这块地围了起来，设法保护它并将其归为家族产业。很多年以后，他才同意将这块地卖给市政府。

然而，市政府却无法满足约翰内斯出售土地时附带的条件，因为他要求，公园仍须供其家族用5年。转让后，在举办活动时，不得提供任何含有酒精的饮料。对于附带的这些条件来说，他的价格预期显然太高了，市议会拒绝了。因此公园仍然对公众封闭，直到1937年市政府才从他的儿子海因里希那里买下这个公园。海因里希是这样描写自己父亲的："他的社会观念比较强，而这种观念又以老派的族长的形式表现出来，因此他并不是总能得到各方应有的理解和尊重。"

约翰内斯也认为自己在政治方面是个失败者，尤其"在事件的压力下"，所以他在1918年就将出版社交给了他的儿子。"在事件的压力下"是他对第一次世界大战失败的委婉说法。约翰内斯相信德国在战争中是正义的一方，因为人们是为了信仰和自己的祖国而战，他想要看到自己的祖国赢得胜利。当国家先在战争中，而后在凡尔赛战役中接连惨败时，他突然失去了工作和奋斗的目标。

他在出版社又协助了儿子几年，1921年夏天，在医生急切的建议下，他完全交出了出版社的领导权。约翰内斯·摩恩写道："在工作了将近50年后，由于健康原因我遗憾地发现，我必须要退出C.贝塔斯曼公司了，退出这个我曾工作了42年、从34年前就开始领导的公司。如今我充满信心地将出版社的领导权交到我的儿子海因里希手里。11年前他已作为参与者站在了我身边……我发自内心地高兴，我的儿子将继承先辈的精神，传承这个成立于1835年、业已历经三代的公司。"只是后来他不得不忧虑地看着1923年公司在通货膨胀的影响下如何熬过了艰难的时期,如何从几近破产的边缘挺了过来。他也见证了在接下来的几年里,出版社如何在危机中幸免于难。1930年11月的一个星期天早上,约翰内斯·摩恩在他的床上平静地离开了人世,享年74岁。据《居特斯洛报》报道:"火车站大街上的灵堂几乎无法容纳前来对死者表达最后敬意的人。"

3. "更大和最大的发行量"

海因里希·摩恩和贝塔斯曼的崛起

二十世纪的贝塔斯曼公司的历史同时也是一个深受慢性疾病折磨的人的故事。海因里希·摩恩从青少年时期就患有哮喘,同父亲一样,他也在居特斯洛的新教文理中学上学,同样参加了学校的长号乐队。然而由于慢性病,他不得不中断了学业。他在父母的公司里完成了学徒期后被父亲送到了书城莱比锡、英国和瑞士。

海因里希不想被疾病打败。他的父亲约翰内斯因无法大声传教,未能从事牧师这个自己理想的职业,后来约翰内斯成了出版商和印刷工人,在一定程度上弥补了这一缺憾。对于儿子海因里希来说,出版商这一职业是一份需要继承的遗产,它既是一份理想中的职业,又是一种使命。

纵使身体已非常虚弱,他仍可以通过强大的精神力量绽放光彩。他在学校时就凭借出色的记忆力而出名了。为了锻炼记忆力,他熟背了《明登-拉文斯堡教会赞歌书》中的140首歌曲。

患有这种疾病并不意味着他不适合从事任何体力劳动。1885年出生的海因里希在1910年作为股东参与到了父母的公司里,1914年自愿参军,在皇帝的军队中服兵役,并在第一次世界大战中成为军官。

1921年,就在海因里希从父亲手里完全接手公司之后不久,第一次严重的经济危机就爆发了。此时接手公司的海因里希几乎没有机会进行业务扩张,生产陷入了瘫痪。在通货膨胀期间进行有效的核算几乎是不可能的,海因里希为此想到了一个办法,他采用了一种稳定的图书货币"图书马克"。这种结算方式独立于当时的流通货币,使生意变得简单。然而归根结底这也只是核算的一种小技巧,当通货膨胀太过严重时,这点小技巧也无济于事了。

最终海因里希不得不停止了生产,并将印刷工人、图书装订工人以及排字工人解雇。1923年底时出版社只剩下了6名员工,其中就有他非常信任的弗里茨·威克斯福特,威克斯福特后来发挥了重要作用。面对如此严峻的形势,出版社应该如何战胜危机呢?此外这位出版社老板的健康状况也非常糟糕,他甚至都不敢肯定,自己是否还能继续领导这个刚接手不久的公司。一位医生建议,患有哮喘病的他应该一直住在山里,在那里指挥公司的运行。这一建议给了他沉重一击,这意味着什么?他如何在山里领导位于居特斯洛的公司?但几年后他还是接受了医生的建议,把住所迁到了哈尔茨山中的布罗因拉格。

对于经济危机中出版社遭受的损失，海因里希在1923年搬家之前就已开始做长期规划了。他是一个颇具战略性思维的商人，1921年父亲将公司交给他之后，他很快就认识到，出版社的经营方式已经过时了。他之后写道："不久后我就意识到，这个技术型企业早已老化，无法得到充分利用，以至于出版社的平均印数较少。如果要增加公司的销售额和收益，首先就需要实现更大的和最大的发行量……"此外，几十年来公司财务一直落后，核算方式仍然依据40年前的计算方式，于是海因里希重新进行了核算，发现了合理化的潜力。

贝塔斯曼应该如何实现印刷量最大化呢？哪些领域能够提供发展机会呢？海因里希首先尝试扩大教育领域书籍，然而这个尝试并不成功。"这个尝试证明了……在工作量已经很大的情况下，我们无法充分掌控很多知识领域。因此不久前我已经严格限制了教育领域图书的印制，我很清楚，相关领域比如说教科书、青年读物、语言学和哲学类书籍也必须被削减。要在短时间内实施这一计划不可避免会造成严重的损失，因为部分员工可能要失去工作。"因此接下来就要扩大出版社的重点业务领域——神学类书籍，以此建立经济基础。

不久后，海因里希就发现通俗文学是一个有利可图的领域。早在1919年，贝塔斯曼就买下了一个刊登短篇小说的杂志。如今海因里希聚焦于这类题材："创办多个新的叙述类报纸，加入图书圈子并和作者们建立起联系，以此建立一家短篇小说图书出版公司，领导这个图书出版公司不需要特别的专业知识，只需要受过好的普通教育即可。"这些报刊主要是关于教区儿童弥撒、老人看护的。这样一来他也就找到了应对经济危机的策略。

有一个问题却仍未得到解决，即海因里希如何远距离操控他的出版社。他必须找到新办法领导公司，不然就必须得放弃公司了。于是，他开创了一种在当时的经济界具有革命性的领导方式，其核心就是给予员工更大的自由。在这个理念还未被收入现代管理学理论前，个人责任感和团队合作已成为贝塔斯曼企业文化的重要组成部分。"员工团队，不仅指作者们，也包括自己的职员都要培训。因此我是这样安排工作的……为每一位员工创造更多的独立工作空间，此外，尽可能将每个员工的工作安排得有趣，唤起他们对工作的兴趣。要实现这些目标，没有斗争是不可能实现的，比如说：当我让其他员工共同参与到广告工作的商讨中时，广告部门的负责人就开始抱怨自己的工作受到了干扰。但没过几年，这个负责人也承认，这样做不仅没有限制自己的工作，而且这种共同商讨还为他的工作带来了灵感和提高。这样一来，公司在艰难的创建阶段培养了合格的员工，他们为公司之后的大发展做好了准备。"

疾病让他的身体虚弱，但却让海因里希的感知能力变得更敏锐，帮助他看清楚谁是他可以完全信任的人。在经济危机的那些年里，他将自己最重要的员工聚到身边并为他们提供支持。他需要那些可以肩负起责任，并且能按照自己意愿行事的员工，如今人们称之为自我发展。由此他还找到了那个在第二次世界大战战前、战中和战后帮助贝塔斯曼公司实现生意兴旺的人——弗里茨·威克斯福特。威克斯福特因其销售天分被员工们充满敬佩地称为"魔术师"。1921年以来,威克斯福特就是他最亲密的好友。在建立文艺出版社这个计划上,海因里希给予了他极大的自由。第二年,海因里希把妹夫格哈德·施泰因西克请到了公司,不久之后就提拔他做了自己的副手。格哈德·施泰因西克在公司领导出版社,海因里希则远程遥控指挥。

施泰因西克是苏门答腊岛一个传教士的儿子,曾在图宾根学习神学,1922年来到贝塔斯曼公司当学徒,让一些员工吃惊的是,第二年他就被海因里希提拔为经理,成为被授权签署文件的人,在审校部工作。他的办公室位于艾克霍夫大街10至14号的出版社大楼的底层,楼上就是一个有10台印刷机的大厅。施泰因西克在一张讲台前工作,周围是印刷机的轰响。整个公司唯一的一部电话就在他旁边,当时长途电话还是件稀奇玩意儿,一来电话,楼上的机器噪音就吵得听不清对方说话。施泰因西克知道该怎么办:电话响起后,他就用大串钥匙敲那个连接楼上印刷车间的暖气管,即便站在机器旁都能听到他传来的信号:"注意!来电话了!"印刷工人立即关掉机器,于是车间的工人们就休息几分钟,大家充满敬意地等待着这一重要事件过去,再重新回到工作岗位开始工作。

因为哮喘无法完成的事情,海因里希·摩恩用自己的智慧来弥补。生意伙伴们都惊讶于他在商谈过程中极快的反应,甚至是在初步核算过程中。海因里希具有快速并准确衡量风险的能力,他在幕后掌控着公司事务,只有当员工做了可能会危及出版社存在的事情时,才会出面干预。

他必要时的干预以及对员工忠诚的信任，使公司结束了父亲掌权时期族长式的领导风格，让员工们获得了极大的自由。疾病给海因里希带来了负担，也创造了贝塔斯曼至今仍在实行的与众不同的企业文化。

海因里希回到居特斯洛后，仍保持着这一领导风格，毕竟作为一个病人，他无法一直监督员工工作。但病痛并不妨碍他关心生产，他会亲自到现场，参加所有的讨论。每天早晨，他都和自己亲密的员工和代理人，即负责内部事务的施泰因西克以及负责外部事务的威克斯福特共同讨论，听取他们的汇报，充分了解公司的情况。他有两个办公室，一个在公司，一个在家里，这样即使周末在家，他仍然能够研究作者们以及他们的书。

人们低估了疾病对于海因里希·摩恩的生活和工作方式的意义，因为哮喘，海因里希无法继续父亲的传统，不能从政或参与所在城市教区的活动，他的公益事业只局限于父亲在世时一直担任的巴尔特基金会的职位，还有父母建立的新教幼儿园。

在公司，疾病为他赢得了员工们的好感，这不是出于对他的同情，而是疾病让他更容易感受到员工们的努力和痛苦。当员工生病时，他就亲自去他们的家里探望他们。每天，他都在工厂巡视一次，询问员工们工作情况，询问他们的健康状况。当流感爆发或者他听说某个员工身体虚弱时，他就让一个年轻的女员工抱一个装满药品的药箱到各个车间。海因里希走在她前面，决定谁服用哪种维生素，然后这个女员工就按他的吩咐分发药品；比如，谁有胃病，就可以得到健胃的"小红帽"汁。

他对员工的关心和照顾远远超出了健康方面：当他的秘书玛格达勒娜·雷茨1948年订婚时，他亲自去她家里拜访，送给她了一个盆景。实际上，雷茨也是这个家族的一员，因为她作为私人秘书，也和女佣人、孩子们一起参加早上的祷告。海因里希·摩恩这位出版社老板也关心像伊尔瑟·洪克这样的"普通"员工，洪克女士在邮件收发室和电话总机室工作。当她和丈夫扩建住房时，海因里希来了，他还爬上梯子仔细检查了一番。他了解员工的家庭情况，并定期询问，他进行的是慈父般的领导。41位贝塔斯曼的员工在二战中死去，他亲自照顾他们的后人。对于这位自己的四个孩子全都参加了战争的父亲来说，这可能是一件特别重要的事情。海因里希总是准时出现在工厂，他的私人秘书莉迪亚·特鲁瑟在7点至7点半之间来到海因里希的家中。海因里希经常在晚上或清晨就已拟好了书信草稿，这样在早晨祷告前，他就已经给她口述完了第一封信。祷告时，他坐在钢琴旁，唱歌祷告，然后，管家海因里希·亨克和司机就开车送他到工厂，海因里希·摩恩在这里握手问候他的员工。

"海因里希对自己签署的文件非常认真，并且记得很清楚，"1932年至1943年期间担任施泰因西克秘书的莉迪亚·特鲁瑟这样说道，"海因里希·摩恩先生对一切了如指掌。"尽管他任命施泰因西克和威克斯福特为代理人，但他仍然参与所有事务的决定，而且这两位代理人也从不向他隐瞒坏消息。"大家对海因里希·摩恩先生毫不避讳，"莉迪亚·特鲁瑟回忆说，"他也不希望别人对他隐瞒什么"。海因里希·摩恩给予员工自主权，"但是他参与做决定……他了解一切,并与他们共同承担"。

海因里希也非常关心学徒们,总是亲自测试他们。他用"你"来称呼他们,问他们:"你现在能做什么?"或者"你学到了什么?"。有一次他让学徒们展示自己的速记知识,当时已结束学徒的罗莱·弗莱格尔回忆说:"大家都很兴奋,只有海因里希很平静。"这次听写进行得很顺利,海因里希对他的学徒们很满意。

海因里希虽然没有上过大学,但他并没聘请编辑,而是亲自负责神学项目。他亲自找作者们谈话,阅读公司每一部要出版的作品草稿。在他的上衣口袋里,他总是随身装着一个小笔记本和一支短铅笔,当谈到一本新书时,他就当场计算出出版的规模和售价。他可以从他的小笔记本上看到出版社的年度结余,在这个小笔记本中,海因里希记录了最重要的经济数据,包括营业额、销售情况和收付款。

威克斯福特给读者带来好书

没有人像弗里茨·威克斯福特那样从海因里希给予员工的自由中获益那么多。他在销售上取得的成功,在贝塔斯曼历史上也是里程碑式的。他身着白衬衫和深色西装,打着领结,在摆着讲台、高脚板凳和绿色玻璃罩汽油灯的办公室中显得尤为突出。那时的女人还扎着长辫,穿着长裙,因此那些女秘书们都觉得他形象"夸张古怪"。他绝不会穿着出版社老板约翰内斯那样的一身牧师长袍,同摩恩家族的人相反,宗教信仰对他的影响不深,那些和他一样不像老板那样有虔诚信仰的年轻员工有问题就喜欢找威克斯福特商谈。他做事不是因为相信上帝，而是相信经济的成功，相比把信仰当作一切行为根据的海因里希·摩恩，有些员工似乎认为经济的成功更为可信。威克斯福特是有野心的，他精通出版业务，因此很多人都可以从他那里学到很多东西。这样就很好理解，为什么年轻的员工都向他看齐，向他请教专业上的问题了。

西奥多·伯绍德对上司威克斯福特的描写是"有点胖，很亲切的人"。威克斯福特有时会有些过于客套，但是是那种第一眼见就会对他有好感的人，威克斯福特让他们分享彼此成功的经验来鼓励年轻的员工们。谈及成功时，他从不说"我"，而是用"我们"。他给曾脚穿两只不同袜子到办公室上班的伯绍德留下了非常深刻的印象："他平静自信的方式让人信任，让人不得不尊重，'小弗里茨'这一绰号并不会让这份尊重减少。" 而当绰号变成"老弗里茨"时，这份尊重也未曾改变。"我离开柏林去居特斯洛时"，伯绍德说，"我曾笑着说过：'我在那儿待一两年，然后就对居特斯洛说再见，继续奔向更广阔的世界'，要感谢'老弗里茨'，是他使我留了下来了，是他让居特斯洛和出版社的工作成了我以及更多人的更广阔的世界。""综合考量威克斯福特不断增长的销售业绩，多年来威克斯福特已经逐渐成了一块稳定吸引年轻员工的吸铁石，并最终成了出版社成长的罗盘和发动机。"

与行为谨慎的老板海因里希以及冷静的计算者施泰因西克相反，威克斯福特脾气暴躁，性格外向。尽管摩恩家族严禁饮酒，威克斯福特也不忘记用一瓶斯泰因海格尔烧酒同客户维护好关系。当人们递给他一杯酒共同庆祝合作成功时，他也从不拒绝。

原本威克斯福特没打算成为一名书商，虽然他选择这个行业是顺理成章的。他的父亲阿诺尔德一辈子都在贝塔斯曼公司工作，长达57年。1881年，约翰内斯任命阿诺尔德为图书装订部门的负责人。威克斯福特是阿诺尔德的第五个孩子，也是最小的一个。1897年6月23日，威克斯福特在居特斯洛出生时，约翰内斯正在建一座新印刷厂。印刷厂建成时，威克斯福特去了一所师范学校念书。父母和身为教育学家的教父都希望他成为一名老师。只有威克斯福特本人不愿意当老师，后来他父亲也看出了这一点。

1911年年初的一天，阿诺尔德回到家，对儿子说："贝塔斯曼公司在招一名学徒。你愿意去吗？"威克斯福特想了想，就去向约翰内斯做了自我介绍，然后就被录用了。1911年4月1日他进入公司，当时他还是出版社唯一的一个出版领域的学徒，因为整个出版社共有72名员工，其中63名在排字车间、印刷车间和装订车间工作，而出版领域除了两位公司老板约翰内斯和海因里希·摩恩，只有5个伙计和2个学徒，威克斯福特的学徒期为4年，他管理小额现款并负责联络，每天至少要工作10个小时。

出版社的第一助理赫尔曼·豪普很喜欢让弗里茨加班。赫尔曼·豪普喜欢在晚上写信，然后让弗里茨复印信件寄出去。所以一到晚上，威克斯福特就故意让复印机和邮件箱发出声响，以便给人留下他工作非常忙碌加班到深夜的印象。只要听到下班铃，威克斯福特就立马关掉复印机，另一个学徒早已手握门把手准备离开了，在赫尔曼·

豪普特还未来得及回应一句话，两个学徒就一齐互祝"晚安"离开了。

第一次世界大战爆发后，同出版社的其他员工一样，海因里希也自愿报名参军了。威克斯福特宁肯参加战争，也不愿留在居特斯洛复印信件。第二年，刚满18岁的他和一个朋友一起在魏瑟明登的第三海军炮兵营报名参军了，几周后接到了入伍通知。后来弗里茨·威克斯福特说，在部队的那段时间对他来说非常重要，他第一次真正学会如何跟人打交道，他还学会了准确和纪律，而这两种品质正是摩恩家族所看重的，同时他也学会了如何理解员工。

威克斯福特从战场回来后，约翰内斯免除了他剩余的学徒期，让他直接成了书店的伙计。威克斯福特完成的工作让上司们都很满意，虽然一些员工比他经验丰富，但海因里希想要赢得战后年轻的读者顾客，他觉得那些年长的员工肯定实现不了这个目标。他认为威克斯福特非常适合这个任务，因此提拔他为办公室负责人。来自柏林的书店营业员西奥多·伯绍德接替了威克斯福特空出的位置，他在二战期间成了威克斯福特手下最得力的干将之一。

随着通货膨胀日益严峻，出版社陷入了危机。1923年，威克斯福特1月份的毛工资为10万马克，半年之后就变成了99万马克，11月份时，工资发放部门的工资发放表格已经填不下那些数字了。威克斯福特现在的工资为73兆零4650亿马克，他的财富每小时都在增加，却越来越没有价值。最终公司还是撑不下去，生产车间停工了，大多数人也被解雇了，只留下了6名员工，其中就有威克斯福特。

他帮助海因里希在通货膨胀期过后重建了出版社。贝塔斯曼公司虽然由于通货膨胀遭受了巨大的经济损失，但仍有大量图书和表格储备。海因里希卖掉了部分库存，拿到了钱，用来购买了新的机器，其中就包括一台高速印刷机。这是一个非常有效的投资，因为通货膨胀后，图书的销量大幅上升，一时间连神学书籍都再次受到欢迎，之前的员工都回来工作了。1926年，海因里希满意地发现，两年内的销售额几乎翻了两倍。

第二年，海因里希收购了半月刊《基督教小说家》，这本刊物在贝塔斯曼扩建时期发挥了重要的作用。除了短篇故事，每期还会刊登一章连载的长篇小说。威克斯福特当时负责图书交付、财务以及工资发放，并不负责销售。但他还是苦苦思索，同员工们想出了一个增加订阅量的办法。每争取到一个订阅者，销售人员就可以得到1马克的奖励。很早，威克斯福特就知道如何让别人为自己工作，尤其是书店里那些收入不高的伙计。他告诉员工们，只有双方都满意，才能称得上一个好的买卖。

他也清楚，德语区将近100个新教零售书店老板不会轻易接受，挣的钱不是进了自己的腰包，而是被伙计拿走。因此他亲自动身拜访那些书店负责人，他想要让他们明白，书店也能因为伙计们的额外收入获利，因为最终出版社给每个订阅者的折扣都属于书店老板。负责广告的员工们觉得自己被无视了，于是向海因里希抱怨，但是老板劝他们耐心等待。

威克斯福特的游说取得了巨大的成功，那些图书零售商们被他说服了。《基督教小说家》的订阅者数量也在10周内达到了1万人，在接下来的几年里订阅者数量甚至达到了3万人。此次游说是威克斯福特人生中第二次最重要的经历，他每天都能顺带卖掉出版社图书目录中的300本图书。从订阅者和图书方面取得的成功中，他得出了结论：人与人的联络沟通比他之前认为的重要得多。接下来的15年里，为了推销出版社的新刊物，他每年都在路上，他告诉自己的员工说："我在路途中学到了一切。"

一位图书零售商给了威克斯福特新的启发，让他极大地扩大了图书业务。在伯尼尔，一位基督教出版社的经理告诉他，可以将已经发表在杂志上的故事以整本书的形式出售，他手上有着对基督教小说感兴趣的庞大读者群体，为什么不再次利用这些连载小说呢？回来后，他就将这一想法转达给了老板。海因里希认为这个主意不错，但这些小说能让哪些人感兴趣呢？只卖给新教书店吗？发行量会不会太少？从经济方面考虑印一版值不值得呢？

《基督教小说家》属于摩恩家族的传统图书业务，因此他们对它很熟悉。但这是他们首次将一部分零售业务纳入考虑范畴，他们在这个领域没有经验，毕竟这个领域的销售比以往的范围大得多。同大约3000家普通书店相比，100家新教书店实在只是一小部分，很明显威克斯福特和海因里希从一开始就清楚，他们目前的业务还无法盈利。

认真考虑了几个月后，贝塔斯曼首次出版了4部小说。他们有意在给书商们的宣传单页上印上"居特斯洛的C.贝塔斯曼出版社1928年出版的4部小说"，就好像贝塔斯曼在10年前就已涉足了这个领域。早已熟悉贝塔斯曼的新教书店零售商们欣然接受了这些新的产品，而普通书店零售商对这个没有经验的新手出版社的图书显然信心不足。这些图书零售商虽然完全被威克斯福特吸引,然而一旦要签合同的时候,他们总是告诉威克斯福特:"不好意思,我的顾客真的不需要这些书。"对于贝塔斯曼这家在将近100年里一直为基督教觉醒运动代言的出版社,书店零售商们并不期待它能出版让普通读者感兴趣的刊物。

威克斯福特的判断是正确的,问题的关键不在出版社,而在图书上。要么他的推广介绍不够有效,要么就是供货单里的图书和作者选错了。为了吸引有良好声誉的作者,提供好的稿酬,并让图书销售盈利,就要求有好的销量。贝塔斯曼出版社希望表述得更优雅:"将这本书带给尽可能多的人。"卡尔·贝塔斯曼创建这个出版社时已将这个目标视为己任,海因里希和威克斯福特则努力让出版社所有人准备好迎接这个挑战。海因里希一如既往地给了威克斯福特极大的自由:任命威克斯福特为项目负责人,由他决定小说的包装和营销。实际上,威克斯福特都是自己做主,海因里希·摩恩则继续深耕神学领域。

贝塔斯曼应该如何争取到那些作品符合普通图书零售商愿望的作者呢?威克斯福特满怀希望地寻找新作者,起初并没有什么值得一提的收获,他理性地分析了没有找到作者的原因:"这是可以理解的。那些很有价值的作者和诗人都跟大型的文艺出版社签有代理合同,为什么他们还要到贝塔斯曼这样一家虽然在神学作品和新教图书方面出名,却从未出版过优秀文学作品的出版社呢?更何况我们也无法证明在销售方面的成绩,这些作家们实在没有理由到我们出版社来。"

销售天才

出版社出版小说的第一年，也就是1928年，贝塔斯曼只争取到了新教的图书零售商。第二年，1929年，出版社推出了5部小说。4部作品都来自《基督教小说家》的作者，第5部是图灵根本土作家古斯塔夫·施罗尔的《啊！故乡》。故事发生在19世纪比德迈耶时期：一个年轻人作为钟表匠伙计回到图林根。一个年轻的女士爱上了他并给他介绍了一份在当地钟表匠店里干活的工作。这个钟表匠死后将店送给了这个年轻人。这个年轻人娶了这位年轻的女士，而这个年轻人的母亲不知什么时候得知了他的消息，打算将他接回北方。美好的世界突然间被打乱了。结局是，年轻人的父亲也来自图林根，儿子在不知情的情况下定居在了父亲的故乡。也就是说："他无意识地选择了父亲的家乡为自己的家乡。"田园风光背后是血缘和落叶归根的逻辑：血脉将儿子带回了父亲的家乡。

这本小说的售价为5帝国马克，第一年小说的销量平平。定价是海因里希和威克斯福特进行成本核算的重要环节，贝塔斯曼将全部小说的价格定为4.4帝国马克。这个价格太高了，如果销量想要达到4000至8000本的话。的确，这本书出版后第一年的销量达到8000册还是很成功的。然而第二年这本书就不再受欢迎了。那么应该对此制定什么策略呢？威克斯福特和他的员工奥托·厄尔策以及西奥多·伯绍德一致认为，在小说出版的第一年里，为书籍寻找到销售渠道和市场非常重要。

他们想出了两种方法：要么在当前的市场站稳脚跟，

要么开辟新市场，让不读书的人也来买贝塔斯曼的图书。第一种办法他们认为已经没有希望了，因为他们试了却失败了；那就只剩下第二种办法了。1932年的这个决定直至19世纪50年代仍在影响着出版社的发展，我们甚至可以这样说，海因里希·贝塔斯曼和弗里茨·威克斯福特当时就为现代的贝塔斯曼集团奠定了基础。

因为直至今日贝塔斯曼公司仍然保留着这个简单又完美的策略，不断为自己的产品开辟新市场，这是当时海因里希和威克斯福特无法预料到的。威克斯福特之后表示："没有哪家出版社比我们更成功了，因为我们的目标是为每本书挑选出有针对性的读者群。"

海因里希和威克斯福特现在已经明确了目标，但他们怎样才能达成这个目标呢？毕竟竞争并没有变化，新出版的作品通常在第二年就没有了市场，除非人们能一直谈论这本书。必须得让书拥有较高的知名度，这样那些不经常去书店的人才能注意到它，并觉得自己应该读这本书。只有作品销量好，出版社才可以以低价实现高印刷量。在那个没有脱口秀、没有电脑、没有电视的年代，人们怎样才能做到这一点呢？在去图林根的路途中，他们找到了答案。

威克斯福特和奥托·厄尔策打算在这里为作者古斯塔夫·施罗尔和他的小说《啊！故乡》做宣传。毕竟这本书讲的故事发生在图林根，在这里宣传应该是最容易的。因此弗里茨·威克斯福特和奥托·厄尔策绕道去了小说故事的发生地齐根布吕克小城。当他们喝着啤酒，坐在集市广场上一家旅馆里敞开的窗户旁时，他们看到了一个特别的场景：一个教区干事来到广场上，敲响铜钟并宣布官方消息。这个干事是一个矮小的男人,他手持黄钟驼着背穿过了街道。

在回城的路上,两人在一个可以瞭望小城的小山坡上短暂休息。在这里威克斯福特想出了如何将古斯塔夫·施罗尔的小说市场化的主意,同时开辟一个新市场。首先应该出版这本书的便宜简装本,每本售价为2.85帝国马克,而不是5帝国马克,前提是印数要高,可以做到物美价廉。这种便宜的简装本实际上就是现在口袋书的先驱,然后威克斯福特想用齐根布吕克的田园风光做书的封面,因此画师为他设计了一幅用绿色和红色蜡笔绘制的田园诗水彩画:两个相爱的人依偎着站在观景处,眺望着脚下的小城。如今人们可以这样说,成功的秘诀在于:免费帮助书店设计装饰整个广告橱窗的营销策略,以此放大那本小说封皮的场景。

威克斯福特也从齐根布吕克受到了启发,为什么不能仿制印在硬纸板上的集市广场连同教区干事呢?公司可以将数百张这样的布景图分发给图书零售商,他们完全可以按照自己的爱好装饰整个橱窗,但橱窗里不允许摆放其他的图书。《啊!故乡》不只要放一本、两本或者三本,而是要十本、二十本地摞起来,因为大量的图书可能会打消顾客害怕踏进书店的顾虑。那些担心自己说错书名或者被别人认为无知的人,只需要说想要橱窗里的那本书就可以了。这一大摞书同时还传达着这样的讯息:这本书是给所有人阅读的,你买的是大家都买的书,这本书是给大众而不是专给少数知识分子看的。

在齐根布吕克的那个下午,威克斯福特想出了布置橱窗的好主意。这种宣传形式当时不存在，至今却还决定着图书销售的形式。当威克斯福特和厄尔策返回到居特斯洛时，他们的市场营销计划早已获得了广泛的成功：橱窗的主题也被用到海报、传单、邮寄广告以及电影院里的幻灯宣传片中。威克斯福特把自己的想法阐述得无懈可击，以至于在下次讨论时，海因里希·摩恩没有提出任何反对意见，虽然出版社还从未为一本书花费过这么多钱。威克斯福特让人制作了海报和橱窗背景图片，并带着一起回到了图林根。如果他的橱窗创意在这里都不能成功，还能指望在哪里成功呢？

"怀着一颗忐忑不安的心"，就像他后来形容的那样，为了检验新主意的效果，威克斯福特第一次拜访了一家叫西奥多·克尔讷书店的普通零售书店，之前这家书店还没有接收过超过四五本的样书。威克斯福特向他展示了自己的橱窗创意，这给克尔讷留下了深刻的印象，他很快就同意为《啊！故乡》这本书保留整个橱窗，并且他的订购数量远远超过了威克斯福特预计的10本或20本，他订了30本。

现在轮到威克斯福特感动了，他都不记得上次卖出这么多书是什么时候。在第一个书店就取得了巨大成功，他真的不知道他是对克尔讷的反应还是对自己的想法感到吃惊。毕竟克尔讷是一个经验丰富的商人，他不会订购自己没有把握卖出去的数量。威克斯福特想要看看是否还能卖出去更多。他毫不犹豫又给了克尔讷另外30本样书让他代销，如果他们不能卖出去，出版社可以回收。

就像威克斯福特之后说的那样，做这笔生意时他心中"充满了幸福感"。他并没有和老板商量过这个方案，这是谈判时的灵光一现，没想到克尔讷也同意了。贝塔斯曼公司又一个销售原则诞生了：书店老板享有订购图书一半的退货权。直到1939年战争开始，这个策略都实行得很好。这种操作在业内并不是毫无争议的，但威克斯福特断言，退货权是"我们未来几年在文艺作品出版领域取得巨大成就的最重要的先决条件"。

在其他地方，威克斯福特的展示窗取得了他从未想象到的好效果。书商们订了100、150，甚至200册书。他完全不知道"在巨大的幸福面前，怎样保持理智的头脑"。这个策略得到了回报：到1931年，贝塔斯曼已经印了4版，售出了20000本书。1929年9月出版社在《交易所报》骄傲地宣布：1000至5000册已售完。11月份出版社宣布交货量是11000至15000册，"也就是说目前每周销量达1000册"。这一势头还在继续。贝塔斯曼在短时间内卖出了10万本小说，这足以证明这本书是一部真正的畅销书：1955年，贝塔斯曼共印了77.8万册图书。在公司管理和营销技术的创新下，比如简装本，特别是展示橱窗及退货权，贝塔斯曼公司在普通零售书店也成功取得了突破，贝塔斯曼带来了可以赚钱的书籍。由于他们可以在销售上帮助到书店，贝塔斯曼的销售人员是很受欢迎的。在这期间退货权使用得并不多，大约只有订单的11%。海因里希对于能够按照经销商的销售心理制定宣传策略非常自豪。

威克斯福特不断精化宣传手段。次年，他向经销商提供了三部分的海报，可以拉伸成一个背景图。这个背景图是可折叠的，占据了商店橱窗的整个版面。贝塔斯曼为书店提供了装饰橱窗所需的一切，从图钉到价格标签，还附带展示如何建立窗口的照片。这种类型的广告也成功吸引了那些通常绕开书店的人。这在后面关于凡尔登战役的一本小说的推介中表现得特别明显。海因里希和威克斯福特实现了自己的目标：他们开辟了一个新的市场。很早他们就已决定，产品营销和销售要先于产品内容，文学审美标准是第二位的。他们在寻找一个大众市场，他们要吸引普通百姓来看书。

其他出版社也复制了他们的方法，同样提供了退货权，但并非所有人都因此获得了成功。一些出版商收到了大量被退还的图书，然后这些书就被堆放在仓库里了。因为这些书不仅要卖给零售书店，"更关键的是要找到购买这些图书的顾客"，威克斯福特的同事伯绍德强调说。只有与保障成功的宣传广告相结合，退货权才能发挥其作用。广告是成功销售的先决条件，贝塔斯曼明白了这一点，所以之后就极为重视广告，不再将广告交给零售书店去做了。

成功的故事

自从图书零售书店记住了贝塔斯曼这个名字后，他们就开始盼望来自居特斯洛的新书了。另一项创新的时机到来了："新书邮包"。它的产生最初纯粹出于必要性。虽然威克斯福特将全德国的书店划分给了负责外勤的销售代表，他们一年里会对其中1000多家零售书店进行3次问访：复活节、夏季和圣诞节前夕，但外勤人数还是无法覆盖到德语区所有的书店。

但他们无法以同样的方式与大部分的零售书店联系，因此仍然缺乏联络。贝塔斯曼想要让书店至少了解新出版物的消息，于是1800家书店就定期收到了贝塔斯曼邮寄的新书，另外6000家兼卖图书的非专业书店会收到较小的邮寄包裹。除此之外，贝塔斯曼还单独给这些书商邮寄所谓的个人阅读样书，以便他们在家也能够静静地阅读新小说。总之，1932年，贝塔斯曼的出版物已包含了十部小说，其中的七本是属于"小版书"系列。

尽管出版社增加了图书种类的数量，贝塔斯曼仍没有足够的小说充分发挥其生产潜力。威克斯福特认为，用他的办法可以让书店和读者接受更多种图书，而不仅仅是贝塔斯曼出版社出版的图书。这让他想出了一个新主意：既然我们可以在一定时间将自己的图书做成简装本推向大众，为什么不试试其他出版社的图书呢？毕竟我们已经辛辛苦苦地跟零售书店老板建立了联系，并且掌握了让顾客对图书产生兴趣的窍门。然而并非所有的出版社都认同这个来自居特斯洛的新主意。同今天相比，特许出版这个概念在当时还并不存在，但一些出版社看出了这是个额外收入来源，于是授予了贝塔斯曼特许出版权。因此，早在第二次世界大战之前，威克斯福特就在不知不觉中为书友会奠定了基础，俱乐部的活动都基于这样的授权。

出版社1933年出版的海因茨·贡普雷希特的小说《魔力森林》充分展示了威克斯福特的营销理念如何在销售中取得了成功。《交易所报》上的插图广告告诉读者这是一种"新型战争图书"：在黑暗中人们可以在铁丝网后面看到一个囚犯的轮廓，他的身后是一片阴森繁茂的森林。旁边写着，数百万德国士兵到了圣洁的俄罗斯，那里的土壤如饥似渴地饮着德国人的血液，西伯利亚草原让数十万在铁丝网后面饱受饥饿和伤寒的人窒息……这是一部有着强劲时代感的书，教会我们理解逼近的亚洲奥秘，具有民族意识的德国必须记住贡普雷希特这个名字。出版社将这部书作为"战争图书"来销售，然而却并不能用作者的真实经历公开宣传，因为在笔名海因茨·贡普雷希特后面是一个名叫弗里德·H.克拉泽的女人，她也用真实姓名在贝塔斯曼出版社发表作品。知道这是一个女作家后，读者就会立即意识到，她不可能经历她所描述的男性世界。这位女作者描述了士兵汉斯约格·克林格尔如何逃脱并在东普鲁士开垦一块土地的经过。弗里德·克拉泽想写"德国男人的命运"，正如她描写的那样。希特勒的出现让她看到了这一时刻的到来，因为德国男人"在上帝、家乡和我们时代的光荣而伟大的运动中，在希特勒的领导下实现了这一切"。

《魔力森林》第一版8000册很快就售完了，于是又再印了4000册。退货权仍然有效，然而这次威克斯福特感到了退货权的负面影响。他最终不得不收回6000册书，放在仓库里。他能用这些书做什么呢？用什么办法把它们卖出去呢？为什么会出现仓库囤积退货的情况？同样题材的柏林乌尔施泰因出版社的小说不是大获成功了吗？柏林乌尔施泰因出版社描写西伯利亚经历的《被遗忘的村庄》至少有一百万发行量。威克斯福特也梦想有这样的销量。

是不是这个书名不够简单易懂？或许应该追随乌尔

施泰因出版社的成功，让读者更明确地知道，这本书也跟西伯利亚的经历相关？威克斯福特采取了一个被证明很有成效的办法：他组织了一场比赛。在贝塔斯曼出版社内部，他为最佳副标题设立了一个奖项。其中一个校对员建议，在《魔力森林》下设立副标题：《西伯利亚——德国战俘的家乡和地狱》。于是威克斯福特吩咐画师设计一个新封面，但他觉得有了新标题和封面还是不够。如何才能吸引书商们对这本书的关注呢？他想要让这本书出名，又不让那些书商厌烦。威克斯福特再次组织了一场比赛，这个比赛规定只有书店的员工才能参加。悬赏征求答案的问题为："谁能为这本书写出最好的广告宣传语。"威克斯福特作为商人的创造力早已在设置参赛条件时就显露了出来：只有用1马克特价买下这本书的人才有资格参赛。

获奖的广告宣传语是什么已不再重要，不管信的内容是什么，他的目的已经达到了：所有零售书店的员工都知道了这本书，因为数千人为了参加这个比赛用1马克买了这本书。10天后仓库里堆存的书就已经清空了，出版社卖掉了所有的旧书。当然获胜的广告宣传语被授予了奖项，获奖者得到了奖品。《魔力森林》的廉价简装本出版时，贝塔斯曼把这段广告也加进了广告资料中，这笔花费得到了回报：这本书在短时间内达到了60万册的发行量。

讲述贡普雷希特故事的《魔力森林》的成功让雷根斯堡的吕瑟尔和普斯特出版社注意到了贝塔斯曼。吕瑟尔和普斯特出版社也出版了相似题材的书，名叫《约翰教授历险记》。可能这个书名不够明确，补充解释后才能让读者明白小说主题；或许缺少市场营销，反正这本书没有取得真正的成功。约翰教授既不是一名教授也不叫约翰,这本书讲述了一个德国战俘的故事,这个战俘以所谓的超自然力量迷惑了自己的看守,从而在难民营中获得越来越大的自由,最终逃离了监狱,经过中国,最终回到了德国。这本书的作者是保尔·C.艾提格霍夫,他也曾在贝塔斯曼出版过书,于是,威克斯福特顺理成章地取得了特许权。

他觉得故事并非没有趣味,然而吕瑟尔和普斯特出版社选的书名在他看来并不是特别成功。于是,他邀请他的同事西奥多·伯绍德和奥托·厄尔策一起到托伊托堡森林散步,寻找一个更贴切的标题。在清新的空气中待了一天之后,他们一致同意书名为《西伯利亚上空的夜晚》。这就跟之前大获成功的作品建立了联系,而副标题《一名德国人从沙皇的情报部门逃脱了》则让人产生一种揪心的感觉,并使这个主题更贴近德国读者。

1937年,当简装版被推向市场时,贝塔斯曼确信又一部畅销作品问世了:出版社印了2万册。同以前一样,橱窗再次被重新布置,贝塔斯曼提供了海报、传单和其他宣传用品。然而,获得的成功仍让他们出乎意料:几年里贝塔斯曼卖出了80多万册简装本。所有的迹象都表明,威克斯福特已经找到了创造畅销书的方法,即包装得当。弗里茨·威克斯福特的销售方式远远超前他的时代:他知道,销售的成功不是偶然的,而是创造出来的,他因此被称作畅销书的发明者。

在威克斯福特的帮助下,保罗·塞莱斯廷·埃蒂希霍费尔成了第三帝国时期除古斯塔夫·施罗尔外贝塔斯曼最成功的作家。1914年高中毕业生埃蒂希霍费尔报名参加自愿军。他在东西战线都参加了战斗,在法国被俘,被释放后担任各种产品的推销员。他发表了18篇作品,以虚构的形式展现自己的战争经历,成了一名畅销书作家。其他士兵的经历报道也被放在了他的名下,尽管他只是整理编辑了这些作品,但他的名字是高销量的保证。埃蒂希霍费尔主张德国应该夺回在非洲的殖民地,因为德国需要殖民地,海因里希在他的一篇文章中也表达了相似的观点。

威克斯福特将贝塔斯曼带上了成功之路,其他出版社注意到他只是时间的问题。听到风声的保罗·埃蒂希霍费尔给贝塔斯曼出版社的经理施泰因西克写了一封信提醒他:有人想抢走你们的营销专家。柏林两家大出版社正对这位先生穷追不舍……总而言之,贝塔斯曼出版社的成功让一些人心里不太舒服,这些人想要除去这个"来自居特斯洛的危险",哪怕付出一些代价。

埃蒂希霍费尔和威克斯福特留在了他们取得成功的地方,他们复制了《西伯利亚上空的夜晚》的成功,销量甚至比《西伯利亚上空的夜晚》更大。埃蒂希霍费尔写了一本关于凡尔登战役的书,书名为《凡尔登,大法庭》。这篇文章基于一个将军的论点,谁流血更多,谁就能赢。但怎样才能将这一点在封面图片中体现出来呢?一开始出版社的画师西格弗里德·科特迈耶设计了一个所有人都满意的封面。当威克斯福特在柏林寻找为这本书做插图的照片时,他发现了一张照片,照片里士兵们站在一个开着的坟墓前祷告。威克斯福特和他的同事们一致认为,没有什么照片能比这张照片更能刻画战争的悲剧性了。他们不再用原定的封面,而是把这张照片用在了橱窗和宣传海报上,最终引起了预期的轰动效果。

一位来自马格德堡的书商最初对橱窗并不感兴趣，后来还是接受了威克斯福特的建议。这位书商告诉威克斯福特，有一天，一名工人在书店橱窗前大约站了10分钟，走了又回来，静静地站在橱窗前沉思了几分钟。两天后，一名女士来到书店，说她丈夫当时就参加了凡尔登战役，她本来对此一无所知，但站在商店橱窗前看到宣传画后，他回家花了几个小时向她讲述自己当年的经历，他讲了一晚上，直到深夜。然后他请求她把这本书买回来，女人几乎是带着歉意的语气说："他从来不敢去书店。"埃蒂希霍费尔的凡尔登系列小说销量最好：在1936年的夏季和秋季，贝塔斯曼先后印了4版，销量达5万册；次年又印了五版，销量达到18万册。埃蒂希霍费尔的图书成了出版社几年以来销量第一部达到10万册的小说。

威克斯福特并未止步于已取得的成功，而是继续寻找销售图书的其他方法和途径。他仔细检查了在贝塔斯曼订购书籍的图书零售商名单，发现了一些他不太熟悉的公司名字，他们都是一些上门推销书店和邮寄书店。威克斯福特对这方面了解不多，但毕竟他们其中一些书店每种书订了10本或10本以上，还是值得去拜访一趟，或许还能提高他们的订购量。

威克斯福特的愿望在同那些零售书商交谈过程中落空了，订购贝塔斯曼的图书纯属偶然，机缘巧合罢了。他被告知，贝塔斯曼出版的书对于上门推销书店和邮寄书店来说基本上是不划算的。主要是由于简装版的价格太低，只有2.85～4.40帝国马克。这样的收益根本就无法打动各地四处推销图书的推销员订购贝塔斯曼的图书，因为对于一个挨家挨户推销的销售代表来说，不值得花费他的时间来推销便宜商品。他们告诉来自居特斯洛的威克斯福特，卖贝塔斯曼出版社的书他们根本挣不到什么钱，上门推销员一天只能做几笔生意，因此每笔生意中必须要包含一本昂贵的书。

对于邮购书商们来说，情况也是相似的。他们通过商品目录和商品说明小册子向私人、企业和行政机关做广告。对他们来说，一笔赚钱的买卖比维护很多小客户更具吸引力。由于花费的时间和工作量相同，他们更愿意卖出去价格是50美元而不是5美元的书籍。他们卖的书一般不是单册的小说，而是参考书和工具书，顾客可以分期付款。分期付款虽然会延长交款时间，但这对销售代理来说无所谓，因为只要能卖出去他们就能拿到回扣。威克斯福特推出廉价书籍的努力并不受这些人欢迎。他为了接近顾客而降低价格的努力越成功，他的书越引不起上门推销员的兴趣。

对此仍很感兴趣的威克斯福特通过他们了解到，一本书至少要卖到20到30马克，才能够通过这种途径销售。如何能达到这个条件，他还没有什么计划，但他并不想这么快就放弃。如果不能单卖贝塔斯曼的一本书，为什么不能以一个较高的价格一次性卖出多本呢？就像一部词典可以包含多卷一样，出版社也可以将相似主题的书或者同一作者的小说捆绑销售，卖出一个更高的价格啊。为了让人们明确这些书的联系，出版社可以把它们放到一个袋子，装进一个包装盒里，因此威克斯福特有了图书盒套装和图书包裹的想法。

他将这个想法告诉了海因里希·摩恩。海因里希虽然被他的计划吸引，但并未完全信服。这难道不是将多本单册小说的营业额转移成图书盒套装的营业额吗？虽然多了一个新的销售途径，但出版社还要支付佣金，因此营业额可能不会提高，结果是这样的话他就要反对这个提议了。只有在传统途径的销售额不受影响的情况下，他才愿意试一下。海因里希·摩恩询问：预期的营业额是否会增加？如果是，是多少呢？15万帝国马克？威克斯福特向他保证，这个数目是可以实现的，于是他就开始着手实施他的新想法了。

上门推销员也很高兴威克斯福特能体谅他们的难处，尽量为此寻找解决办法。当时，这些上门推销商们售卖的都是出版社廉价抛售的书籍组成的系列图书。贝塔斯曼早在1936年也曾用这种销售途径廉价抛售过旧书，因此这些上门推销员卖的图书并不是畅销书。现在他们可以跟书店里的新出版物竞争了，而不只是被当作"废物处理者"。他们觉得威克斯福特提供的图书让他们在行业和客户中的声誉提高了，他们的销售额上去了，佣金也自然而然提高了。对于威克斯福特来说，同上门推销商们的合作也是一大成功，并且涉及多个方面：第一个图书盒套装在1937年推出，在总标题《不死的前线》下，包含5本讲述"德意志人民在大战中的英雄事迹"的书，它们分别是：《军队叛乱》、《西伯利亚上空的夜晚》、《死人身旁的幽灵》、P.C.埃蒂希霍费尔的《凡尔登，大法庭》以及维尔纳·朗斯多夫的《在敌军旁的潜艇》。

年底，海因里希告诉他的销售总监，图书盒套装取得了巨大的成功，远远超出了他的预期。原本期望增长的15万营业额翻了四倍，达到了60万帝国马克，这一数目是出版社总营业额的四分之一。直到1939年战争爆发前，贝塔斯曼在接下来的两年里推出了另外八种图书盒套装，总印数达13.8万盒。每个套盒里有五本书，因此，贝塔斯曼在图书盒套装的帮助下，多卖出了69万本书，是总销量的四分之一！这是一个让人难以置信的成功。这一创新对贝塔斯曼的崛起是难以估计的。重新包装图书不仅开辟了一个新的销售渠道，而且还为企业在战后发展壮大迈出了重要一步：建立书友会。无论是坚持出简装版图书，在橱窗里做广告，通过特许出版权充分挖掘市场还是最后将图书整合在套盒里，海因里希都听取了来自顾客、图书零售商以及雇员等多方面的建议。威克斯福特的诀窍在于：他帮助各方卖出更多的书，却不损害任何一方的利益。

德国发动第二次世界大战时，贝塔斯曼也出版了一些歌颂德国英雄主义的图书。1938年，8年前出版的托尔·古特所写的《我们驶向死亡》又被重印，书中德国士兵不仅以第一次世界大战事实上的失败者，而且以道德上的失败者出现。书中并没有谈及国家的改革。第二次世界大战开始时，作者托尔·古特的看法明显发生了改变：1940年他出版了小说集《灼热的日子——缓刑期的男人们》，他书中的德国士兵无一例外都被描写成了不怕死的大无畏的英雄形象，德国"再次醒来了"。历史委员会认为这本书是"纯粹的战争宣传作品"。小说反复讲的都是同一个故事：德国士兵在战败后回到家乡艰难度日，在他们已经忘记政治的地方过着困苦的生活，直到希特勒出现他们才重新获得了在一战中由于当时政治失败而丧失的荣誉。

20世纪30年代初经济危机时，海因里希早已聪明且有远见地将巨额财产转移到了出版社，出版社1938年的产量比1930年多3.5倍。企业真正的腾飞是从1935年开始的，战争类图书对此贡献很大。从1938年到1941年，这种类型的图书占总产量的四分之三。促使出版社在这些年里腾飞式的发展原因在于：一方面人力成本下降了，低薪的女性劳力取代了他们的丈夫。另一方面，用于广告的花费也下降了，贝塔斯曼的产品都是为前线生产的，因此市场自然而然就产生了。海因里希在战争爆发时就认清了这个市场形势，他首先为士兵们印了空白封面的圣经，这样他们就可以悄悄读圣经，而不会受到战友们的嘲笑了。后来他们调整了生产，完全印刷战争文学了。广告主要针对留在家乡的士兵们的亲属，告诉他们，通过战地军邮送一本小小的书给战场上的亲友传达自己的问候是多么重要的一件事情。

不仅隶属于纳粹的慕尼黑埃尔出版社行动迅速，贝塔斯曼也毫不逊色。约翰内斯·班茨哈夫在波兰战役爆发之际，就建议为前线发行"战地图书"。他们采用畅销的图书并用纸板代替亚麻布面做封面。它们刚开始的售价是1.5帝国马克，后来甚至降到1.2帝国马克。威克斯福特当然也想到了广告宣传，让人将适合战地军邮包装的包裹放到橱窗里，战地军邮免费包装图书，德国国防军成了贝塔斯曼新的大客户。销售渠道得以保障后，威克斯福特着了魔似的制定更好的销售策略，两位编辑班茨哈夫和德辛则负责同官方进行必要问题的商谈。海因里希调整了公司的结构使其适应新的情况，生产部门成为公司最重要的部门。销量有了保障，现在公司只差生产了。

1943年的圣诞节，海因里希可以告诉他的员工："我们的战地图书工作受到了认可。"这就是为什么贝塔斯曼获得了"负责帝国大众启蒙和宣传的帝国部长分配的大量纸张"。因为公司必须将凭借战争获得的利润部分上缴，所以海因里希故意弱化了取得的成果并将其描述为长期策略的成果。但历史委员会则强调，海因里希出于自己的利益，对当局隐瞒了公司实际的发展情况："实际上，1941年小说业务的成功绝非是持续二十年的经营策略所得来的必然结果。出版社快速的商业崛起始于1934年'战争小说'的销售以及有针对性的生产方针，完全与1919年收购宗教刊物和由此发展形成的小说出版社不同。"

4. 贝塔斯曼万岁!

纳粹时期的贝塔斯曼

1935年6月1日的居特斯洛,天气晴朗,夏日和煦。为庆祝公司成立一百周年,位于班霍夫大街的出版社大楼在这一天装饰一新,街道一边的印刷大楼前挂着两面旗子,从很远的地方都能看到旗子上面的纳粹符号标志"卍"字。宴会大厅正面挂着的帝国元首阿道夫·希特勒的肖像十分引人注目。当地的一家报纸写道:"翠绿的冷杉和夏日的鲜花将位于班霍夫大街公司大楼的印刷厂大厅装扮成了一个充满节日气氛的小树林。C.贝塔斯曼公司在这里纪念公司的百年历史以及公司的创始人。高速印刷机和金属压板光洁明亮地排列在第三帝国旗帜和元首肖像下面,身着节日盛装的公司员工穿梭其中。透过窗户,夏日的阳光徒劳地洒在闪闪发光的金属葡萄酒瓶塞和铭牌上。"

当出版商海因里希和妻子阿格娜丝,以及他们的六个孩子汉斯、西格贝特、乌苏拉、安娜格雷特、赖因哈德和格尔德走进宴会大厅时,新教文理中学的长号乐队开始演奏歌曲《我要向耶和华歌唱》。海因里希发表了讲话,并在开头引用了他的曾祖父,也就是出版社创始人卡尔·贝塔斯曼在贝塔斯曼印刷厂第一次印刷出版的《赞美诗》:"把城门大大地打开,让世界之门高耸,欢迎荣誉之王进来。谁是那个荣誉之王?荣誉之王就是那个强大有力、在战场上充满力量的王。"

海因里希用纪念文集《卡尔·贝塔斯曼的生活剪影》向所有员工表示感谢。他亲自撰写了这本近100页的小册子,并在书的最后总结道:"愿以父辈的精神引领出版社前进,而成功与否则掌握在上帝手中。"他在讲话中向员工们宣布,未来一年里,要把残疾人、寡妇和孤儿的抚恤金翻一番。之后,参加聚会的众人在长号的伴奏声中唱起了德国国歌以及霍斯特·维塞尔之歌。海因里希的妹夫和副手格哈德·施泰因西克向"元首"高呼了一句"胜利万岁"。"新教的传统和纳粹的习惯仪式在C.贝塔斯曼的庆祝活动中得到了结合。"贝塔斯曼历史委员会在他们的研究报告中这样写道,并非所有的纳粹的习惯形式都出现在了这次庆祝活动上:没有人穿着纳粹党制服,也没有看到"卐"字纳粹臂章,当然其中可能有些人在他们的西服上佩戴了不起眼的纳粹胸针。无论如何,下午和晚上的周年庆典的政治气氛并不是很浓重。

海因里希以及贝塔斯曼公司完全有理由庆祝,因为他们在周年庆前战胜了两次严峻的危机。在卡尔·贝塔斯曼墓前默哀了一分钟之后，出版社邀请公司员工和来宾参加摩恩公园的游园宴会。在用橡树叶编成的花环装饰的宴会帐篷里，客人们欢聚一堂，享用咖啡和蛋糕。随后出版社的员工们还表演了他们自己创作的话剧。

晚餐时，苹果汁代替了在摩恩家族不受欢迎的葡萄酒，歌声代替红酒来营造氛围。天黑之后，员工们展示了一部围绕他们自己工作的影片，主题是"一本书是怎样产生的？"。大家围坐在一起，直到半夜才离开。此次庆祝活动以拿着五光十色灯笼的员工跳着波兰群舞结束。《居特斯洛报》写道："夜幕下，300盏摇曳的灯倒映在池塘中，宛若童话一般。每个参加宴会的人都为自己是贝塔斯曼的员工而自豪，他们都怀着感恩之心回家了。"

举办周年庆时，摩恩公园已经属于市政府了。然而这个名字却被保留了下来，以此提醒人们，这座公园曾经属于一个家族而且不对公众开放。只有希特勒青年团成员才允许进入，而摩恩家族所有的孩子都参加了希特勒青年团。德国少女联盟和希特勒青年团都在这个公园里举办活动。二战期间，"摩恩公园希特勒青年团之家"成为训练场，年轻的下一代在这块38000平方米的场地上接受军事训练。海因里希是否曾支持他的孩子们参加纳粹青年组织，就不得而知了，至少他曾为德国少女联盟、民族飞行员军团和希特勒青年飞行员捐过款。海因里希本人也是帝国文学院的成员，这是他作为出版商需要承担的义务。此外，虽然他不是纳粹党成员，但他是党卫军的赞助者，不过谁也不知道他到底向党卫军捐了多少钱。

他的员工们更愿意这样解读海因里希在纳粹时期的行为：为了尽可能不受审查的干扰，顺利出版他的基督教文集，保住员工们的饭碗，海因里希做了他们认为力所能及的事情。早在1933年8月，贝塔斯曼公司就被评为16家成功对抗失业的当地企业之一。

一年前，海因里希的重要作家之一约翰·克劳用这句话"我为兴登堡感到骄傲，并把选票投给了希特勒"，直言不讳地表达了自己对纳粹的热爱。早在1933年，这位"长号将军"就主动为《霍斯特·威塞尔之歌》谱写了长号乐谱，他把这首歌编排成四声部，以便新教徒用喜爱的长号演奏这首冲锋队战斗之歌。

海因里希本人对参与纳粹活动的解释与员工们的大致相同。正如他的曾祖父当年为了心中信仰创办印刷厂一样，海因里希创办了自己的企业，同时跟纳粹保持距离，想方设法继续为上帝服务。从前来参加公司100周年庆宾客的反应，也可以看出当时的气氛，在将近100封祝贺信里几乎没有一封公开表示对新统治者的好感，参加周年庆的宾客都忠于自己的内心。布雷斯劳的一家书店还想出了一个特别的祝贺方式，不知是有意还是无意，书店老板格哈德·考夫曼用略带讽刺的口吻问候道"贝塔斯曼万岁"，而不是"希特勒万岁"。

在摩恩公园参加周年庆的客人们都感觉自己站在了正确的一边。大家一致认为，为了不惹事上身，公司前面还是要挂上纳粹父旗的。员工西奥多·伯绍德欣慰地发现：在摩恩公园的庆祝活动上，"既没有纳粹的旗帜在场地上飘扬，也没有纳粹的叫喊声搅扰庆典"。

海因里希对新教教会依然忠诚，但他同时也知道如何与纳粹打交道。早在1933至1934年之际，海因里希就向公司的150名员工送出了问候卡片，这不仅仅是对他们的忠诚表示感谢，还就如何共同迎接未来的挑战提出了一个建议："一个新的民族、一个新的国家在新的一年里向我们提出了新的任务。因此让我们继续共同努力为我们的人民服务吧！"

海因里希的集体观念源自他的信仰，在20世纪30年代他将这种观念扩展为纳粹思想。第三帝国最大的群众组织"德意志劳工阵线"自1936年就呼吁进行"德国企业效率战"，海因里希非常支持他们的提议。次年，他代表企业报名参加比赛时，强调了集体观念的重要："无论如何，我希望大家能够注意，无论是以前的公司还是在我领导下的公司，始终在追求和实现企业共同体的基本原则，而这一基本原则同当下民族社会主义的企业共同体原则十分相近。"

在元首生日及纳粹党的其他重要节日里，他会组织员工们集合，这样就能够满足劳工阵线的要求。劳工阵线认为这种集合能够鼓舞士气。有时候虽然不是纳粹节日，海因里希也让员工们集合，向他们介绍元首的讲话。加入劳工阵线并遵从他们的规定是当局希望的，但当局并不强迫企业必须遵守这些规定。他自愿按照他们的标准领导公司，所做的比他们要求的要多得多。

海因里希借助参加"争当模范企业"比赛来扩大公司，让贝塔斯曼公司走向现代化。他向本地建筑监管机构解释的扩建公司原因是：出版社在图书生产及图书出口——当然主要是运往占领区——方面发挥着越来越重要的作用，排字车间、印刷车间以及装订车间都需要扩建。海因里希亲自关注扩建的所有细节。

1937年8月12日，扩建工程开始。在奠基仪式上，海因里希在一个小型庆祝活动上首先赞美了"元首目标坚定的领导"，然后说道："我们也要感谢他，让我们进行这次扩建。愿上帝保佑他继续成功，这样我们就能够在和平宁静中工作挣钱。"在他讲话时，他的母亲弗里德里克·摩恩就站在他身旁。11月份举办了封顶典礼，一年后，扩建工程就已竣工。公司在1933年时还只有153名员工，五年后员工数量就达到了335名，比以前的两倍还要多。1939年举行扩建工程落成典礼时，员工人数已超过400人。

贝塔斯曼并没有像纳粹当局选出的模范企业"米勒公司"那样遵守纳粹的原则和规定。当时米勒员工人数超过2000名，比贝塔斯曼公司大得多，早在1935年，米勒就是市里第一家强制性规定员工行希特勒礼的公司。海因里希并不是追随纳粹的狂热分子，但他知道如何利用这种政治氛围达到自己的目的。历史委员会强调说："引人注意的是技术现代化、经济成功和企业遵守纳粹劳动基本法这三件事在时间上的重叠。一方面，海因里希把德意志劳工阵线的规定看成企业创新的机会。另一方面，他也把它看作是自己对服务集体的诠释。"

1935年周年纪念日是出版社重新调整定位的重要一年。当海因里希寻找一个编辑时，西奥多·伯绍德将古斯塔夫·德辛介绍给了他。于是德辛就被公司录用了，尽管不久他就被证实是希特勒的崇拜者。德辛是纳粹党员,在赞美领袖时,他毫不掩饰自己的崇敬之情。

早在百年庆的两年前,出版社的杂志《基督教小说家》就已经出版了作家埃米尔·埃伦贝格的故事集《不要付出你们的生命》,以传播时代精神。埃伦贝格书中的主人公艾伯特·利奥·施拉格特因为反抗法国人而被纳粹授予了"第三帝国第一位殉道者"荣誉称号。以前《基督教小说家》的主要内容是故事,如今添加了短评。作者威尔·薇斯帕在诗中写道:"每位士兵都在自己的位置上坚守着/在元首赋予他的位置上"。1935年编辑古斯塔夫·德辛在自己的杂志期刊上宣布:未来"将把基督教的信仰向更广阔的读者群扩展,尤其是那些有意避开杂志的读者"。因此杂志被重新命名为《光明之路》,以实现其"多样性"。《精神与情感》半月刊聘用了纳粹作家,并试图提供民族国家和基督教方面的内容。

但是很明显,这种融合并未吸引到足够多的读者。因此1937年出版社计划再次更换杂志名称和编辑。已经在贝塔斯曼当了两年主编的古斯塔夫·德辛为此忙碌努力了起来,他将杂志更名为《幸福生活》并亲自撰写文章。在第二期一篇名为《新的一天》的文章里他写道:"一个民族觉醒了,意识到自己身处一个巨大的转折中。"文章的右侧是阿道夫·希特勒的照片,占据了整整一页纸。德辛写道:"这是觉醒,是变革!大家一起大步向前!领袖和司令官们和大家一样向前挺进!他们要求别人做的,他们都率先做到了。这所有人都知道,因此所有人都愿意追随他……鞠躬问候已成为过去时,现在把手向前,向上举起，祝福新的未来吧！"在杂志的另一期里，一张元首照片下写着："人民是追随者。"在战争开始时，德辛写道："无论发生什么——德国始终不可动摇。元首和人民是一个整体，在这个整体面前，所有的敌人都将灰飞烟灭。"这些口号还配上了以"力量来源于快乐"为主题的插图。尽管杂志内容极力巴结讨好当局，销量仍不太成功。但是通过这份刊物，很多畅销书的作者来到了贝塔斯曼出版社。直到1943年3月份，这份杂志一直被允许出版发行，比出版社其他刊物的寿命都要长。

居特斯洛的水晶之夜

1938年11月10日凌晨，利奥波特·赫茨伯格和夫人被安全保卫公司的一名保安叫醒了。那个保安说，赫茨伯格家居用品商店的窗户被人涂脏了。赫茨伯格在回忆录中写道，有人"用油画颜料在窗户上写了大大的'犹太人'这个词"。他和妻子立即着手清除涂鸦。他们最后需要清理的是靠近国王大街的窗户。当他们刚要开始清理时，他们看到大约40个全副武装身着制服的男人转过市政厅的拐角，进入了国王大街。随后的事情"以迅雷不及掩耳之势发生了"，赫茨伯格写道。

"在我们还没反应过来时，他们就走了过来，随即周围就响起了当啷声、噼啪声和爆裂声，至今这些声音还会在我耳边响起。在同一时间，速度快得不可思议，国王－莫尔特克大街拐角房子两边的其他窗户、门和六个橱窗也都被砸碎了。我在战争中也从未见过这样的破坏活动。期间他们把我们赶走了,命令我们去警察局进行保护性监禁登记。刚走了几步,我的妻子就喊道:'不,我不能丢下我的孩子们。'什么?还有人在屋里?我们飞快地跑了回去,在折返的路上我们看到,那些纳粹的走狗们把所有的东西都砸得稀巴烂。"

惊慌之中,赫茨伯格夫妇把孩子们和老母亲带出了房子。他们不知道,这次袭击是曾跟他们谈判想要购买房子的冲锋队成员弗里茨·瓦格纳在背后捣鬼。弗里茨·瓦格纳对一名纳粹党卫军队长提出的要求是,只破坏屋内的陈设,不能破坏房屋。最后,赫茨伯格夫妇还不得不替他们清理这个烂摊子,这些人强迫他们把碎片搜集到一起,并把街道清理干净。党卫军的人站在一边监督他们干活,一些刚好路过的人还跳下汽车殴打赫茨伯格。大约五点半,赫茨伯格被带到了市政厅。他们几乎把所有的犹太男人都赶到了这里。

大约有50名犹太人在居特斯洛生活。由于多年的反犹煽动,一些犹太人已经放弃了自己的商店,决定移民。居特斯洛人可以在当地的报纸上读到,他们是如何一个个离开这座城市的。当然那些报道的语气并不悲伤,而是以一种自豪的语气说,这些房屋现在"归雅利安人所有了"。房屋所有者的更换似乎并没有给房屋新主人招致任何麻烦。相反,"老房子有了新主人"!1937年,维森霍夫家接手犹太家族戈特夏克的商店时,还大肆做了广告宣传。房屋的新所有者高兴地宣布:"换一个新的名称会给这座房子带来一种新的精神。"11月9日至10日晚上的大屠杀是迫害犹太人的高潮。

11月10号清晨，在被捕的犹太人之间流传着这样一则消息："达尔特罗普家着火了。"他们说的是达尔特罗普家卖办公用品的房子。房子位于城市的黄金地段，在柏林大街和达尔克街的街角。这所房子同路文巴赫家族的房子以及另一座位于非犹太人居住区的房子构成了文物保护的城市建筑群。但是建筑文物保护在这时显然已不再那么重要了。由于街道太窄，消防队员接到的指令是：灭火时，只采取最必要的措施。

而最必要的措施是指：房屋着火没关系，只要确保火势不蔓延到邻居的房屋就可以了。犹太人的房子烧了就烧了吧，即使党卫军清楚它们都是文物保护建筑。有人猜测，这是蓄谋已久的纵火，据说市政当局想要在空军基地和帝国高速公路间修建更好的交通枢纽。看热闹的人眼睁睁地看着房子烧了起来。达尔特罗普一家从后门悄悄溜走了。

剩下的只有一根对摩恩家族以及贝塔斯曼家族具有重要意义的烧焦的门梁。路文巴赫家的房子也是C.贝塔斯曼出版社创始人的房子。这位创始人曾让人在这根大梁上刻下自己的座右铭。房子虽然烧没了，门梁却保留了下来。一些居特斯洛的市民将这根大梁保存好，将这个摩恩家族的纪念物转交给了这座房子曾经的主人。海因里希·摩恩在大屠杀夜里说了什么，有什么想法和反应，已经无从考证。但可以肯定的是，贝塔斯曼公司和海因里希本人并没有像其他许多居特斯洛人那样拿走逃亡的犹太人的财产。

同帝国文学院的冲突

1939年春,帝国文学院的一个政策让海因里希非常担心。1939年3月31日,文学院的"第133号官方公告"规定:"那些主要服务某个不构成全体德国人民思想的特定世界观、某个宗教信仰或者为其目的服务的机构",必须"在其公司的商号中明确无误地表述这一目标"。此外,第六条进一步规定:不符合该规定的企业"不得服务"这种特殊任务。

几周之后,帝国文学院解释说:"如果一家出版社出版的是文艺类、通俗科学类或者科学—神学类的宗教文献,那么它就是在为一种宗教信仰服务"。帝国文学院在表述中毋庸置疑地指出,这些规定只能狭义地去解释,出版"一部相应的作品就是在为这些特殊任务服务了"。这对贝塔斯曼公司有什么影响呢?海因里希·摩恩又应如何应对?为了能够履行作为基督徒的义务,传播基督教信仰,他也曾出版了符合政府思想或者说至少没有含有敌对思想的文章。他反复揣摩这个规定内容后,越发觉得自己必须在两者之间做出选择,要么为政权服务,要么为信仰服务,因为根据这项规定两者已经无法共存了。

或许还有其他办法?一个线索给了海因里希希望。一个符合要求获得帝国文学院批准的公司商号,并不妨碍"这家出版社在同一个商号下出版普通书籍"。而另一个线索则给了海因里希找到解决办法的希望,即原则上这条规定可以有例外。但相应的申请需在三个月内提出。为了贯彻实施该政策,帝国文学院设定了一年的期限。

但海因里希只给了自己两周的时间，然后就找到了解决办法。1939年5月17日，他向负责税法的柏林律师库尔特·朗格博士告知了自己的计划："出版社将分成两部分，这样就可以单独出版新教作品了。我将以我出生于1918年11月25日的儿子西格贝特·摩恩的名义成立'居特斯洛新教出版社'，这部分作品就由这个独立出版社出版。"想要实施他的计划，海因里希还需要等一段时间，因为他的儿子尚未成年，这可能会是一个问题。也就是说，直到1940年1月1日，即西格贝特的"成年礼"之后，出版社才能交到他的手上。

律师朗格也认为这个计划很好，并负责与帝国文学院进行交涉。他认为拆分公司，给新公司起新名称是他都可以办到，困难之处在于确立海因里希的儿子西格贝特为公司负责人。他担心文学院会因为西格贝特年龄太小且缺乏教育而不接受他。海因里希·摩恩建议，可以为西格贝特找一个形式上的公司负责人，于是他想到了纳粹党和文学院成员西奥多·伯绍德。

这件事虽然解决了，但他还得为帝国文学院的另一项规定寻找解决办法。公告里还附加了一条说明：那些"完全或主要谋求图书业以外的经济收益，且公司不是一家图书公司的附属公司"的人，不允许加入文学院。威斯特法伦和利珀的新教出版社联合会认为，这也就意味着，贝塔斯曼公司要么放弃出版社，要么放弃印刷厂。但是海因希也为这个问题找到了解决办法。5月17日，他写信给帝国文学院，报告里称他的出版社保留了作为"辅助车间"为出版社进行生产的印刷厂和装订车间。

一旦拿定主意，海因里希就会立即实施，在这一点上他明显有别于曾和他一起谋划对策的其他出版社。沃尔特·德古意特和沃尔特·科尔哈默等出版商曾于5月23日会面，讨论如何共同行动。C.贝塔斯曼的代表也到莱比锡出席了会议。后来出版商们再次在慕尼黑会面，表示对文学院的规定"深表担忧"，想共同商定反对第六条规定的对策，他们"希望规定的界限更清晰，并尽可能降低要求"，而此时的海因里希·摩恩早已开始采取行动了。就像出版商利奥波特·克洛茨在给海因里希的副手施泰因西克的信中说的那样，其他新教出版商还在希望修改第六条的规定时，贝塔斯曼早已脱离了共同行动。

第133条官方公告也让位于比勒费尔德的小型新教出版社鲁弗出版社烦恼不已。赫尔曼·维尔讷于1937年在乌珀塔尔创办了这家出版社，以觉醒运动的精神教导普通人。他没有发表任何科学—神学著作，而是出版了一些小册子，为基督徒的宗教生活提供切实的帮助。1939年2月赫尔曼·维尔讷将出版社卖给了比勒费尔德的"心中使命城市协会"，并作为公司负责人继续领导这个出版社。根据柏林帝国文学院的新指令，这次收购给出版商带来了麻烦。因为协会无法成为帝国文学院的成员，而文学院成员是从事出版活动的先决条件。

因此城市协会不得不再次卖掉他的出版社，正在物色合适的买家，而这个人必须是帝国文学院的成员。最简单的办法似乎是，维尔讷再次买回他的出版社。在大家的讨论中，购买方式一直未达成一致意见，这时城市协会主席、鲁弗出版社顾问教士卡尔·帕夫洛夫斯基突然推荐了海因里希·摩恩。尽管不是所有的顾问委员会成员和工作人员都支持海因里希·摩恩，他还是在7月25日中标了。出版社被重新取名为"鲁弗新教出版社——赫尔曼·维尔讷的后继者"。海因里希·摩恩接受维尔讷为代理人，并在合同中承诺："仍以目前的形式大力发展出版社，扩大并加深其影响力。"

为了保护出版社免遭强制性拆分甚至被关闭的危险，在将宗教领域业务从C.贝塔斯曼出版社分离出去的这个策略下，收购鲁弗出版社对海因里希来说显然是再好不过的决定了。突然之间，他有了第二家出版社，一家可以明确定位为新教出版社的出版社。现在他也不用再拆分自己的出版社了。由鲁弗出版社出版那些可能会对C.贝塔斯曼出版社造成影响的神学出版物，这就足够了。

通过收购鲁弗出版社，海因里希沿袭了创始人的传统，继续同教会密切合作。1943年鲁弗出版社果然实现了海因里希几年前早已意识到的转移负担的作用。在1943年德国图书贸易业遭受的第一次大规模停业浪潮中，这次收购获得了新的意义：虽然鲁弗出版社不得不停止生产，但C.贝塔斯曼仍被允许继续出版刊物。

停业

1943年8月30日，柏林警方逮捕了马蒂亚斯·拉卡斯，他涉嫌犯有"战争经济罪"。据称，他未经允许用伪造的文件非法倒卖了大量纸张，警方查封了他的罪证文件，其中就包括他同出版商以及德国国防军成员的来往信件。拉卡斯被捕后，警方还截获了不断寄到拉卡斯家里的信件，其中三封信来自居特斯洛的贝塔斯曼，信的内容主要是抱怨批文迟迟未到。此外这些信件中还夹着贝塔斯曼给拉卡斯开的支票。像往常一样，拉卡斯会利用关系，在国防军那里用支票换取批文。贝塔斯曼并不知道拉卡斯已经被逮捕，这些交易进行不下去了，于是这些信件也让贝塔斯曼陷入了针对倒卖纸张的调查中了。

纸张已成为战争中的稀缺资源，因为用于生产弹药或者饲料的木材作为替代品也是紧俏商品。此外，在同盟国的轰炸下，一个个纸张仓库在火海中化为了灰烬。因此自1942年中旬起，当局就引入了复杂的纸张分配授权程序。以神学出版物为主的鲁弗出版社就分配不到纸张了，就连贝塔斯曼出版社的出版业务也面临着纸张短缺的威胁，不能再为民用图书市场生产图书了。而为国防军生产图书的出版社仍有机会分配到纸张，但是也必须获得许可。

面对众多的规定，关系网突然变得特别重要。因为好关系能够加快审批流程，或者说才能让审批流程开始运行。贝塔斯曼认识一个可以在这方面提供帮助的人——马蒂亚斯·拉卡斯。他是柏林邮寄书店阿诺尔德的一名员工，这家书店是德意志出版社，也就是一家雅利安化的乌尔施泰因出版社的子公司，主要为党务工作和国防军服务。阿诺尔德书店为陆军、空军和海军的总司令部供货。拉卡斯因此和军界建立了良好的关系。早在1941年他就拜访过贝塔斯曼公司，并与公司的领导层进行了交谈。当时纸张还没有配额限制，大家都觉得不需要他的服务。几个月后，情况发生了变化，当拉卡斯再次来到居特斯洛时就非常受欢迎了。

因为从1942年夏天开始，出版商即使有足够的纸张，也必须要获得印刷书籍的许可。通过这种复杂的审批流程，当局要确保出版社没有囤积纸张。最重要的是，出版社或者印刷厂需要证明相关图书"对战争至关重要"，这个审批程序的基础就是所谓的由德国图书业经济部门分配的纸质批文，这些纸质批文必须由两个部门——德国国防部门和"帝国纸张分发点"签署。

有了三方印章的支票才能分配到纸张，并进行印刷。这个流程非常耗时，经常需要好几个月。因此，一旦确认可以拿到许可，或者能通过像拉卡斯这样的人弄到批文，出版社一般都提前进行印刷。所以同国防军维持好的关系是非常重要的，因为国防军拥有巨额纸张储备。他们控制着所有领域的纸张库存。虽然国防军应该向德国图书业的经济部门通报颁发许可证的情况，但是只要那些跟国防军关系好的人就能拿到许可证，而这些部门很晚才知道，或者根本就不知道。

由于流程复杂，实现完全控制监管非常难。审批期非常长，为了使出版社在审批时间较长的情况下能够继续生产，他们可以获得足够三个月使用的配额。也就是说，他们被允许在没有经济部门许可的情况下印刷一本书，但在一定程度上要自己承担风险，毕竟出版社之后还必须得获得许可证。马蒂亚斯·拉卡斯知道如何巧妙绕过这个复杂的审批流程。很简单，通过贿赂达到目的。他只需要拿到出版社签字的空白支票，然后自己填上纸张数量，最后在国防军的相关负责部门弄到印章。他是怎么做到的呢？

当他向贝塔斯曼提供服务时，他先是要求出版社给他提供一些空白支票，然后他再设法弄到国防军部门的印章。海因里希·摩恩的妹夫格哈德·施泰因西克答应了他的要求并签发了支票。拉卡斯利用同国防军的关系为贝塔斯曼拿到国防军证明贝塔斯曼图书"与战争有关"的各类公函。贝塔斯曼的胆子越来越大：先是在没有批文的情况下印刷图书，然后还任意超出批文规定数量印刷，最后甚至印刷根本没有批文的图书。37张贝塔斯曼的批文都是直接或间接通过拉卡斯运作的。37张批文听起来很少，但这37张批文包含了123吨纸，足够印刷超过110万册的图书。然而，就贝塔斯曼的总产量而言，靠拉卡斯非法获得的纸只占到了总产量的6%。因此历史委员会强调，贝塔斯曼因非法途径而招致的风险与收益根本不成比例。

纸张不仅来自被占领区，也来自瑞典和芬兰。然而从这些国家购买纸张也必须得到批准。贝塔斯曼获批从芬兰购进50吨纸，但实际上却通过多个供货商购买了超出几倍的量，也就是总共879吨。这远远超出了允许的三个月的量，足够一整年的生产需求。出版社将纸张分别储存在居特斯洛附近至少十个不同的仓库中。后来威克斯福特又再次订购了几百吨纸。

拉卡斯通过慷慨回报的方式维持着人脉。他在科隆和巴黎旅行期间，弄到了一些紧缺的物资：一磅咖啡是酬谢一位女秘书的礼物，她曾用正式的信笺写了一封推荐信；国防军的负责官员收到的则是香烟和酒，或是送给太太们的肥皂和浴盐。有时候拉卡斯也向官员贿赂一些吃的和现金。他的种种恩惠还包括组织"狂欢派对"，虽然他的邻居们对此抱怨不已。在众多出版社中，拉卡斯从贝塔斯曼出版社那里得到了多少好处，事后已经无法查证。但据估计，仅在几个月内拉卡斯就捞了60万帝国马克的回扣。在他离开德意志出版社时，他拿走了大量文件，并声称，一旦这些文件被公开，"一些后果难以预料的事情也就随之被公开，因为即使是最高统帅部也不知道纸质批文的规模"。

众所周知的还有，贝塔斯曼的一些员工同拉卡斯瓜分了出售某些作品获得的利润。约翰内斯·班茨哈夫与拉卡斯一起收购了位于东普鲁士的38个官邸，价值140万帝国马克。此外他还曾尝试低价处理偷印的图书。然而当弗里茨·威克斯福特提前从战场返回出版社时，班茨哈夫的利益就受到了威胁。为了让威克斯福特回到公司，必须派另一个人到战场顶替他的位置。最初选中了班次哈夫，但他不愿意去，那么下一位候选人就是海因里希·韦斯特豪斯了，他代替威克斯福特去了战场，后来在前线牺牲了。

1943年4月1日，威克斯福特恢复了原来的职位。班次哈夫和拜姆迪克必须得带他熟悉这个新的审批程序，并不得不把他介绍给拉卡斯认识。为了让两个人认识，他们去柏林见拉卡斯时也带上了威克斯福特。威克斯福特并不是很高兴，他写下："除了喝酒就是喝酒，我可以确定，拉卡斯喝得烂醉。"威克斯福特指责拉卡斯给了国防军的关系人太多钱，拉卡斯随即威胁他说，如果他不从中斡旋，贝塔斯曼就再也拿不到纸了。

威克斯福特惊讶地发现，班次哈夫在荷兰采购纸张的价格过高。当着威克斯福特的面，班次哈夫在芬洛的黑市上采购了纸张,后来威克斯福特在旅馆房间里质问他海因里希·摩恩对此是否知情。班次哈夫回避了这个问题,他觉得,海因里希看到费用金额肯定就知道了。回到居特斯洛后,威克斯福特想从海因里希那里知道他将来是否应该继续购买价格过高的纸张。"海因里希给出了严格指示:不能再以这样的价格购买纸张了,因为出版社根本赚不到钱。"换句话说,海因里希原则上并不反对班次哈夫的做法,只是反对这种让利润缩减的高价。

当战争进入全民参与阶段时,出版社被迫关闭了。这不是一家两家的事,而是几乎所有出版社都得关门大吉。图书印刷对于战争来说并没有那么重要,尤其是如果出版物不是为战争服务的话。到1942年年底,国民教育与宣传部已经计划关闭约1200家出版社。1943年4月1日,帝国文学院宣布开始实施这个计划。居特斯洛所属的北威斯特法伦区有57家出版社在关闭之列,其中许多是小公司。只有六家被列为对战争重要的出版社,贝塔斯曼不在其中。历史委员会强调,与当时是犯罪分子的拉卡斯有瓜葛是1944年贝塔斯曼没被列入名单的原因。然而,关闭仅仅影响了新书的生产,已经印刷的书籍仍然可以继续销售。印刷厂也没有被关闭。一部分员工甚至不知道出版社关闭了,对他们来说,工作照常进行。

1943年12月13日,在拉卡斯被捕三个半月后,约翰内斯·班次哈夫也被捕了。直到此刻,海因里希·摩恩才开始担忧,如果他卷入了这件事里,他将面临部分财产被宣判没收的状况。海因里希迅速行动,这是他一贯的风格。1943年12月17日,海因里希找到居特斯洛的首席法官韦希纳特博士,在法官的建议下,"为了确保公司有序存在",他整顿了公司,只属于海因里希的独资公司成了一个两合公司,而他所有的子女都是有限责任股东。海因里希将他的全部地产和所有财产转移到了两合公司。该公司的价值约为350万帝国马克,该地产的价值超过30万帝国马克。另外,他也让妹夫施泰因西克加入了两合公司。差不多两个月后,这个整顿计划被批准了。

1944年1月,被关押的班次哈夫在柏林受审。不久后,居特斯洛的调查人员搜查了公司代理人施泰因西克和威克斯福特的办公室和私人房间。除了班次哈夫之外,贝塔斯曼员工格哈德·施泰因西克、弗里茨·威克斯福特和威廉·拜姆迪克被捕后被带到了柏林的莫阿比特。贝塔斯曼的女秘书员工们也不得不接受严格的审讯。1944年2月5日,海因里希也被传唤讯问。刚开始他表现出一无所知的样子:"我把生意完全交给了各项负责人以及我的副手妹夫施泰因西克。"当海因里希说这些话时,他可能以为他的秘书们会保持沉默,因为她们和公司签有保密协议。然而他的女秘书玛德琳·克里斯托夫勒却详细供述了非法印刷纸张的数量:据她介绍,956版次,约150万册图书是未经许可印刷的。当调查人员用这些信息与海因里希·贝塔斯曼对峙时,他收回了原来的话,承认说:"对于我们公司在荷兰以高价购买纸张这件事我是知情的。"他表示,自己曾经警告过他的员工,购买黑市的昂贵的纸是无法盈利的,存储没有许可证购买的纸张,是施泰因西克和威克斯福特的过错,与他无关。调查人员并没有真正相信他说的话,打算逮捕他,进一步审讯并给他施加更多的压力。1944年3月10日他被带到一位医务人员处，对他的身体状况进行检查，以确定他是否能够被监禁。根据医疗诊断书，海因里希·摩恩虽然不能被监禁，但已达到拘捕条件。由于他是居特斯洛当地一位有声望的人，他没有被关起来。调查人员在最终报告中指出："公司持有者卡尔·海因里希·贝塔斯曼应该被看作是贝塔斯曼公司的另一名共犯。"海因里希"还犯有战争经济罪"。然而海因里希最终没有被起诉。

1944年3月14日，在柏林—夏洛滕堡陆军的军事法庭上，针对"人民害虫"拉卡斯的审判开始了。虽然除了拉卡斯还有40人因类似的违法行为也被捕了，但拉卡斯被当作最大的纸张投机商，针对他的诉讼是为了起到威慑作用。拉卡斯被指控犯有战争经济罪、贿赂罪和叛国罪。他在法庭上对自己的罪行供认不讳："取得巨大成功后，我在这一年里极度膨胀，再加上六七十个纸张短缺又对利益贪婪的出版社的怂恿，我完全陷入了不幸中。几乎所有重要出版商、代理机构、政府机关等对我这样一个'小拉卡斯'献殷勤，巴结我。于是我的虚荣心极度膨胀，直至受到惩罚。"审讯是在没有公众参与的情况进行的。然而，帝国文学院在场的专家们不可能看不到贝塔斯曼在拉卡斯整个犯罪行为过程中所起到的重要作用。审讯中涉及约100张空白支票，几乎三分之一都来自贝塔斯曼。法院宣判拉卡斯是"战争寄生虫"，并于5月31日处以死刑。拉卡斯很幸运，判决还未执行，战争就结束了。

5. 纳粹时期的摩恩家族

妻子阿格娜斯

海因里希只知道一件事——工作，他花在家庭上的时间比较少。工作日他和员工们坐在一起吃午饭和晚饭。哪怕是周末，海因里希也会在家里的办公室接待保罗·阿尔特豪斯、阿道夫·施拉特尔以及朱利斯·里希特这些作家们，同他们一起谈论神学项目中的新作品。

公司现任领导者赖因哈德的父亲海因里希是一个非常细心的人，他习惯把一切收拾得井然有序，摆放得一目了然。儿子赖因哈德所描述的父亲是一个认真履行各方面义务的人，"无论在孩子教育方面，还是在工作方面"。然而当作为证人同历史委员会进行对话时，赖因哈德坦白，除了日常生活外，他几乎跟父亲没什么交流。据他说，父亲海因里希可能就是不会和孩子交流，于是他干脆把孩子的教育交给了妻子。所以，赖因哈德跟母亲阿格娜丝·塞佩尔建立了非常紧密的关系也就不足为奇。无论是在哈尔茨山还是在居特斯洛，母亲始终是家里孩子们的依靠。

阿格娜丝·塞佩尔的祖辈都是牧师。早在阿格娜丝和海因里希相识前，两个家族间就互相联系了。路德维希·塞佩尔（1777—1834）还是理性主义的支持者时，他的儿子爱德华·塞佩尔（1813—1878）已受到了觉醒运动的影响。爱德华是家族里第一个发生思想转变的牧师。如今他被认为是明登—拉文斯堡第二代复兴运动传教者。第一代当属约翰·沃尔肯宁及其同事，牧师沃尔肯宁我们在讲述贝塔斯曼出版社创建初期时已经提过了。爱德华·塞佩尔的一个重要使命是戒掉普通人的酒瘾，面对艰苦的生活，许多穷人沉迷于酒精。爱德华·塞佩尔看到这种情况感到极其厌恶，不久后就作为"禁欲使者"为大家熟知。爱德华·塞佩尔针对这种恶习写的一篇布道词得到了同样反对酒精的出版商贝塔斯曼的极大赞赏。于是贝塔斯曼就以《与酒斗争》为题目出版了这部作品。

将近50年后，阿格娜丝·塞佩尔于1889年出生了，她是家里六个孩子中年龄最大的。她在很小的时候就表现出了对自然的热爱。她家里在威悉河边有一座大花园，这个小女孩特别喜欢待在那里。自然和上帝，她对两者都充满了爱。"大地既远又近，"年轻时的她曾写道，"我爱它们，天啊！太阳如此灿烂，月亮如此皎洁。天使在上空翱翔、跳舞、跃动、歌颂上帝，上空是如此美丽。也请赐予我一颗纯洁的心。"

一家人搬到居特斯洛时，阿格娜丝13岁。当时这个年龄的女孩应该学着成为一个好的母亲和家庭主妇了，于是她被送到内卡河边的劳夫女子寄宿学校。然而她却被强烈的思乡愁绪困扰，于是她的父亲就提前把她接回了居特斯洛。作为家里最大的孩子，她不得不照顾弟弟妹妹，帮助患病的母亲。为了学习照顾病人，她在卡塞尔和阿罗尔森上了几个短期培训课。回到居特斯洛后，她和出版商约翰内斯·摩恩的一个女儿成了朋友。由于经常去班霍夫大街的摩恩家做客，她经常遇到好友的哥哥海因里希，后来两人越走越近。和被哮喘折磨的海因里希一样，阿格娜丝也不得不忍受着病痛的折磨，她自出生起就患有髋关节病。在彼此的相互理解中，两人渐生爱慕之情。双方父母也乐见他们两人的结合，于是在1912年同意了他们结婚。

摩恩家族里的男女角色分工非常传统：他领导企业，她照顾家庭。他们的孩子们在很短的间隔内相继出生，所以不久之后就有八个人围坐着一张桌子吃饭了，这还不包括和主人一起用餐的佣人们。赖因哈德有次谈到他的父母时说道，他们两个人都很喜爱自然和音乐，深切地爱着上帝：一到周日他们就会一起去教堂，工作日一家人则会在早晨和晚上一起做祷告。

尽管阿格娜丝不在公司，但她对出版社发生的一切都表现出了极大的兴趣。她同员工们交谈，让丈夫在做重大决定前征询她的意见，因此她也被称为"他的第二颗心"。他负责和作者们交谈，她则负责联络亲属之间的感情。他们经常和妹妹伊姆加德一家聚会，妹夫施泰因西克成了海因里希的副手。

儿女们

长子汉斯·海因里希是按照祖父的名字"约翰内斯"命名的,也叫"汉格尔",是家里的叛逆者。他出生于1913年,虽然毕业于父辈们的学校——新教文理中学,但他对神学和出版业都不感兴趣。在他看来,更高的使命在向自己召唤,引领自己离开这个小地方。他先是从1933年开始在弗莱堡学习法律,后来想成为一名外交官。他的父亲对纳粹党避之不及,他却刚满18岁就加入了纳粹党。对他来说,成为党员并不是一种形式,而是在生活中践行纳粹思想。哲学家马丁·海德格尔担任弗莱堡大学校长时,大学就倡导纳粹思想。汉斯·海因里希深受海德格尔的精神鼓舞,他以海德格尔精神为基本思想,同大约20名学生创立了一个大学生协会,协会是以被纳粹尊称为民族自由战士的利奥·施拉格特命名的。学生们在一个所谓的"同学之家"里一起生活和学习。

在大哥汉斯的鼓动下,1915年出生的大女儿乌苏拉也反抗家里的宗教信仰。在她的学生时代快结束时,她第一次接触了纳粹运动。当时纳粹刚刚上台,乌苏拉在波茨坦附近的一所寄宿学校上学。寄宿学校的校长曾是一名牧师,在居特斯洛教过书,还认识乌苏拉的父母。父母来看望乌苏拉时,乌苏拉在父母住的酒店前目睹了希特勒青年团的女孩男孩们游行唱歌的场景,乌苏拉被这个场景深深打动了。就像她后来讲述的那样,她不由自主地跑向了队伍,和他们一起在街上游行。

乌苏拉在反对宗教的态度上比汉斯·海因里希以及其

他兄弟姐妹都要激进。谈到早晨的祷告,她总是带着一种轻蔑的语气。她还将早晨来家里做祷告的员工称作父亲的"艾克莱西人"——希腊语的意思是迷信团体。她觉得自己和家中虔诚的宗教信仰互相排斥,在集体祷告时,故意在胳膊下夹一本《共产党宣言》,以此向他们挑衅。她最终做出了一件让父母十分不理解的事情:乌苏拉退出了教会。连她的哥哥汉斯·海因里希都不敢这样做,虽然他对祷告也持严格批判的态度,但却从未考虑过要退出教会,看在祖母的份上他也不会这么做。

在波茨坦上了三年学后,乌苏拉回到了居特斯洛的父母家中。对于家中的女人,确切地说,他的两个女儿,海因里希并未给她们在公司安排任何职位。因此,当哥哥建议她也来弗莱堡时,乌苏拉很高兴。如果留在父母家,她就要去斯图加特的一个姑姑那里帮忙做家务。尽管父母并不喜欢汉斯的主意,但也没有阻止。母亲阿格娜丝带着18岁的女儿一起坐火车到了弗莱堡,尽管乌苏拉并不想母亲送她。汉斯和他的同学们在弗莱堡火车站列队欢迎妹妹的到来。乌苏拉在弗莱堡干的活与一名传统的家庭主妇无异,她在这儿为学生团体中的年轻男性做家务。她对此并不那么上心,工作也没有报酬,但她毕竟逃离了居特斯洛的无聊、狭隘的家庭以及父母的控制。虽然她不是弗莱堡注册在读的学生,但仍然能去听大学课程。作为"乌拉苏同志",她被年轻的男同学们和社团所接纳。她喜欢弗莱堡的生活和团体活动,冬天大家还会一起去滑雪。后来,她还在汉斯·摩恩的室友中认识了后来的丈夫。

1934年她离开了弗莱堡的"民族同志团体"。不过现在她已经无法想象过家庭主妇的生活了。她想要上大学，并在基尔注册了教育学，主修德语、历史和民俗学。离开基尔后，她去了莱比锡、柏林、维也纳，最后又回到了柏林，直到1939年来到柯尼斯堡。她在柯尼斯堡上大学，同时在一所中学里教授音乐、业余表演和民俗学。

父母默默地看着她从一个城市迁到另一个城市，并未像阻止哥哥汉斯·海因里希那样阻止她加入纳粹党。1934年至1936年间，她曾四次去国外。在斯洛文尼亚和克罗地亚的边境，她拜访了一个传统上德国人居住的地区。受海外德侨联合会的委托，她在那里教授音乐、艺术和手工。海外德侨联合会希望通过这样的活动促进德国人国外定居地传统艺术的传播。家族的传教精神又重新在女儿的工作中得以体现。只是现在她不是受上帝委托传教，而是承担着第三帝国的使命。显然父母也并没有反对。

然而，当女儿决定退出教会时，父母就没那么淡定了。1939年5月德国进行了一次人口普查，所有人必须填写自己的宗教信仰。乌苏拉写的是"无教派但信上帝"，这就表明了她并不属于任何教派。这让她的母亲非常震惊。后来，乌苏拉对历史委员会说，母亲认为这样的回答就意味着背叛，并告诉她，"我宁愿从来没有生过你这个女儿"。父亲则格外冷静，他告诉女儿，他会为她祈祷。

西格贝特是家里的二儿子，与汉斯和乌苏拉相反，他虔诚地信仰宗教，因此也被父亲看作领导基督教出版社最合适的接班人。同父辈及兄弟们一样，他也在新教文理中学读书，并参与长号合唱团演出。当地的纳粹党要求他退出教会时，他拒绝了，也并没有因此受到什么负面影响。

1916年出生的二女儿安娜格雷特和1926年出生的家里最小的儿子格尔德都和西格贝特一样,忠于信仰,按照父母的意愿生活。

赖因哈德的青年时代

赖因哈德出生于1921年夏天,是摩恩家里的第五个孩子,如今领导着贝塔斯曼帝国。1923年至1926年这两年间,海因里希由于哮喘病在布劳恩拉格度过了一段隐居生活,小赖因哈德在这里有一个可以骑在上面的布质大象。他总是关怀备至地照顾着他的这个小朋友。吃饭时小赖因哈德就把它放在角落,让它休息休息,还会给它一片面包。自己吃完饭,大象也"饱了",面包也没了。有时候,他会把大象和另一个毛绒小牛一起绑在小车前面,他自己坐在马车夫的位置上,唱着歌,挥动着鞭子。

一家人再次搬回居特斯洛后,住在祖父母家附近,赖因哈德通过在祖父母的公园里拔杂草挣到了第一笔钱:每拔掉一棵蒲公英,他就能拿到一芬尼。赖因哈德工作非常认真,有一次甚至挣到了让人骄傲的10马克。赖因哈德喜欢去祖父母家,那里有一座温室花房,里面有很多花和棕榈树,夏天这些植物就摆放在客厅里。祖母的虔诚和正直让赖因哈德非常钦佩,他非常喜欢和她聊天。祖母对自己的信仰非常虔诚,坚定不移地在生活中践行着教义。如果违反了周日休息的规定,她干脆切断电源,告诉出版社的员工,他们应该回家去,把这一天献给上帝。

赖因哈德也很喜欢祖父,和父亲不同,祖父喜欢和人交往。精神矍铄的约翰内斯·摩恩活跃在30个理事会和协会中。他总能找到让孙子高兴的事情，有时候他甚至还会煞费苦心地做准备。当他们周日做完儿童祷告回到家时，祖父约翰内斯通常就躺在阳台的藤椅上，旁边放着小饼干和柠檬汁。孩子们问候他之后，就可以按他的鼻子。每按一次，门口的铃声就会响起，孩子们就会非常开心。其实是因为约翰内斯·摩恩在他的椅子后装了个铃，每次按鼻子时他就会弄响那个铃。

在节假日，全家会去黑森林度假，在海德堡过夜。当父亲当着其他客人的面，在酒店的餐厅里仍然严格地做餐前祷告时，赖因哈德感到有些难为情。在度假公寓里每个人可以独自祈祷，这让他感到轻松许多。后来赖因哈德·摩恩解释说，父母对宗教的虔诚并不能让他信服。他觉得父母渴望的理想和现实存在着矛盾。正如他后来所说，他对神学和宗教的理解深受母亲这种"形式上的虔诚"影响。饭前祷告、早晚祷告、唱歌和弹钢琴，一切让他感觉就像是回到了"上个世纪"。他无法深入体会，也不想那样做。虽然他并没有公开反对，但内心却没有真正参与。母亲肯定也察觉到了他缺乏热情，在他16岁时，母亲告诉他以后不需要再参加祷告了。他终于松了一口气。

很难说在赖因哈德的童年和青年时期什么对他的影响更大：是父母对宗教的虔诚还是反抗父母的兄弟姐妹的聪慧与顽强。从他和第一任妻子玛格达勒娜的谈话中可以推测，他非常钦佩在学校被视为天才的大哥汉斯，汉斯每次考试都能拿最高分。赖因哈德不仅羡慕哥哥在学校里的成绩，更佩服他果断坚定地脱离父母，拒绝成为出版社的接班人，远离居特斯洛去弗莱堡读大学。也可能赖因哈德是佩服哥哥没有像父辈们那样学习神学，而是成了军官。他对姐姐乌苏拉和她一贯的行为也十分敬佩。她每天祷告时故意出丑，这一点给他留下了深刻印象。

很久之后，赖因哈德讲道："我在家里排行老五，这对我的个性发展肯定产生了影响。也就是说，我的兄弟姐妹们在学校树立了一些标准，这对我而言是一种负担，因为我根本没有他们那样的天赋。从母亲留给我的时间上就可以看出我受关注的程度。因此我很早就学会了这个家里的规则——每个人都必须独立自主地决定自己的道路。"

早在很小的时候，赖因哈德就喜欢独处。"我在学校有很多好朋友，也许是因为我有时候算是一个有趣的人吧，"在回忆自己的学生时代时他这样说道，"有一次我的同学们甚至还想选我当班长，但是当时我并不适合成为那样的人，那只会让我感到压抑，因此我断然拒绝了。后来我也经常碰到类似的事情，比如在工作中、在战争中以及被俘时。我从未在一个集体中成为过核心，一方面我喜欢接触人，另一方面我又需要安静、距离和独处。"

那时开始的一段友谊在赖因哈德的生活中有着特殊的意义。在学校，他认识了古斯塔夫·艾勒特，他比赖因哈德年龄大一些，但两人是同级的同学。在家里，古斯塔夫也被妈妈叫"小古斯塔夫"，叫着叫着就成了"施特菲"，于是大家后来也就这么称呼他了。赖因哈德也得到了一个绰号：在毕业生年度名册里他的同学们称他为"我们的麝香鼠"。

赖因哈德的学习成绩不是特别好。按照他对自己的评价，他只是一个"普普通通"的学生。12岁那年，当他把一页错了30处的听写带回家时，母亲十分绝望，把他带到医生那儿去检查眼睛，然而视力不好并非是成绩差的主要原因：这个男孩有书写缺陷。他在新教文理中学读书时，成绩依旧很差，这让母亲非常担心。由于他一直对实践和手工方面的东西感兴趣，有一天母亲问他是否想成为一名木匠。他本来很想学一门实用的手艺，但母亲的这个提议让他感觉自己被看低了，因为他的兄弟姐妹都是非常优秀的学生，这样他就是家里唯一一个从事手工职业的人了，因此他还是选择继续上学了。

在体育方面，他表现出的争强好胜让他的同学们很吃惊。有一次他们本该在室外游泳池里潜游50米。赖因哈德跳进水中，一直向下潜，在老师和同学们徒劳地等他上岸时，他几乎已经游到了池底。时间一分一秒地过去了，赖因哈德还待在水底。当过了许久他仍然没出现时，救生员变得紧张起来并跳进了水里去找他。其实在下潜到40米时赖因哈德已经憋不住气了，他却还是待在水里，没有上去，直至昏迷，最后还是救生员救了他。还有一次，球不小心飞出了一道很高的围栏。赖因哈德爬到了上面，没能站稳就从围栏上掉了下来，头重重地摔到地面，又一次昏迷不醒。这次他得了脑震荡，但他也证明了自己的力量和勇气。

16岁那年，赖因哈德写了一篇作文，至今他还一再引用这篇作文，以此证明他达到了自己想达到的目标。临近高中毕业，每个学生都被要求陈述自己的"择业想法"。赖因哈德写道，他希望能够有"一个机会让他尽其所能"。他觉得自己对他"所出生的民族"负有责任。他绝不想要那种会"让生活变得死气沉沉的"工作。因为我宁愿面对所有强加给我的怀疑和问题,我来承担并寻找解决办法,也不愿像一个工具一样活着。"因为我已经下定决心,时刻准备好学习并了解更多更好的事情,即使我不得不放弃迄今为止所相信的一切并承认它们是个错误。"因此,在最后几年的学业中,他此前主要表现在体育方面的上进心也延伸到了学习上,获得了不错的成绩。

夏天,他和朋友施特菲一起乘小船游览。哥哥汉斯用他那辆被熟人戏称为"红色摩恩"的红色跑车将二人送到了雷根斯堡。他们在多瑙河上乘坐着折叠船,用了一周时间才划到维也纳。晚上两个人就睡在岸边,享受着自由,谈论着朋友和姑娘们。

有一次,当他们在多瑙河上惬意地划着船、享受着美好的旅程时,突然经过岸边一个裸体主义者的户外野营地。他们还从未见过一个全身赤裸的女人,眼睛几乎都不敢看向岸边。很快他们就划过去了,无论如何这次同裸体人的短暂相遇还是为他们提供了丰富的谈资。一周之后他们到达了维也纳。大哥汉斯在之前约定好的地方接他们,然后带他们去奥伯斯特多夫镇附近的欣德朗,赖因哈德的母亲和其他孩子们都在山里度假。

旅行结束回到家后,赖因哈德和朋友施特菲就报名参加了一个舞蹈班。他们挑选了在学校认识的一对姐妹做舞伴:牧师的女儿蕾娜特和英格。施特菲和蕾娜特一组,赖因哈德和英格一组。在一起跳舞时两人关系越来越亲密,逐渐从舞伴变成了男女朋友。赖因哈德认为,父母肯定会喜欢一个牧师的女儿。实际上,母亲的确对英格出身于一个信教的家庭很满意,但是英格留着一头短发,这在摩恩家里还从未有过的。赖因哈德的姐姐们都留着辫子,就像公司里的女孩儿们那样。英格的发型太前卫了。母亲向赖因哈德明确表示自己不喜欢短发。虽然赖因哈德对母亲的拒绝感到吃惊,不久之后还是与英格分手了。

在赖因哈德的一生中,母亲对他的影响很深,包括他后来成为贝塔斯曼的领导者,以及他的婚姻。1986年,他让人制作了一部关于贝塔斯曼、摩恩和塞佩尔家族历史的录像带,并以"三个家族——一个公司"作为副标题。可能他想借此特别歌颂他的母亲,清楚地展示她对家族企业成功所做出的贡献,尽管她和她的家族并未直接参与企业建设。

6.就是这小子!

继承者们都上了战场

正如他的妹妹乌苏拉后来说的那样,26岁的大哥汉斯怀着"满腔热血"奔赴战场。德军入侵波兰时,他就在队伍中,但是战争对他而言只持续了9天。9月9号上午,维塞尔桥上发生了波兰军队和德军的枪战,汉斯在枪战中被击中头部,当天就因伤势过重离世。死后,他被追授中尉军衔。父亲海因里希在讣告中写道:"为祖国和领袖献身是汉斯最大的幸福",还在公司宣扬,自己的儿子是"英勇战死"的。

如今轮到次子继承公司的领导权了,但西格伯特同样在东线作战。早在1937年他就被征召入伍了。在比勒费尔德的反坦克连队受训结束后,他先被送到了西线,1940

年11月又被派去为进攻苏联做准备。1941年6月进攻苏联后，他在明斯克附近的地区作战。作为一名中尉级别的代理军队副官，他在长达数月的冬天里为所在的部队写行军记录。1943年3月部队撤退。1944年6月，他所在的部队几乎被全歼，他也成为俘虏。1944年7月，他成为红军在莫斯科庆祝胜利时被公开展示的战俘之一。之后他被扣留在列宁格勒东部的一个战俘营里，在那里工作了5年。在这么长的时间里，家里没有他的任何音信。虽然他1943年娶的妻子玛丽安从一名战友那里了解到自己的丈夫被俘了，但直到1945年初收到一封他寄来的信时，她才知道他还活着。

剩下的三个儿子中，1926年出生的格尔德第一个从战场上回来。这个最小的儿子完全符合父母的期望。虽然他曾是少年队和希特勒青年团成员，但他并未担任任何职位，对组织的活动也并没有什么兴趣。他的热情只在骑马和宗教信仰上。在新教文理中学上学期间，父亲海因里希也非常重视他的教育，格尔德是由"信仰宗教"的老师教导的，而不是更偏向纳粹的"德国基督徒"。哥哥汉斯在战争爆发时的早逝沉重地打击了这个当时只有13岁的孩子。汉斯是他心中崇拜的偶像，然而哥哥的死并未让他抗拒战争，相反，中学毕业后格尔德主动去伊塞隆的一个坦克步兵增援部队报了名。这绝不是巧合，他挑选的军队所在地刚好是哥哥汉斯参加波兰战役前服役的地方。1945年1月，作为一个坦克步兵军队的指挥官，他被派往匈牙利。仅仅几周后，榴弹碎片击中了他，伤势严重的格尔德被送到了维也纳的一家战地医院。

应该让格尔德回来后接手出版社吗？毕竟这个小儿子

信仰宗教，具备这一重要的前提条件。然而很明显格尔德太年轻，还缺乏经验。于是格尔德在从军队退役后就开始接受出版业领域的全面培训。

剩下的只有赖因哈德了。1931年5月，12岁的赖因哈德成了少年队的队员，次年就已经是少年队的领导者了。在和几个朋友观看了一部关于滑翔的电影后，他就对此满怀憧憬。从此在希特勒青年团里，他就主要研究遥控飞机和飞行运动了。对身体的挑战也在不断激励着他。14岁的他在一个农村寄宿学校读书时，就能够徒步30公里。但他却不太喜欢训练和夏至节的习俗活动。有一次他甚至在一次集会上看到了希特勒。然而这次相遇并没有给他留下很深刻的印象。不过他也不愿批评别人。"集体思想和纪律性——如今我们称之为融合——决定了整个家庭教育。我们并未意识到这是种洗脑……实际上我没有什么批判性，因为我在青年时期从未离开德国，根本没有外汇。"1937年，他和姐姐安娜格雷特登上了海拔2600米高位于奥地利边境的高鸟山。在山顶，他眺望远方，清楚地感觉到："这里是一个完全不同的国家。"

在希特勒青年团里，赖因哈德很快就从孩子王变成了有众多追随者的领袖。他是当地小组重要的成员之一，因为他家是当时少有的能够为希特勒青年团提供聚会场地的家庭。毕竟在居特斯洛有数百名青少年活跃在纳粹党的各种青年组织中，并在不断寻找活动集会场地。位于选帝侯大街的摩恩家的地下室里，一间家里人称为"褐色房间"的房间被布置成这些年轻人的聚会场地。这是母亲在赖因哈德的请求下，违反父亲的意愿布置的。地下室被使用了三四年。在中学毕业前,赖因哈德辞去了自己在希特勒青年团里的职位。

当时他对未来有着非常明确的设想:"因为我对希特勒青年团的实践工作,学校的飞行物理课程以及其他自然科学学科非常感兴趣,我在这个领域的天分也清晰地显现出来,于是我决定要成为一名工程师。"他给考试委员会留下了很好的印象,因为他们毫不怀疑他的德意志民族信仰:当他假期里"乘车或者漫游在德国的各个地方时",东部边境地区让他格外喜欢。"因为我在这看到,能够在德国生活,作为德国人到底意味着什么。"

他的老师们在评语中这样写道:"摩恩很有天赋,在大部分领域,尤其是自然科学方面具有出色的独立思考能力。他具备成为一名工程师所需的实践和理论才能。只有在他具有强烈的自信心时,他才会批判地对待他所要研究的东西。他另一大特点是时而害羞、时而开朗。"赖因哈德年轻时就表现出了这两个看似矛盾的方面:克制和自信。他会犹豫、怀疑,然而一旦他做出了决定,别人就很难说服他改变想法。即使是他犯的错,别人也很难让他承认。老师们的评语是:赖因哈德有志向且乐于助人。他们还记录下了他对滑翔的兴趣以及他的好体力。1939年的复活节,他中学毕业了。

第二次世界大战爆发的前几个月里,毕业后的赖因哈德参加了义务劳动。他和同学们光着上半身在田地里排着队用铁锹挖沟渠。他不太重视这种非自愿参加的劳动。在家是不允许喝酒的,但是在田地上,他就会和同学们赌一箱啤酒,要是他赢了,即使在队长的监督下,他也可以一整天不用干活。他赢了打赌,并为此感到自豪。

义务劳动后他原本想成为一名飞行员。他在学校的数学系学习,想要成为飞机发动机的工程师。在他看来,未来属于相对先进的科技,这恰恰说明他是一个始终着眼于未来的人。他虽然参加了空军,但服兵役同他的想象完全不同。在隶属于空军的奎德林堡空军培训指挥部待了三个月后,他并没有成为飞行员,而是去了空军基地连,半年后又去了高射炮炮兵部队。他在这里成了一名列兵,之后升为士官。当他的朋友施特菲已经被允许实践飞行时,他却被派到了地面部队,对此他挺失望的。并不是他的身体状况不适合飞行,1941年他就通过了乌特勒支的飞行员资格体检。

当他被派到"赫尔曼·戈林军团"时,他从失望转为了震惊。当他作为年轻军官被介绍给帝国元帅赫尔曼·戈林时,他不得不耐心地听一个漫长的讲话。戈林说,军官们不要指望着从战场上生还,赖因哈德被这话惊到了。比起戈林允诺的灰暗前景,戈林化了妆这个事实更让他感到迷惑。"这个人涂了粉,可能没有人相信:红扑扑的漂亮脸蛋儿还有那紫红色的嘴唇。"原本他运气很好,被派去给戈林的克里娜勒狩猎行宫和他的家人做守卫,但年轻的赖因哈德觉得这个任务太无聊了,他追求冒险,于是请求调往前线。1942年夏天,他在法国获得了排长指挥权。

当时被占领的法国还很平静,于是他所在军队又被派到了意大利。在意大利这个国家,很多事情的运作方式让这个从小在纪律和秩序中长大的年轻人很不习惯。在他心里充满了对这个国家的某种反感。在意大利,当时被提拔为士官的他作为排长指挥一个"罪犯连队",反正他是这么称呼这个连队的。"罪犯连队"的成员是服兵役前被关押在牢里的男性罪犯。有一天赖因哈德和其中一名士兵发生了不愉快的事情,赖因哈德惩罚了这个士兵。对于这次惩罚的结果有两个版本:据他第一任妻子说,赖因哈德一再提及,这个士兵被判处了死刑;而赖因哈德最小的儿子安得烈亚斯则表示听说这个士兵自尽了。无论到底发生了什么,这段经历让赖因哈德很长时间内都难以忘怀。甚至数年后他还讲起"罪犯连队"的经历,并表示正是这段经历促使他开始思考领导别人的方式。

他的部队继续向南行进。1943年4月1日,他们被一架JU-52飞机从西西里亚运到了突尼斯。当时德国驻非洲军团的辉煌时光已一去不复返了。美国人在赖因哈德的部队来到突尼斯前几个月就登陆了北非。赖因哈德目睹了美国人如何一块一块地收回德国人在阿特拉斯山上占领的地区。5月3号,他给母亲写了一封信,这封信被她后来称之为"告别信",可能因为她的儿子不久后就被俘了。

赖因哈德在信中写道:"在掩护好部队安全撤退后,我们昨日摆脱了敌军。此前的日子里,我们在马特尔西部的山里进行了尤为艰难的战斗。现在我们的新阵地在马特尔以东大约20公里的地方。我们损失惨重,军队的消耗非常大。数天来我们都躲在岩洞里,忍受着日晒和严寒。因为炮火猛烈,食物还送不过来。我们前面不远处就是敌人,然而我们并不抱怨什么。我们或许能够坚守住这个阵地。但意大利人一整个军队都投降了,这就迫使我们不得不撤退。新阵地条件并不好,我不相信,在拥有强大力量和巨大优势的敌人面前,我们还能坚守住。我们的战斗或许也仅能持续几周。我给你写信说这些,不是因为我是一个悲观的人或者失去了勇气,而是你应该了解这里的真实情况,如果发生了什么事情,你就不会太过吃惊失望。请不要忘记持续的撤退,敌人的巨大优势让人心情压抑,但这并不不会影响我们的态度,我们会坚守岗位,履行自己的义务直到最后一刻。你也不要觉得,我是由于前些天太过劳累才会悲观地把战势描述得如此黑暗。但这就是事实。我们清楚地看到未来的日子,但并不害怕。返回欧洲并不在我的考虑之内,因为回意大利的线路几乎已经完全中断了。因此我们将按照命令,战斗到最后时刻。"

"现在的处境是:我们作为后备军在前线后面,有一个上午的休息时间。后备军任务是我们的一项典型任务,因为我们是机械化的部队,能够迅速移动,于是分散到被敌军突破的各处,进行的总是严酷的撤退战。因为昨天前线已经后撤了30公里,而美国人还没有追上来,我们可以稍微休息一下。如今我们离突尼斯还有40公里。如果前线再次被突破,那我们就完了。如果补给好一些,这种形势还可以忍受,但英军不但具有绝对的空军优势,还用潜水艇几乎完全封锁了空中和海上道路。德国甚至还在试图向非洲输送军队,难道领袖们对真实的情况视而不见吗?我并不否认非洲对继续作战的意义,但我认为,人们对这里的计划太多了。唉,不过我们是士兵,要服从命令。元首肯定知道为什么需要这种牺牲。刚才警报又响了:几分钟后我们又要爬起来战斗了。"

两天后,也就是德国驻非洲军队投降的前6天,1943

年5月5日赖因哈德作为一名坦克侦查士兵在突尼斯西北方向60公里处战斗，在战场上受伤后被俘。1943年6月9日，他在给嫂子的信中写道："囚禁生活并不像人们想象的那么枯燥无味，我们上午有学习活动。对我来说，时间过得相当快。撇开我目前学到的知识不说，我在过去几周里学到的各种各样的知识对我今后的人生不能说没有什么意义，可惜我不能给你写出来，或许我们以后有机会可以谈谈。真希望这种完全和外界隔绝，甚至一封信都收不到的状况快点改变。"1943年7月1日，赖因哈德还在非洲。他给同样被俘的好朋友施特菲·艾勒特写信说："亲爱的施特菲！你肯定已经通过居泽尔知道了我目前的处境。我们已经快被关押两个月了。我只能说，这段时间里我没有经历多少让人开心的事情。我的伤口愈合得很快，反正我现在已经没什么感觉了。反而其他一系列的担忧，给本就不怎么愉快的命运又平添了几分忧愁。比如说出于种种原因还待在非洲就是一件不怎么让人高兴的事情。我们现在是美国人的俘虏，我就盼望着不久之后能被转移到美国。但是看起来船舱的空间是个问题。我们的伙食情况还是可以忍受的，但精神上的疏导就比较糟糕了，大家听不到关于战事的一丁点消息，却知道，在这个夏天一切都会有结果。（下一句美国人审查后抹去了）最重要的是，你那边一切都还顺利。问候你！赖因哈德。"

穿越大西洋抵达美国东海岸的诺福克花了三周时间。在这段时间里，60艘船在一支护航队的护送下仍不断遭受德国潜水艇的威胁。赖因哈德在船上发挥了自己的作用，帮同伴们剪头发。到达美国后，他们又继续坐了三天火车，最后他们这些俘虏来到堪萨斯州。沿途他们被要求把写着"别相信关于德国的谎言"的小纸条扔到窗户外面。到了堪萨斯州的康考迪亚后，他们唱着德国行军曲，排着队从这座小城市中穿过。

赖因哈德在康考迪亚的战俘营中待了两年半的时间。他努力利用这段时间充实自己。他在一家工厂工作，尽管作为军官他没有必要这么做。他学习英语，阅读战俘营图书馆的书籍，还去了解美国的民主政治。当一些同伴还在相信纳粹主义能够给世界带来和平时，赖因哈德·摩恩却已发现了美国政治及社会的优点。"美国人是非常自由的，在那边他们提供有关美国历史和民主的课程。对我来说，这是一个重要观念形成的过程。"在康考迪亚的战俘营大学里，他不仅能够学到一些关于民主本质的东西，他还上了技术课程，向成为工程师的愿望又前进了一步。

一天，另一个战俘问他是否愿意为战俘营报纸写点东西。赖因哈德答应了，写了一篇关于休息重要性的文章。这位邀请他写文章的军官很欣赏赖因哈德，他在1945年4月1日的日记里写下了对赖因哈德的几点印象，读起来就像一首赞美诗："我也不知从何时开始，但应该在一段时间前就已意识到，这个人是好样儿的！我见过他几次，但从未跟他说过话。但我认真观察后，更加清楚地肯定：我发现了他特别的行为举止——沉默寡言、节制、坚定、没有恶习、不慌张、不虚伪、不吹嘘、正派、不唐突、不轻浮；能够平衡集体和个人的关系；微笑，举止有风度。"

这段话出自鲁道夫·温多夫，他比赖因哈德·摩恩大6岁。两个人经常见面，沿着铁丝网一边散步一边聊天，或者晚上在营房里进行"很多严肃内容的谈话",互相谈论各自的生活。赖因哈德是两人中更爱好运动的那个。他说服温多夫一起练习柔道,就像温多夫所写的"经常把我用力地摔到垫子上"。他们两个人在战俘营运动会上还一起长跑。当温多夫1945年被调到另一个战俘营时,赖因哈德还给了他一张写着柔道重要规则的小纸条。尽管他们有很多共同点,这仍是段保持了距离的友谊,他们互相间还是称呼"您"。

1945年3月14日,两人听说美军进攻到了居特斯洛附近地区。赖因哈德在谈话中提到,他家里的公司也有印刷机。这是温多夫第一次听说贝塔斯曼。这个来自柏林的知识分子肯定以为贝塔斯曼是一家当地的印刷厂,他们并没有谈论很多出版社的事情。几天后赖因哈德跟他说,他父亲写信告诉他,工厂被摧毁了,哥哥也下落不明,父亲问他能否回到德国后接管工厂。父亲的愿望让赖因哈德陷入两难,他不知应如何选择。

1945年11月,赖因哈德和大部分战俘一起从纽约被带到了法国的勒阿弗尔。这次航行途中风暴很大,海浪高达12米。赖因哈德这段时间都极不舒服。公司的一名司机把他从遣返营地中接了回去,途中跟他说:"你能回来真是太好了,这里非常需要你,你父亲身体状况不是很好,所有的一切都被摧毁了,你要帮忙啊!"没有过多的犹豫,赖因哈德就做出了决定,他说:"好!那我们就一起做吧!"这并不是认真权衡考虑后做出的职业决定,而"仅仅为了先处理手边最紧急的事情,有地方住,能吃饱饭"。

当鲁道夫·温多夫两个月后被释放回到德国时，柏林他是回不去了，连汉堡也待不下去，因为那里既不给他分配工作，也不分给他食物。幸运的是，温多夫在汉堡约定的地点发现了一封赖因哈德写给他的信，请他到居特斯洛来，因为这里至少还有土豆。温多夫稍微考虑后，就感激地接受了朋友的邀请。一星期后，他就成了贝塔斯曼的一名员工。直到1946年3月，赖因哈德才和这位战友以"你"相称。尽管温多夫的年龄大一些，但是赖因哈德·摩恩后来成了父亲的接班人，也就是温多夫的上级。

7.重建出版社

从零开始

　　1945年3月14日下午2点，在战争即将结束的时候，居特斯洛经历了整个战争时期最严重的袭击。由于附近有空军基地，这座城市在此之前虽已多次遭受袭击，然而它总能在巨大的破坏中幸免于难。3月14号这一天则完全不同，空袭警报拉响后不久，120架装备四部发动机的飞机接连对这座城市进行了四轮轰炸。一位目击者称："他们向市中心投了2693枚炸弹以及30000至35000枚燃烧弹及磷罐。在整个战争期间，这场针对我们城市的最大规模的空袭持续了大约12分钟……C.贝塔斯曼出版社的工厂大楼被无数炸弹击中后残留下的建筑，在炸弹袭击后的夜里和后面几天的大火中彻底毁于一旦了。"

没有什么比储存纸张的仓库更容易烧起来了。一名消防员说，他曾经在不莱梅的工厂里经历过这样的大火，但当时至少还能把纸球扔到威悉河里，在居特斯洛就行不通了。西奥多·伯绍德回忆道："到处都在燃烧、燃烧、燃烧。"当他3月14号晚上值班时，看到出版社老板海因里希·摩恩站在废墟中沉思。"他眼看着自己的企业化为乌有。"许多建筑都在火中灰飞烟灭了，只有三分之一的材料没有被毁。到处是密密麻麻纷飞的废屑。排字车间？被毁了。用于手工排字的字符？融化了。机器呢？烧干净或者被毁坏了。伯绍德写下："灾难发生四周后，我还发现了一个燃烧的门柱，然后把它熄灭了，发生的一切太可怕了。"弗里茨·威克斯福特望着员工们的脸，看到了绝望和放弃。所有人都在问自己："我们还能重新开始工作吗？"虽然破坏如此严重，海因里希·摩恩却能在困境中向前看：艾克霍夫大街的工厂还在燃烧着，他已经在指示员工，哪些楼应该先清理，然后再重建起来。

两周后，1945年4月1日，也就是复活节星期日这天，居特斯洛被美军占领了。摩恩一家不得不离开他们位于选帝侯大街的房子，先搬到海因里希·摩恩的私人女秘书汉娜·克特家城郊的小房子里住几天。汉娜·克特主动让出最好的房间给老板住。毕竟海因里希曾帮过她的忙，设法让她免于服兵役。摩恩一家把睡袋绑在后座上，骑着自行车来了，一起来的还有海因里希的副手、妹夫施泰因西克的孩子们。

盟军逼近时，一支由市民组成的防卫队已经做好了最后一战的准备。连海因里希50多岁的妹夫施泰因西克也被征入伍了。然而，当时的纳粹市长约瑟夫·鲍尔却让这座城市未经抵抗和战斗就投降了。1945年8月，鲍尔被判监禁一年半。从11月开始，新的党派不断成立起来。瓦砾和碎片被清理，重建就要开始了。然而只有得到许可才能重建。随着年龄的增长，海因里希的哮喘越来越严重。儿子们都被俘了，谁来帮助他重建出版社呢？海因里希·摩恩一直以来对员工们的照顾如今得到了回报，现在员工们成了帮助他的人：他们清理掉大概4000卡车瓦砾，把可用的石块和钢梁都放到一边，以便再次使用。排字工人和印刷工人做起了泥水匠和木工的活儿。海因里希·摩恩终于可以重建出版社了。

海因里希·摩恩把希望寄托于海因里希·亨克的身上，因为亨克不仅是他的司机和管家，还出色地领导了1937年的扩建工作。现在亨克正试图弄到重建所需的材料：水泥、沙子、砖块、砾石、木材和钉子，然而要通过官方途径获得这些材料几乎是不可能的。海因里希·摩恩想通过优厚的价格吸引供货商，并承诺可以出双倍价格，虽然用于支付的帝国马克很快就会变得一文不值了，但那也是在货币改革之后。然而出乎他意料的是，没有人愿意接受这个他认为很公平的买卖。可能其他人给出了更高的报价或者提供了更好的交易条件，再或者就是这些供货商真的没有货了。

在这种情况下，重建工作需要创造力和组织能力，甚至有时要对一些事情视而不见，接受不那么合法的解决方案。谁最适合完成这项任务呢？谁又善于随机应变呢？在战争中历经艰险的威克斯福特当然最适合这项工作，他终于能够再次展现自己所有的才能了，而且他也乐于做这项工作。因为在那时，获得成就感的唯一方法就是参与到重建中来。他原来负责生产和销售的印刷品已不复存在了。对于一个无法运转的出版社，他设计的宣传活动也派不上用场了。因此他将图书工作放到一边，开始运用自己的创造力来采购碎石、沙子和水泥。

于是他就从一个销售负责人变成了一个为出版社张罗建材的人。两者的区别可能并没有表面上看起来的那么大。对于一个懂得如何弄来书稿和许可证，善于同供货人和商人周旋的人来说，弄到煤、沙子、碎石和水泥也不是一件很困难的事情。物资紧缺得让人绝望，这对威克斯福特来说是一个挑战。他以同样的热情投入到工厂的重建中，就像他之前搭建销售渠道一样。他的动力就是建设新的工厂，不断发展，要比别的公司发展得更快。贝塔斯曼公司也的确比其他公司发展得更快。战前、战中是这样，战后也会如此。

威克斯福特看到城里什么都没有，就知道必须得开车到乡下去。虽然出版社的那辆老欧宝P4轿车没有被占领军扣押充公，但别的业务也需要用它。于是威克斯福特就自己设法弄了一辆车。平面设计师君特·毕设迈耶身体有残疾，因此在当时被允许使用汽车和汽油。此前威克斯福特曾委托君特·毕设迈耶为《惊险故事》做过插图，如今威克斯福特为了用君特·毕设迈耶的车子付钱给他。但不久后君特·毕设迈耶自己也需要用车了，威克斯福特不得不重新寻找可用的汽车。后来在一个认识的人那里发现了一辆多年前就废弃的超6型欧宝汽车，这辆车没有轮胎，发动机也坏了。威克斯福特通过跟人交换弄到了轮胎，发动机就难办一些了。英国占领军对报废的机动车也严格控制，以防有人用作替换零件。不过威克斯福特还是设法进了一个仓库，让人偷了一台相同型号汽车的发动机，然后安装到那辆欧宝汽车上。

然而这辆车还是用不了，因为没有汽油，没有汽油配额是得不到汽油的。情急之下他想出一个办法：放弃使用汽油，将超6型欧宝汽车改装成木质燃料驱动。方法是：在车顶上方靠近燃烧器的尾部安装一个行李架，用木板固定住，再用一根粗管当作汽化器。货币改革的前几年里，威克斯福特在排字工和印刷工的陪同下，乘坐这辆车行驶了24.5万公里。

他开车在周围四处"采购"材料。威克斯福特负责跟人谈妥如何支付，或者用什么做交换，他的员工们则负责装货并运送到居特斯洛。需要注意的是：这些货物是付过钱的，不是偷的。虽然是战后，但德国依然处在严酷的战争经济条件下，经常无法用钱做交易。在那些年里，煤炭尤其重要。为了运煤，威克斯福特弄了一辆载重一吨半的卡车，也让人改装成木质燃料驱动。这辆卡车被人们称作"黑豹"。

威克斯福特是从哈姆的一个矿区采购到煤炭的。每次在从哈姆到居特斯洛的高速公路上行驶就像一场走私行动：贝塔斯曼的一名员工先开着超6汽车出来行驶在前，观察前面是否有巡查的警察。卡车与汽车保持20公里的距离，在后面行驶。这样前面汽车的司机就能及时提醒后面的卡车。有一次警察站在厄尔德附近，一名警察拦下了超

6汽车司机威廉·西沃特，要求他出示规定的行驶日志。西沃特只记了从居特斯洛去哈姆的路程，但是没有记回程。警察就开始怀疑了，问西沃特打算去哪里。为了免交罚款，西沃特灵机一动，回答说"回哈姆"。警察笑了，告诉西沃特走错了方向。西沃特假装吃惊的样子，问他能否越过绿化带调头回去，因为当时路上几乎没有车。警察允许了，于是西沃特调转车头，往回拦下了卡车。他们一起离开高速公路，悄悄地从一条隐蔽小道回到了居特斯洛。

贝塔斯曼印刷厂和出版社重新建立了起来，这既没瞒过当局，也没逃过占领军的眼睛。当局并没有追问材料的来源，重建工作顺利进行正合他们的意。而占领军则不同。有一天英国人问当时的行政首长和市长保罗·特内："市长先生，我们听说，你在居特斯洛偷偷搞建设？"特内先是感觉突然像被别人抓住了把柄，沉默了一会，然后他鼓起劲儿，礼貌且坦诚地回答："是的，我们在偷偷搞建设。"他的坦率让英国人大吃一惊。他们沉默了一会儿，显然他们并未料到他会这样回答。他们清了清嗓子，微微一笑，他们还能做什么呢？审讯已经结束了。他们走了，后来特内再也没有听过关于他们的消息。

然而英国人的来访却让市长很不安，他请威克斯福特到自己办公室，问他在出版社所在地上的员工们为什么能如此热火朝天地工作，施工工作怎么能进行得如此迅速。因为总有人问他这个问题，难道贝塔斯曼的书真的那么让人渴求，已经可以作为交换的物品了？在那个年代，图书能够如此受欢迎，可以作为实用的"硬通货"跟人做交换是一个美好但奇特的想法。实际上，威克斯福特根本不是用书在做交换。他向交换伙伴提供他们缺少的东西，通常是居特斯洛和周边地区的食品、当地酿酒厂的施泰因哈根烧酒、面粉或者火腿。他用木材换砖块，用屋顶油毡换取暖器，用香烟换水泥，用土豆换来了炉灶。

当大楼建设进行得如火如荼的时候，威克斯福特又开始思考另一个问题：如何才能在工厂里建一个功能齐全的印刷厂？现在缺少机器，员工们曾从废墟中捡出排字机组成中不可或缺的部分，并重新装配到了一起，至少可以排出一本书了，但是没法指望它生产更多了。威克斯福特继续寻找着机器，之后在比勒费尔德附近布拉克韦德的一家前国防军印刷厂里他找到了想要的机器。现在这个印刷厂在为英国人工作，这里有两台闲置的排字机器。威克斯福特担心英国人会拆散印刷厂，然后把设备带走。他更愿意花钱买下来，可是又不能这样做。因此他让人在夜里把这两台排字机偷了出来，运到了居特斯洛。直到多年后，当占领法作废时，他才付了钱。

印刷厂和装订车间的新楼竣工后，还缺一栋新的出版社大楼。1947年年初，公司全体成员出席了出版社新楼的奠基仪式。赖因哈德·摩恩身着军大衣在奠基仪式上发表了讲话，这次讲话在公司后面的历史中发挥了重要作用。这是这位年轻的掌权者的首次大型演讲，这一幕被定格成相片。在"二战结束之时和重新开始"的标题下，每一篇讲述公司历史的文章都会配上这张图片。赖因哈德·摩恩提纲挈领地讲述了重建工作。按照这个逻辑，他成了"战后创始人"，而实际上这与历史有些出入，不过这并不重要。赖因哈德·摩恩获得了许可证，这是他为重建工作做出的最重要的贡献。赖因哈德·摩恩当时对图书业还知之甚少。后来他在科隆的图书零售学校和哥廷根的卡尔沃书店才开始学习做图书生意。

赖因哈德从员工们送给他的一个礼物出发,开始了他的讲话。圣诞节时,员工们送给业余摄影爱好者赖因哈德一本相册作为礼物。相册里有1945年工厂被毁的照片,也有重建时的照片。"处处是倒塌残破的墙壁、破碎的瓦砾、废墟还有烟雾,"赖因哈德这样描述那些照片,"我从这些照片中看到的是毁灭、崩溃和绝望。"而看到重建时期的照片,赖因哈德对员工们说,他清晰地感觉到"一种解脱"。"看到高楼再次耸立,这里一切都在建设,秩序正在恢复,原来的工作又能重新开始,就像是松了一口气。"他说,他无法用钱回报大家所做的这一切,同时前方仍有很长一段路需要大家共同努力。"材料采购的困难越来越大,而且这种情况也不可能在短时间内得到改善,时间越长,这个问题就越成为我们工厂生死攸关的问题。"

当贝塔斯曼遭遇原材料短缺的问题时,神学出版社发生了出乎意料的事情——鲁弗出版社盈利了。虽然不多,但至少开始盈利了。原因可能是,宗教题材的作品在那些日子里非常受欢迎,出版社可以清理库存了。而C.贝塔斯曼出版社和印刷厂还是亏损的。因此,1946年可能是鲁弗出版社唯一可以抵消其他部门亏损的一年。赖因哈德认为技术领域出现亏损的原因有以下几个方面:"食品供给不足,缺少对新员工的培训,工作任务分配不均,电力供应不足以及对外工作的中断。"赖因哈德也谈到了盈利的一些基本原则：由于税收比较高，高利润是不可取的；我们应着力于增加培训次数，改善培训质量。

随后他又谈到"煤炭分配问题"。员工们可能想要多为自己着想一些，但他不会将分配给贝塔斯曼的煤多分给任何人。公司利益先于个人愿望。显然赖因哈德谈的都是自己思考已久的话题。他还详细阐述了一个问题：有些员工需要什么就拿什么。"一些人认为局势混乱就可以为自己偷取正规途径无法获得的东西辩护，这是极不合理的。"工厂的信任也因此被破坏了。监督起不到多大作用，他只能呼吁大家洁身自好。"做这些事情的人永远只是少数，他们都是不正派、缺少集体责任感的利己主义者。"

初次讲话中，赖因哈德就谈到了几乎所有他一生都在关心的话题：集体和道德，利润和企业家行为，动机和正义。还有工资问题，只有在提高绩效的情况下，他才可以支付更高的工资。所有这些问题都将以公平的方式得到处理。"如果有人认为在某个方面受到了冷遇，那么就有足够的理由提起申诉，提出自己的要求。当然，最终决定必须由公司的管理层来做，因为只有在这个职位上才能通过比较和归类找到公正的解决办法。"

就领导风格而言，年轻的赖因哈德距离自己日后的理想型领导风格还有很长一段路要走。因为当时他的员工数量还少，只有几百人，所以他仍然能够保持祖父那种大家长式的领导风格，凡事身体力行。无论如何，后来影响他人生哲学的权力下放原则在这次讲话中几乎无迹可寻。所有的投诉和建议都可以直接向他提出来，无论是关于装订车间的衣帽间还是印刷厂的卫生间，出版社都会努力解决。

赖因哈德说："我很抱歉，由于身体状况欠佳，工作量超负荷，所有的事情我不可能都亲力亲为。"但是随即他又马上说，"我还是请求你们，将所有重要的问题告诉我本人。"

虽然赖因哈德后来对神学没有什么兴趣，将这部分生意交给了父亲和哥哥去做。但在这一天他强调了神学领域的重要性："在神学领域我们还面临着很多任务，我们必须补回过去这些年由于禁令或者强大阻力无法出版的图书。"他说，"这方面的需求是巨大的！很多人甚至连一本宗教诗歌集都没有。无论是研究神学的学生还是牧师们都缺少这方面的书籍。"这话听起来像是父亲借儿子赖因哈德的嘴说出来的。赖因哈德说，贝塔斯曼希望帮助"我们迷茫的人民重新找回信仰"。与此相反，文艺作品出版社的任务则是："娱乐人们，让他们忘记日常生活，给他们带来快乐"。最后他说："愿上帝保佑我们的工作。"

父亲海因里希·摩恩肯定对他的这番讲话很满意，因为赖因哈德表现得非常传统。海因里希选择站在幕后。他不会干预，他让儿子自己去决定，即使儿子会犯错误。

生意再次启动

建设工作步入正轨后，威克斯福特又能重拾老本行，负责图书出版业务了。"一天之内，他回过头来又要重新开始他以前图书销售的工作"，"他不再关注建设工作了",海因里希这样说道。威克斯福特对过去的事并没有兴趣。他也很少谈起自己在第三帝国时期的经历。晚上他有时候会说:"可怕的事情已经过去了,我们终于可以自由地工作了。"但也仅此而已。他说的"可怕的事情"是指莫阿比特监狱的经历、当兵的那段时间还是整个纳粹时期呢?他的员工们认为,他所指的是莫阿比特的监狱经历,并非第三帝国时期。黑德维希·利贝材特回忆起1950年之后在贝塔斯曼威克斯福特的部门的工作经历时说:"当权者没有理由反对我们公开出版的东西,但我们没有出版的东西才是他们的眼中钉。"威克斯福特经常表示,对已取得的成绩非常满意,因为"能够为人们带去好书,让他们的生活更富有、更美好、更幸福"。

那个从14岁开始做学徒的"小弗里茨"早已成了受人尊敬的"老弗里茨"。他既富有想象力又有些迂腐。当一个女秘书写好一封信后,他会拿到灯光下查看是否有刮擦的痕迹,因为当时既没有电动打印机也没有修改键,要是发现有刮擦的痕迹,这个女秘书就要重新抄写一遍。所有的铅笔必须按照一定的顺序摆放在写字桌上。但是如果在庆祝生日的晚会或者圣诞晚会上,他就非常无拘无束,喜欢讲他生活中的傻事。他甚至会唱起"露丝玛丽,露丝玛丽,我的心已经呼唤了你7年"。这就是他尽管有些迂腐但依然受到大家喜爱的原因。

公司战前的一个传统又恢复了:一起唱歌。图书装订车间的妇女们通常要做一些很单调无趣的工作,这时她们就喜欢唱起老民歌。当然贝塔斯曼在其他方面也在重拾传统。海因里希又开始写信联系那些二战时期合作过的作者了。不过，不是那些文章没问题的作者，而是那些完全按照纳粹分子的意思创作的作者，比如汉斯·格丽米和威尔·薇斯帕。但当他得知这样可能会被吊销营业执照时，他又很快和他们中断了联系。他对朋友的忠诚还远未达到愿意让出版社陷入危险的程度。

当赖因哈德在哥廷根的一家书店和科隆的一所图书零售学校接受培训时，威克斯福特再次使出版社的生意步入了正轨。1948年贝塔斯曼出版了116种图书，并试图将西奥多·施托姆盒装图书与当时成熟的销售技术联系起来；1948年货币改革后，电影院和剧院不太景气。图书业还不错，销量甚至还有一定的增长。然而钱依旧短缺，也没有贷款。比如比勒费尔德的书商维克多·韦林想买书，但他没有现金，那么应该拒绝他吗？威克斯福特建议韦林开一张汇票，但问题是贝塔斯曼的开户银行是否会接受这张汇票吗？货币改革后不久，还没有任何关于在这种情况下如何处理的指示。分行经理和总部的人就这个问题讨论了数小时，威克斯福特和韦林等着出结果时，喝光了一瓶施泰因海格尔。然后传来了好消息，汇票被接受了。韦林买下了价值21000马克的书，第二天贝塔斯曼就收到了钱。

第一次成功了，后面基本上也行得通，威克斯福特这样想。于是，他让人把盒装图书装入卡车，派了两人陪同，并指示他们将盒装图书交给上门推销商和邮寄书店，只要他们愿意用汇票（即三个月承兑的汇票）支付货物。书商们对这个提议非常高兴，这样他们又可以开展生意了。卡车两天后返回，所载货物已出售一空。每位书商大概买了二三十份甚至更多盒装图书。出版社的两名员工当场开具账单，接收汇票。现在可耽误不起时间，卡车第二天又要装满书重新出发。这种交易方式也开始了。

在接下来的几个月里，需求量大增，甚至生产都有些跟不上了。但现在公司有足够多的流动资金来购买新排字机了。印刷厂和出版社加班加点，每天甚至工作14个小时。威克斯福特不想躺在功劳簿上休息，而是催促大家更加努力。一天，赖因哈德问他为何如此着急，威克斯福特说出了自己的担忧，他觉得这种景气不会持续很久，因此他想要充分利用目前的好形势。为此他还再次用上了战前和战争期间获得成功的所有营销手段：展示橱窗、宣传册、盒装书、简装本，一半的书籍都有全部退货权。

1949年的春季项目受到了书店老板和零售商的一致好评。通过汇票付款对他们是有好处的；贝塔斯曼甚至承担了一部分费用。书店老板不再担心这种景气局面会消失，就算有，也不会对他们造成损失，他们可以直接退回卖剩下的图书。出于这个考虑，他们大批订书，而贝塔斯曼负责生产和供货。

然而不久之后，图书业也感受到了剧院和电影院早就面临的困难了：老百姓没有钱，因此对每一笔花销都精打细算。他们几乎连食物和衣服这样的生活必需品都买不起。为了省钱，他们不再买书。这个行业面临的这场图书危机，关乎出版社和图书业的生死存亡。一半以上的大型书店都倒闭了。贝塔斯曼的退货量也激增。1949年秋，没卖出去的图书被一架一架地运回了居特斯洛。繁荣时期的这个聪明的营销策略现在似乎要毁掉出版社。贝塔斯曼面临着因自己的图书而陷入绝境的威胁。

更糟糕的是，这个行业开始出现了一种令人吃惊的发展态势：一家竞争对手出版社使用不含木浆的纸印刷书籍。这个现在被认为是理所当然的事情，在当时却引起了不小的轰动，因为在此之前印刷书籍都是使用含木浆的纸。人们已经习惯了那种发黄，看起来破旧的含木浆的纸张。在战争期间和战后不久这种不含木浆的纸张既便宜质量又好。如今连顾客都想用新马克买高质量的图书，书店老板们不再订购任何"旧纸"书了。贝塔斯曼突然发现自己囤积的大量木浆纸已毫无用处了。

赖因哈德怀着沉重的心情告诉他的销售负责人威克斯福特，他不得不从印刷厂解雇180名员工。"我实在承担不起了，真是别无选择了。"威克斯福特在战后的几年里几乎没有为钱操过心，他一直忙着卖书。如今他突然看到自己的劳动成果陷入了危险。他请求赖因哈德给他48小时的时间，年轻的老板问他打算做什么。威克斯福特说自己也不是特别清楚，他只知道无论如何也要想办法弄到钱。

他有一个还比较模糊的想法。第二天他就和奥托·厄尔策以及赫尔曼·潘霍斯特一起去了威斯巴登。厄尔策是他的员工，潘霍斯特则是印刷厂的一名工人，负责纸张仓库和采购。威克斯福特很清楚：如果要想在威斯巴登有所收获，就必须快速行动。出版《杜登》大辞典的弗朗兹·斯坦纳出版社位于威斯巴登。威克斯福特无意中得知，虽然读者对《杜登》大辞典的需求大增，但斯坦纳出版社却无法印出足量的词典。事实上，当时斯坦纳出版社的印刷能力并没有问题。那到底为什么斯坦纳出版社的生产量跟不上呢，威克斯福特也不知道。但他希望自己能去现场弄清楚。

潘霍斯特留在车里,威克斯福特和厄尔策则前去进行协商。斯坦纳出版社并没有考虑很久就同意由居特斯洛的贝塔斯曼来印刷10万册《杜登》大辞典,前提是威克斯福特必须得自己想办法弄到纸。因为没有弄到足够数量的纸张恰恰是斯坦纳出版社遇到的问题。随行的负责纸张的赫尔曼·潘霍斯特就派上了用场。他们一起驱车去了德国南部上伦宁根的一家纸厂。他们再次获得了成功:这家纸厂同意给他们供应纸张。

既然他知道了斯坦纳出版社的问题所在,威克斯福特当即决定从纸厂争取一次性获得15万份纸张的供应量,这样或许还能从斯坦纳出版社拿到更大的订单。纸厂也答应了他这个数量。当天晚上,威克斯福特三人和几个纸厂管理层高兴地聚在一起吃饭。第二天早上潘霍斯特就负责核对合同细节。在威克斯福特和厄尔策散步的时候,潘霍斯特在没得到授权的情况下,又多订了一些纸张,总量够印25万册书,即使这个数量纸厂也有存货。

一天后,三个人又回到了威斯巴登。斯坦纳同意了增加印刷辞典数量的新合同。然而威克斯福特提出了一个条件:贝塔斯曼可以自由支配额外15万册书中的10万册。同时贝塔斯曼的这位销售经理还想出了一个能够继续扩大与零售书店联系的主意:对《杜登》大辞典感兴趣的人最多可从他那里订3000本。即使人们不愿看小说了,至少还需要字典吧?这10万册"贝塔斯曼版本"《杜登》的发行和收账由斯坦纳出版社负责。尽管48个小时早已经过去了,但是赖因哈德已经不打算解雇任何人了,因为现在没这个必要了。

威克斯福特继续寻找低成本生产畅销图书的机会。实用建议指南前景很好,可惜贝塔斯曼在这方面没什么经验,更没有自己的编辑。一个解决办法是,把在简装书上奏效的原则用在其他图书上。这意味着要从其他出版社获得图书授权。然而没有一个出版社愿意出让当下畅销图书的许可权。至少在西部占领区是没有机会的,那么东部占领区呢?

威克斯福特想试试看。他和厄尔策一起前往被苏联占领的图林根北豪森县,那里的克林格专业出版社发行的每一种书都是威克斯福特想要的:《厨房百科》《新糕点大全》以及其他实用指南图书,想要在德国西部买到这些书非常困难。这种情况对威克斯福特来说简直堪称完美。如果这些书不能运过边境,为什么不授权给西部的出版社呢?因为克林格专业出版社也能从中获利,威克斯福特没费什么工夫就用自己的想法说服了克林格出版社的人。版权费转到了克林格出版社在德国西部占领区的一个账户上,后来这家出版社用这笔资金在西部占领区开了一家分店。这样就奠定了合作的基础。鲁道夫·温多夫在贝塔斯曼签署了这份授权合同,并负责这个领域。贝塔斯曼要印刷从占领区东部引进的《蛋糕大全》一书,这个传言到了居特斯洛时,当局扣押了寄来的东西,理由是,进口有色金属在法律上是不允许的,而援引的法律还是当时英国军政府颁布的。经过长时间的来回协商,模具终于要了回来。而且这本书早已被预订了。无论如何,交货时这本书创造了迄今为止最大的单天销售额。

这位销售负责人的创造力从不曾枯竭过，他总能发现新的市场。比如他将10至12本书放入一个盒子里，再将这盒书作为一个小型图书馆，卖给中小型企业：他将其统称为"贝塔斯曼的企业图书馆"。这些盒装书还会附带一份供管理员参阅的说明书，一份目录，有时根据需要甚至还会提供一个柜子。在出版社的宣传册上，主编沃尔夫冈·施特劳斯博士身着一件天鹅绒夹克，假装是一位正在读书的工人。威克斯福特的员工奥托·厄尔策也作为模特站在了广告宣传语"企业图书馆，更多工作乐趣"下。

贝塔斯曼终于克服了首次图书危机，但是威克斯福特很清楚，从长远来看，出版社不能总依靠这种仓促行事的方式开展工作，这种方法并不能保证长期的销量增长。真正的挑战在于，不断寻找新的市场。

8. 纳粹政府的眼中钉

抵抗纳粹的传说

海因里希·摩恩在战前同当局有着紧密的合作，战后却表现得非常低调。由于把权力分配给了下属，他没有成为众人关注的焦点，甚至是管理层中唯一一位完全置身事外的人。居特斯洛刚向同盟军投降，他就派威克斯福特立即提出申诉，陈述出版社在纳粹统治下遭受的损失："作为德国最大的图书出版社之一，我们仍避免出版各种形式的纳粹文学，并因此受到帝国宣传部的严密监控。"

海因里希表示自己从来不是"纳粹党员"，还强调了对反抗纳粹的"宗教派"的赞同。据其所述，他曾参与"争取德国人民宗教自由的抗争"，导致高级管理层员工被捕，公司也因此被迫停工。如今不仅出版社的基督教传统被描述成纳粹厌恶的东西，出版社也"由于政治原因"完全不受待见，并因此给出版社带来许多负面影响。

三名高级管理层人员也用自己的方式为曾经加入纳粹党而道歉。西奥多·伯绍德表示，他在纳粹党内仅负责卖食品票。施泰因西克称自己加入纳粹党，只是为了让他的姐夫和出版社免遭审查和监视，从而"保护出版社免遭一场灾难"。古斯塔夫·德辛则表示，实际上他是被第三帝国强迫成为党员的。根据他们陈述的口吻，对贝塔斯曼倒卖纸张的刑事迫害只不过是一个借口，真正目的是迫使正直的出版商保持沉默。

历史委员会强调道："原则上讲，C.贝塔斯曼公司的做法可能跟大部分出版社没什么两样。然而这种典型的策略，有时候让人觉得有些不知羞耻，竟将自己在第三帝国时期的商业政策解释为原则上的抵抗行为。"但掩盖污点并不仅仅是为了个人，而是为了公司业务。没有占领军的批准，公司的业务就会受到威胁。海因里希·摩恩知道，如果想要继续出版图书和报刊，那就需要一个许可证。

贝塔斯曼虽然还没有拿到恢复出版社业务的许可证，但印刷厂已经被允许为占领军工作了。贝塔斯曼之所以能够拿下这些订单是因为公司存储得有纸张。贝塔斯曼最初只印公告，后来一位同盟军的军队牧师在贝塔斯曼订了教会的圣经经文。早在1945年6月，当时的军政府就订购了教科书，8月份又追加了第二份订单。书单上主要是其他出版社出版的魏玛共和国时期的教科书。有了军方的命令，贝塔斯曼如今也被允许生产具有其他出版社版权的书了。贝塔斯曼每月被允许使用的纸张多达60吨，但出版社需要申请到更新后的许可证才能出版。因为有军方的这些"紧急订单",贝塔斯曼在不需要被审查的情况下,业务已重新开始壮大。但这并不意味着对贝塔斯曼取消了审查,只是表示他的生产没有停滞而已。

事实真相

当员工们每天看到威克斯福特领导公司进行重建工作时,海因里希·摩恩正在幕后努力申请拿到新的许可证。来自比勒费尔德的会计师弗里茨·穆勒成了他的发言人。这位财务专家9月底写了一封长达四页的鉴定书,不容置疑地表明贝塔斯曼的行为没有瑕疵。贝塔斯曼曾"积极地反对"纳粹的政策,主要表现是不顾纳粹反对出版宗教派的文章。因为宗教派始终反对纳粹支持的"德意志基督徒"。"在长篇小说和叙事图书中,出版社将自己的文化使命看作出版建立在基督教思想基础上,在伦理道德方面有所建树的图书,比如那些有益于最广大人民群众性情和提升其理解能力的书,以此提高大众的审美和道德水准。这些书包括战争叙事类书籍,例如其中一位图书作者埃蒂希霍费尔本质上就是一名和平主义者,在描写可怕的战争经历的同时,捍卫了基督教伦理的基本准则。再例如,在与戈培尔和希姆莱长期斗争后,埃蒂希霍费尔的《纳尔维克》一书还是被禁了,因为他的基督教倾向让党卫军难以忍受。"

事实上,正如历史委员会评论的那样,贝塔斯曼出版的《纳尔维克——德国破坏者的英勇战斗》是"海军战胜纳尔维克的官方英雄史诗"。海军舰队的总司令、海军上将埃里希·雷德尔曾亲自为这本书写过一篇序言。历史委员会认为，作者弗里茨·奥拓·布什毫无疑问是忠于纳粹党路线的。然而在书中除了对元首的信任，对上帝的信任似乎也是战胜挪威人不可或缺的条件。瑞士可能出于宣传原因禁了这本书。1941年5月30日，负责保护纳粹文献的纳粹党审查委员会指责布什"在书中暗示了新式祷告和旧式祷告"，并拒绝这种表达，建议再版时采取"新形式"，毕竟这本书在短短几个月内销量惊人：这本书于1940年秋天出版，贝塔斯曼在年底就已经卖出了40.5万册。海军上将雷德尔愤怒地找到审查委员会，表示他对内容完全满意，拒绝对文章做任何改动，最后还为此大吵了一架。帝国宣传部长约瑟夫·戈培尔开始对审查委员会的提议并不怎么上心，后来审查委员会把《纳尔维克》这本书的事情闹到了希特勒面前，希特勒亲自下令此书不得再版。希特勒站在了审查委员会这边，但不愿意让他的干预公之于众。当贝塔斯曼最终将这本书撤出市场时，出版社已经卖出了60.5万册。历史委员会评价说，尽管这本书被禁，但这本书获得的纯利润"比战争时期出版社出版的任何一部作品都要高"。贝塔斯曼的盈利超过65万帝国马克。当然，穆勒在信中没有谈及这些细节。

如果谁认为贝塔斯曼完全按照第三帝国的思想出版图书，并从中赚取了巨大利润，那么肯定会被穆勒好好教育一番。贝塔斯曼出版了像埃蒂希霍费尔这样的纳粹作者的作品？错！他是一个和平主义者！《惊险故事》把青年人引向了战场？错！贝塔斯曼用这个图书系列进行了"同粗制滥造的色情文学"的斗争,并用基督教的伦理思想教育青年人。战地军邮册是完全按照纳粹的方针路线印制的?错!根据穆勒的描述,同其他出版社出版的战地军邮册一样,它们恰恰是"为了抵抗军国主义和纳粹政治的作品"。贝塔斯曼是一家巧妙迎合第三帝国统治者的出版社?错!即使面对这样的指责,这位财务专家也试图打消人们的猜疑,举例回应说:出版社不仅进行了抵抗,而且还处于抵抗运动的领导位置,说服其他出版社也参加抵抗。穆勒通过这封信以及对事件的解释,奠定了贝塔斯曼是一家抵抗纳粹型出版社的传说基础。他写道:"图书的挑选遵循的是基督教伦理思想,并且反响很大,尽管在战争中遭受纳粹部门的种种刁难,但销量仍有显著增长。其他出版社也转而改变在战争中出版的图书的特点。"

穆勒还详谈了出版社1944年的那次停业:在全面战争动员期间中,整个出版业都受到了影响。贝塔斯曼被关闭,仅仅是因为其出版的图书对战争来说不重要,人员和材料需要被用在别处吗?穆勒说:"在那些年里,我们主要参与了一些出版社反抗纳粹政府的斗争,我们中没有任何人是纳粹党员,或者说,一点也不赞同纳粹党的政治企图。另外,出版社秉持基督教的基本思想也让出版社成为纳粹当局的眼中钉。"

历史委员会将穆勒的信看作是让这个详述的传奇故事展现给世人的首次尝试,目的是将贝塔斯曼树立成一个抵抗型出版社的典范。这种做法不仅是业余的,更是厚颜无耻,但它却完全达到了目的:五十年来,这个传说一直流传着,直到故事最终出现了漏洞。历史委员会强调:"穆勒所讲述的事件版本,虽然提及的事件属实,但却曲解了这些事件,难以与现实保持一致。"从贝塔斯曼的角度看,这当然是一个"聪明的策略"。而且,穆勒还在公然扯谎,比如涉及党员的事情:贝塔斯曼高层领导中三人都曾是纳粹党党员。

穆勒很喜欢编故事。他对军政府说过:"斗争在1933年就已经开始了,直到1939年左右才更加尖锐。首先出版社被迫对外自称为新教出版社,以此警告政府中哪怕最小的办事处,不得在该出版社订购图书。通过将C.贝塔斯曼出版社和鲁弗出版社的图书类型进行区分,重要的基督教文艺作品首先在党卫军成员这个庞大的读者群中得以保存。由于出版社的立场问题,纳粹曾试图关闭出版社。对此,我们在1941—1942年间建议,至少几个代理人要加入纳粹党,这样才能减少纳粹党对出版社的攻击,使出版社能够继续完成文化传播任务。当工厂普遍被关闭时,纳粹又试图以出版社是多余的为借口,想再次关闭出版社。经过艰难的抗争,纳粹才只关闭了鲁弗出版社。当这一切都于事无补时,因为所谓的倒卖纸张,1943—1944年的冬天,一场针对出版社的刑事诉讼开始了。在某种程度上,纳粹主义在这场诉讼中取得了胜利,因为出版社实际上在1944年已经无法出版任何新书,生产也因此陷入了瘫痪。但是这场有可能会让自己失去自由的抗争是值得的,因为出版社几乎在纳粹主义走向灭亡时还在把在基督教伦理基础上创作的大量作品带给最广大的人民群众。因此出版社不仅完成了其文化历史上的任务,也实现了其基督教和政治上的任务。"

这一描述可能让人感觉厚颜无耻，但从穆勒的字里行间也看得出贝塔斯曼对未来的绝望。没有许可证，贝塔斯曼不仅无法印制任何自己的图书和杂志，甚至无法接外来订单，因为即使印刷船票和门票也需要军队当局的许可。如果说军方当局战后由于时间紧张在发放许可证时还有些草率，曾委托贝塔斯曼印刷学校教材，那么现在他们就在严格控制，不让任何一家曾经帮助过纳粹的印刷厂或者出版社进入市场。从贝塔斯曼的角度来看，证明自己同纳粹的联系纯粹是业务方面的，并且不曾从中捞取好处就尤为重要，如果能够证明曾经受到过迫害就更有用了。

在这种情况下，海因里希和他的编辑德辛仍偏偏继续出版那些被认为有罪的作者如威尔·薇斯帕和汉斯·格林的作品让人非常惊讶。难道海因里希真的认为那些在战前和战争中站在纳粹那边的作者们如今会被占领军看作是反对纳粹的战士？海因里希真的认为，只要不断重复这个神话，它就会成真吗？

对于贝塔斯曼来说，居特斯洛从属于英国占领区是件有利的事情。因为和美国占领区不同，英国人只审查谁在第三帝国时期在公共行政部门担任过领导职务或者申请过这样的职位。海因里希由于慢性哮喘疾病从未担任过公职，他是否该为此庆幸？他没有结交当权者，更与父亲不同，从不谋求任何公职的他是否该为此庆幸？始终站在幕后，一直以来给予代理人们极大的自由，他是否也该为此庆幸？他的管理方式已经让他免于莫阿比特的牢狱之灾，如今这种方式还能让他重新开始吗？

起初，海因里希显然认为拿到许可证不成问题。他在八月初写给汉斯·格林的信中还满怀信心地说获得许可证对他来说是"有希望的",其他员工也对此信心满满。

出于居特斯洛人无法理解的原因,随着时间的推移,许可证依然没有批下来。但海因里希仍然相信,出版社符合所有的必要条件。1945年11月,这位出版社老板在一封信中写道:"从各个方面了解到的信息来看,批准出版社重新营业的希望极大。"他认为"当局没有什么可以指责我的",因此不久后他应该"又可以重新开始工作了"。得到许可证真的有这么容易吗?他难道不担心,那些能提供罪证的材料会被揭发?因为他非但没有向军政府透露贝塔斯曼在战时同党卫军的联系中获得了多少经济利益,而且在1945年10月的去纳粹化调查表中,他也未提及当年曾为纳粹党的不同下属机构提供资金。

威克斯福特和穆勒发表的言论当时并未引起特别负面的反应,因此海因里希才敢冒险向前再跨一步,在去纳粹化调查表后面的一页半纸上写下:"战争爆发后,我为党卫军成员出版了大量高质量且娱乐性强的叙事作品,这些作品都是经过精心挑选过的,它们不含任何政治和反基督教倾向。"为了实现目的,他写的这些话早已偏离了事实真相,他又写下"我从未出版过任何纳粹主义作品"的话。这在某种程度上没错,因为实际上贝塔斯曼的确从未印刷过纳粹的官方文章。

对于那些只能明确回答"是"的问题,海因里希试图蒙混过关。在一份所谓的商业调查报告中有这样一个问题:自1933年起,贝塔斯曼是否接过国家、纳粹党或者任一从属机构的订单?海因里希回避式地回答道:"官方机构在书店里也能买到贝塔斯曼出版的图书。出版社本身向官方机构提供的图书比例非常小，几乎可以忽略不计。"然而这个回答又会引起新的问题，海因里希也知道这一点。因此为了保护自己不受类似问题的骚扰，他又写道："细节已经无从考证，因为材料在1945年3月的大火中已经被毁了。"

依然没有针对海因里希·摩恩犯罪的证据。当局掌握的只有他自己陈述的版本，而且没有料到他会隐瞒重要的信息。当局只知道，他的三个员工施泰因西克、伯绍德和德辛曾经都是纳粹党员，因为他们都已承认。然而，结果贝塔斯曼仍拿不到许可证。海因里希·摩恩听到了这个结果后，一改自己伙伴似的领导风格，转为传统的"大老板"态度，突然解雇了这三位高层员工。海因里希还要求他们无限期辞职。三人都听从了安排，但主编德辛却很不情愿，在争吵中离开了那里，因为海因里希没有为他做新的安排。

另外两个人则没有理由怨恨海因里希。他为妹夫撑起了一个金色降落伞：施泰因西克成了技术厂区的负责人，印刷厂、排字车间和装订车间都归他管。在当局的劝告下，海因里希将这些部门从出版社分了出去，成为这些部门的负责人不需要特别的审批。伯绍德和班次霍夫成立了一家新的出版社，这让人想起贝塔斯曼之前使用过的鲁弗出版社的策略。十年之后，贝塔斯曼又收购了这个出版社。1946年2月27日，这些功勋卓著的元老级员工们将辞职信放在了海因里希的桌子上。第二天海因里希就告诉当局，这三个人不仅放弃了代理权，而且还完全退出了公司。手续大概办了一个月，然后海因里希就收到了允许印刷图书的许可证。

期刊许可证

如今他还需要一个期刊许可证，因为现在期刊领域又能挣钱了。既然现在已经有了一个许可证，海因里希认为申请第二个应该不成问题。他满怀喜悦地期待着将要开展的生意，并从旧库存中拿出了几本做准备。全新的只有一本具有保守主义政治文化色彩的《德国小册子》，贝塔斯曼原本想用这本小册子倡导诸如谦逊和诚实这样的美德。

然而，在获得期刊许可证的过程中遇到了意想不到的麻烦。海因里希在1946年7月30日填写的去纳粹化调查表和9月份的申请表中隐瞒了自己曾是党卫军成员的事实，尽管他只是那种进行资助的成员。同样，他也没有提及女儿乌苏拉曾是纳粹党成员，毕竟父女俩都还记得各自分别在帝国文学院的成员身份和德国少女联盟中无足轻重的成员地位。就他的捐款行为而言，海因里希也只记下了冬季的捐款，而且不是给党卫军的。他还表示，捐款只是为了"不受骚扰"。

为了证明贝塔斯曼站在正确的一边，海因里希还为申请表附上了一份被纳粹审查部门拒收的出版图书清单。此外，海因里希还指出，他出版的大部分书都是纳粹政府"不喜欢的新教教会的文学作品"。早在1940年他就不再被允许印刷教会作品。1943年鲁弗出版社被迫关闭。其实图书清单表中有一些书并非因为纳粹统治期间的意识形态问题，而是程序上的原因未被允许印刷。尽管为了证明端正的态度补充了大量证据，贝塔斯曼仍未收到杜塞尔多夫信息管理中心的答复。

几个月之后，贝塔斯曼仍未收到许可证，于是海因里希派鲁道夫·温多夫去了杜塞尔多夫的负责部门。先派贝塔斯曼出版社的一个朋友去杜塞尔多夫，这个做法非常聪明。对于那些可能会让当局厌恶贝塔斯曼的问题，他可以表示自己一无所知。为了证明贝塔斯曼的正确立场，温多夫还带了一些没有任何疑点的书。然而，他却遭到了冷遇，并被告知："我相信你们带的这些书没有任何问题，但是您应该带给我们贝塔斯曼出版社以前出版的所有书！"温多夫还进一步得知，海因里希曾经在调查表上隐瞒了重要信息。他把调查表拿了回去，以便进行补充和完善。温多夫留意到，谈判对象菲利克斯先生"并没有调查表的复印件，因此他无法复查可能改动的地方"。温多夫的任务算是部分完成了。虽然他也没有拿到许可证，但至少知道了"对出版社以前出版物的政治考虑"是延迟下发许可证的原因。按照这个官员的要求，温多夫承诺提供另一份清单，详细说明贝塔斯曼在第三帝国出版了哪些书。信息管理中心想要从这份清单中看出战争图书占总图书出版计划的比例。

现在居特斯洛人至少知道，海因里希在占领军眼中至少不像他自己说的那样无辜。在接下来的几个星期里，他退居幕后，让另一个看起来罪行较少的人，他的儿子赖因哈德前去代表他交涉。虽然儿子赖因哈德也曾是希特勒青年团的成员，但至少不是纳粹党和党卫军成员。1947年春天前，赖因哈德始终在幕后，现在他理所当然要独当一面，为出版社做些什么了。

现在赖因哈德要做一份信息管理中心要求的清单，包含1933年至1945年出版的所有图书。他巧妙地将神学作品和畅销书项目作品混在一起，这样一来，那些他"弱化处理"过的问题书目一下子变得只占极小比例，比如战争图书中的《惊险故事》变成了《青少年杂志》。那些从书名中明显能看出内容的图书"被遗忘了"，由于《从地狱到地狱》这样的战争图书书名看起来比较正式，于是被归到了神学作品类别。历史委员会强调说："按照这一清单的逻辑，贝塔斯曼只出版了一本政治作品，即汉斯·格林的《英国演讲》。"赖因哈德的诀窍在于：不是用总出版量，而是用战争图书的书目总量占所有出版物的比例来说明问题。历史委员会认为这是个狡猾的"诡计"。结果当然完全符合贝塔斯曼的期望，好像贝塔斯曼无可指责一样。出版社给当局写信说："1933年至1944年期间，出版社共出版了2940种图书，其中有43种战争类图书，占到总出版书目的1.46%。"就这样，赖因哈德巧妙地将数百万的战争图书印数缩小为微乎其微的零头。上交的图书清单还附上了两页的信函，信函写于1947年4月9日，带有父亲海因里希·摩恩的首字母签名"RM"。在信中和补充的两页公函中，海因里希仍再次努力试图讲述那个抵抗型出版社的神话。

1947年4月11日，赖因哈德带着这个清单踏上了去杜塞尔多夫的旅程。他打算同菲利克斯先生就下发许可证"目前遇到的阻碍"谈一谈，然而谈话进行得并不顺利。

赖因哈德带了父亲填写的去纳粹化调查表。当谈到漏洞时，他发现菲利克斯早已向美国人打听了情况。菲利克斯说，因为"出现了错误"，他必须更认真地对许可证资格进行审查。菲利克斯问赖因哈德是否同意"让一位从前的纳粹党领导现在从一家出版物公司捞取好处"，赖因哈德给出了否定的回答。或许他从未想过菲利克斯会提出这么尖锐的问题。无论如何，他还是撒了个谎：在被问到出版社的股东中是否有曾经的纳粹党成员时，他回答"没有"，隐瞒了姐姐乌苏拉是纳粹党成员的事实。

菲利克斯对他的回答并不满意，而且感觉贝塔斯曼始终都在见风使舵。曾经他们是那样表现，现在又变成这样。菲利克斯更喜欢12年来态度始终如一的申请者，这样的人会被优先考虑。显然菲利克斯在谈话结束后觉得赖因哈德是不可信的，而从谈话的字里行间看出，面前的这个男人并没有理解他的意思。因此在告别时，菲利克斯直接谈到了问题的重点——"诚实"，在他手里有确凿的证据证明"出版社的一名股东是纳粹党员"。赖因哈德后来在一篇日记里详细记录了这次谈话。赖因哈德对菲利克斯的指责感到吃惊，以至于自己根本无法回答。赖因哈德给了菲利克斯一包书，告别后就走了。

赖因哈德的担心是有理由的。在这次不利的谈话过后，他不仅担心当局拒绝下发许可证，更为严峻的是，已经被下发的许可证也并不安全。当局一旦真的有"确凿的证据"，那还可以把图书出版许可证收回。那么，包括获得外国订单在内的所有的努力都将泡汤。因为一旦收回，贝塔斯曼就不会再获批准，只得关闭。虽然目前看来前景渺茫，但赖因哈德仍认为还有一线希望。

菲利克斯所指的纳粹党成员应该是他的姐姐乌苏拉。她在去纳粹化调查表中不仅隐瞒了自己的党员身份，而且公然撒谎"不是"。在同菲利克斯谈话后，赖因哈德立即告知乌苏拉，他觉得唯一的解决办法就是乌苏拉立即退出股东圈。拜访菲利克斯后的第三天，乌苏拉·费舍尔（婚前姓摩恩）就申请"无须遵从原来的解约期限，立即离开公司"。四天后，赖因哈德在一个内部笔记本上记下："股东之一的乌苏拉·费舍尔女士从贝塔斯曼出版社离职。申请期刊许可证时唯一的一个错误已被纠正。"

回想起来，这个记录似乎是有意写给别人看的，因为赖因哈德应该非常清楚父亲海因里希也没有讲出事实的全部。从另一个内部记录则可以推断出："不久前海因里希在刊物申请处递交了隐瞒自己曾是党卫军成员的调查表后，下列办法或许可以避免出版社许可证陷入危险：海因里希退出贝塔斯曼和鲁弗出版社，并将他的资产份额分给剩下的股东。"这则内部记录清晰地呈现出了事实并公开承认了造假。"虽然并不能确定海因里希·摩恩最后那份造假的调查表是否会被英国人追究，至少可以知道的是，事实情况没有受到柏林管理处的审核和鉴定。然而危险依然存在，如果鉴定审核结果不利，或对造假再次进行调查，有可能会导致诉讼。"

赖因哈德非常清楚父亲的行为就是"造假"。赖因哈德甚至还写了另外一份说明，在上面系统地列出姐姐和父亲的罪状，指出"英国人"，也就是占领军当局极有可能而且他认为"肯定"知道的事实情况。之后他谈到，自己从未和父亲谈过党卫军成员和造假隐瞒的事情。

如果说海因里希期望战后不久能重新开始出版社的工作，那么他现在不得不被迫再次用他的病情来解释本来不打算做出的决定：他必须要从出版社的最高领导层退位。1947年1月1日该决定在法律层面生效，1947年4月23日，他把领导权交给了儿子，并以书面形式告知英国人。当天赖因哈德再次申请了期刊许可证。虽然他没有接受过相应的培训，刚刚才在一家书店完成了实习，还梦想着上大学，成为工程师。但是现在，由于他曾亲自同当局进行过谈判，对情况比较了解，他也只能听从命运的安排，接受了这个不可避免的责任。他成了股份公司的法人代表；他的兄弟姐妹安娜格雷特·托德曼、格尔德·摩恩和西格贝特·摩恩成了股东，还在战俘营中的西格贝特由施泰因西克代表。

弗里茨·威克斯福特在获得许可证过程中发挥了什么作用还不清楚，他的同事西奥多·伯绍德介绍说，当出现问题时，威克斯福特就立即被告知了。海因里希曾请他接手出版社，因为将出版社转交给赖因哈德的想法可能会引起当局的怀疑，赖因哈德也曾是在摩恩家里聚会的希特勒青年团的成员。威克斯福特并未立即答应，而是请求给他时间考虑考虑。伯绍德说："他并不想这么做，于是他很快决定亲自向当局提出申请，不是为他自己，而是为了赖因哈德。事实上他也的确成功了。"有一点是可以确定的，赖因哈德曾经的希特勒青年团成员的身份在青少年被大赦的情况下并没有特别大的影响。

赖因哈德在同英国人交涉的过程中给英国人留下的印

象是：尽管他为父亲遗漏歪曲信息进行道歉，但对家人们的造假和故意失忆并不知情。不过，赖因哈德指责姐姐乌苏拉向他隐瞒了纳粹党员的身份，因为曾问过她。现在姐姐乌苏拉承认了自己曾经的纳粹党员身份后，他就立即将她开除了。

在这个关键阶段，海因里希再次活跃了起来，他曾经一直在争取汉斯·格林。现如今，海因里希显然想要表明自己与过去决裂的决心。于是这位出版社老板突然同自己争取了很长时间的作者分道扬镳了，因此格林曾指责他只在乎钱，海因里希·摩恩则反驳说："如果我只是将出版商看作商人，那我绝不会从事这个职业。"海因里希在4月20日向英国人提交了去纳粹化调查表的补充材料，列出了希特勒青年团和纳粹党的另外几个从属机构。他在一份附注中可能还写了别的情况，可惜相关的材料都已经被烧毁了。然而这份附注并未加进补充材料中，而是在儿子赖因哈德拜访那些军官时亲自展示给他们看的。

在申请授予许可证前，赖因哈德曾于4月21日开车前往杜塞尔多夫，他想看看英国人对此的看法，首先是关于已下发的图书许可证。图书部门的领导佩吉特·布朗军官告诉赖因哈德期刊许可证会尽可能快地发给他，赖因哈德的培训还没有结束也没有关系，一个历史清白的负责人比较重要。之后，赖因哈德就直接去了期刊部。然而菲利克斯不在，那里只有一名女职员。

赖因哈德告诉这位女职员"来这里并非为那些事请求原谅"，而是仅仅想表明自己想把事情解释清楚的态度。这位女职员被他打动了，称他是"高尚的"。为了让赖因哈德能够更正父亲海因里希原来填写的内容，女职员打算给他一份新的人员调查表，但却没有找到空白的表格，于是就把原来的那张表还给了他。赖因哈德就这样幸运地得到了这张唯一的表，毕竟这张表决定了出版社的未来。

赖因哈德非常高兴，回到居特斯洛的家中后写下：那位女职员表现出了作为德国人对此事应有的慎重态度。他现在可以肯定，开除姐姐乌苏拉，再加上父亲的补充材料就足够了，他会向当局再次提出申请。4月23日，海因里希告知英国人，由于自己糟糕的身体状况，不得不将出版社的领导权交给25岁的儿子。

次日，赖因哈德再次前往杜塞尔多夫，并从佩吉特·布朗军官那里得到了一个好消息。他现在可以立刻代表出版社领取许可证了。赖因哈德告诉这位军官，他不得不将姐姐从公司里"开除"。赖因哈德后来在记录中说，这个消息让佩吉特·布朗表现出"既高兴又赞许的惊奇"。为了避免其他的后续问题，他解释自己对姐姐的纳粹党员身份一无所知，这么说是为了保护自己，但对于佩吉特·布朗来说是相当有说服力的。佩吉特·布朗军官表示，毕竟赖因哈德曾经被俘过。于是，失去图书许可证的危险就此消失了。

然而，贝塔斯曼始终没有拿到期刊许可证。赖因哈德一想到曾经同菲利克斯的谈话就感觉非常不舒服，因为菲利克斯怀疑贝塔斯曼一直迎合当权者。菲利克斯会像他的同事佩吉特·布朗一样，轻易地对贝塔斯曼公司的人事变动和改正后的调查表满意吗？赖因哈德再次拜访菲利克斯，碰巧这次菲利克斯又不在。现在赖因哈德同那位女职员之间保持的良好关系可就帮到他了。当看到他的父亲曾是党卫军的资助人时，那位女职员坦诚地告诉了赖因哈德她的顾虑，并善意地给赖因哈德提了一个建议，以避免受到父亲党卫军资助人身份的影响。既然他将接管出版社，赖因哈德为什么还要为他父亲申请呢？赖因哈德非常赞成这个提议，于是撤回了父亲的申请。他将申请表重新放回到了自己包中。这样一来，当局手上既没有伪造信息的旧表，也没有改正后的新表。事后，赖因哈德满意地记下："从此再也没有海因里希·摩恩虚假申报以及改正过的调查表了。"然后他再次利用那位女职员的好意，提出弗里茨·威克斯福特忘记填报他曾在钢盔党待过十年。于是，她又把漏填信息的表交给了赖因哈德，收回了一张修改好的表。

显然赖因哈德想要确保不会再有任何可能引起麻烦的细节出现。如果有什么不测发生的话，他和父亲显然都想确立威克斯福特为公司负责人。再次拜访佩吉特·布朗时，赖因哈德问道，为威克斯福特申请一个许可证是否有意义，佩吉特·布朗给出了否定意见。在他看来，最好赖因哈德是唯一的负责人，毕竟赖因哈德迟早会结束培训成为公司的老板。此外，赖因哈德了解到，菲利克斯的调查最多只能危及期刊许可证，对图书许可证不会造成影响。赖因哈德在记录中引用了佩吉特·布朗的话："我们现在没有什么好怕的。"在此期间，赖因哈德一直将佩吉特·布朗看作是盟友，而且这位盟友会及时告知菲利克斯先生可能带来的危险。毕竟这位英国军官对战时出版社的政策表示过理解。

最终海因里希并未因自己曾经资助过党卫军而遭受什么不利。比较幸运的是，去纳粹化委员会的负责人、银行行长威廉·福路特曼将海因里希的"补充声明"放入了档案。而在这份声明中，海因里希并未坦承自己党卫军资助成员的身份，而是模糊地写着，"第一栏的第42、46和51项：不是。第二栏和第三栏：不清楚。"这份声明涉及是或者不是党卫军成员以及资助的金额。福路特曼并未向委员会其他成员展示这份声明，也未向军政府报告其内容。因为他和海因里希休戚与共，担心这件事会引起"不必要的大动荡"。对于非专业人士来说，这份声明的含义是看不懂的。简单的声明内容与公司员工对纳粹迫害的描述形成了鲜明的对比。

1947年5月12日，赖因哈德最后一次前往杜塞尔多夫拜访菲利克斯。这位期刊许可证颁发负责人十分认真地检查了这份随意排列在一起的出版物清单，最后得出结论：战争类图书的比例超过了1.46%，达到了6%。赖因哈德虽然对这个奇怪的结果感到惊讶，但他也不敢反驳，因为即使是这个数目也还是比实际比例低得多。他撤回了父亲的申请，并以自己的名义重新提出了新的申请。这个军官告诉他，纸张短缺是没有颁发许可证的原因。赖因哈德并不相信他，但也觉得还是不要催促为好，因为他担心菲利克斯会进行进一步的调查。赖因哈德在笔记本中写下："可能我们的期刊许可证申请正躺着睡觉呢。"他又等了一年。随后，赖因哈德就放弃了《德国小册子》的计划。

虽然海因里希对外宣称已放弃贝塔斯曼出版社的领导权，但长期以来他并未完全卸任。1947年9月29日，赖因哈德委托父亲在所有事务上全权代理自己。同以往一样，海因里希负责科学、神学、文学并与作者联络赖因哈德的姐姐乌苏拉也重新回到了股东的圈子里。1948年8月，乌苏拉毫无异议地重新被公司接纳了。

9.上千个销售代表和数百辆宣传汽车

书友会的绝妙主意

和前女友一起上的舞蹈班上,赖因哈德经常遇到一个深色头发的女孩儿,她和英格一个班。赖因哈德和她在上学时就认识了,他们的钢琴老师和舞蹈老师相同,只是那时他们还不知道彼此将在未来如此紧密地联系在一起。玛格达勒娜·哈斯菲尔德知道赖因哈德,赖因哈德同样也知道她是谁。他是著名出版商的儿子,而她是当地最富有的农民的女儿。

战后在哥廷根相遇时,两人的联系才变得更紧密一些,但也并非一见钟情。几个月过去了,他们才算真正亲近了一点。当然他们都来自"居泽尔"这一点肯定是重要的原因。赖因哈德在哥廷根的卡尔沃书店实习,为接手公司做准备，实习的经历至少能够用文件证明他有行业经验。此时，他在科隆的图书零售商学校上学，玛格达勒娜则在学习医学。从赖因哈德的角度看，这段关系能在离家比较远的地方发展可能还挺好的，至少他不用担心母亲对这个女朋友是否满意。

这并不是玛格达勒娜第一次离开家。1941年她从居特斯洛的高级中学毕业后，在一家医院从事志愿服务工作，服兵役。1942年春天，她开始在哥廷根念大学，并通过了医科大学预备考试。"当时考试还是由教授们面试学生。所有人都觉得这个考试非常重要，其中一些教授却并不喜欢女孩子上大学。一位教授就还总是给她建议'结婚！结婚！快去找一个男人！'"

玛格达勒娜当时差点儿就订婚了。她曾经有一个在军队的男朋友，回家休假时他去哥廷根看她。两个人一起去了汉诺威，在那里他向她表白了。在一个公园里，她抵挡不住他猛烈的追求，便和他秘密订了婚。她其实心里并不确定他就是那个对的人，但她觉得答应他会让他上前线时的心情轻松一些，于是就答应了他的求婚。秘密订婚后，他们互相告别，她在独自乘坐火车回哥廷根的路上突然有一种不祥的预感："肯定再也见不到他了。"事实也是如此。不久之后，她就得知了他在俄罗斯阵亡的消息。

玛格达勒娜为男友的阵亡感到悲伤，随后搬到了弗莱堡继续学医。在那里，她亲身经历了人们为了听戈培尔演讲的转播而聚集在明斯特广场的场景。当戈培尔问道："你们想要全面战争吗？"她攥紧了拳头，觉得戈培尔的讲话实在让人厌恶，因为一旦进入"全面战争"时期，上大学就是不可能的了。她又回到居特斯洛，在一家战地医院工作。在医院，她见到了许多身负重伤和死去的人们，也目睹了那些曾经对希特勒坚信不疑而如今失去了所有希望的士兵，一些人还因此自杀了。

战争结束后，她去了一家英国医院。虽然学过医，她在这里做的却是别的工作：翻译并负责监督德国员工。在这个过程中她和一名指挥军官走得越来越近。她还邀请他到父母的农场，和他一起弹双人钢琴。这位军官写信告诉他的父亲说，他在居特斯洛有了一个德国女朋友，他想要知道父亲的看法究竟是怎么样的，因为父亲的看法对他来说非常重要。父亲是一个举足轻重的人物——考文垂的主教。考文垂这座城市在德军有史以来最激烈的一次空袭中被炸毁，教堂更是一片断壁残垣。炮火过后，父亲在石头上写了"愿上帝原谅他们！"。当这名军官将这件事情讲给玛格达勒娜听时，她被深深地打动了。这位主教对儿子和这个德国女孩玛格达勒娜的友情也表现出肯定的态度，在信中告诉他："只有通过友情，两个国家才能战胜彼此间的仇恨，回归到正常关系。"然而这段恋爱并没有持续很久，这位军官就回英国了。

战争结束后，玛格达勒娜又能重新继续学业了，这让她松了口气。在那段困难的时间里，她非常高兴能遇到在家乡时就相识的年轻人赖因哈德。在哥廷根，她住在一个小的学生宿舍里。虽然当时的学生宿舍并不欢迎男士进入，但赖因哈德还是被允许晚上到她那里吃晚饭。母亲总会在她的衣箱里放进一些面条米饭这样的食物，这样她晚上就可以用来煮饭吃了。在赖因哈德来之前，她会把饭放到被子下保暖。等他在楼下敲房门时，她就把钥匙直接扔下去。她在这里住了半年，试图恢复学业。同时，她还在一家医院打工。

有时候她也会带赖因哈德到医院来，他们在这里可以有机会洗个热水澡或者只是暖暖地坐着。周六，他们会骑着自行车一起去乡下玩。他们还常常用赖因哈德从出版社带过来的褪色图书小册子交换糖和土豆。周日，和善的房东甚至还邀请他们参加她的"蓝色沙龙"。当然她这样做也并非没有私心，因为周日赖因哈德会给她带一个装满火柴的公文包。

据他曾经的朋友施特菲·埃勒特说，赖因哈德对待书店的工作显然并没有很认真。毕竟在赖因哈德回来后的一年里，听他的语气，根本不像确定接手贝塔斯曼的样子。显然，他仍然希望西格贝特能够回来接手贝塔斯曼，这样他就可以去上大学了。赖因哈德的朋友施特菲当时已经开始在大学学习法律了，他感觉赖因哈德很羡慕他的这份自由，因为有时候他干脆把实习放一边，去哥廷根大学上课。

在公开场合，玛格达勒娜和赖因哈德并没有以恋人身份出现，但他们的关系不仅仅是朋友，可以肯定其中有爱情的成分。当玛格达勒娜告诉他，自己战后在居特斯洛曾爱上过一名英国军官时，赖因哈德非常生气。玛格达勒娜回忆说，英国人在他眼里还一直是敌人。赖因哈德感到十分伤心，以至于想要同她结束关系。

然而经过认真考虑后，赖因哈德还是打算以更坚定的决心赢得这位年轻姑娘的芳心。1948年6月29号，在赖因哈德27岁生日的那天，他们订婚了，随后在9月完婚。之前，赖因哈德曾向玛格达勒娜的父亲提亲，但他觉得那次对话并不算愉快，因为他并不乐意回答针对自己的尖锐问题。玛格达勒娜的父亲担忧地问他是否真的能够照顾好自己的女儿，因为赖因哈德当时是出版社的接班人，正在为出版社的生存而奔波，所以他无法做出物质上的承诺。

婚礼前两天，他们在玛格达勒娜父母的农场里庆祝闹婚之夜。整个贝塔斯曼公司的人都来到了门厅，还有一个小型乐队在楼上的回廊演奏，大家则在楼下跳舞。玛格达勒娜没有片刻休息的时间，她站在中间，公司几乎所有的男性员工都想与这位未来的老板娘跳支舞。举办婚礼时，这对新人乘坐石楠花装饰的马车来到市中心的马丁路德教堂。婚礼在赖因哈德家举办，整个房子在向日葵的装饰下焕然一新。婚礼后，他们乘坐一辆大众甲壳虫汽车踏上了蜜月之旅，经海德堡到达位于奥地利-德国边境的阿尔卑斯山区的奥伯斯特多夫。蜜月旅行过后，这对新人搬进了摩恩家族的房子中，里面住着海因里希·摩恩夫妇、这对夫妇的几个孩子及各自的伴侣，还有赖因哈德的朋友鲁道夫·温多夫。一时间，十个人住在一个屋檐下。有一次赖因哈德的母亲默默地将已故大儿子装餐巾的圈儿递给了温多夫，这让儿子的战友很感动。阿格娜丝·摩恩可能纯粹出于实用的原因做出的举动，却让鲁道夫·温多夫感觉自己和摩恩一家紧密地联系在了一起。

赖因哈德的妻子也得到了摩恩一家诚挚的接纳。赖因哈德的母亲很喜欢玛格达勒娜。她对这个儿媳说："你就是我们家的一员。"赖因哈德的父亲也很喜欢玛格达勒娜，有时候他散步回来还会给她带一束自己采摘的花。他几乎不和他的孩子们交谈，但晚饭后他会请玛格达勒娜到他的办公室，和她聊自己的事情。

书友会

出版社如今重新运转了起来，至少在大楼建设和出版计划方面是这样。他们已经克服了最严重的危机，度过了最艰难的时期。赖因哈德应该庆幸，有一个像威克斯福特这样经验丰富的人在他身边协助他、教他，这弥补了他的经验不足，因为他的父亲从不跟他谈公司业务或者出版方面的经验。

1949年一个简单的问题被提上了日程：出版社如何避免可能出现的危机？出版社的领导层赖因哈德、威克斯福特和施泰因西克三人再三讨论他们到底能够做什么。如何才能让印刷厂和出版社同时得到充分利用？如何才能不受图书销售淡旺季波动的影响？如何才能避免夏季技术部门的工人短缺？

讨论中出现了两种意见，常常被请去做记录的鲁道夫·温多夫写道："1.通过出版物美价廉的现代口袋书（考虑战后的实际情况）或者建立经营推销减价新书的书友会。2.出版那些不受淡旺季浮动影响的、符合战后需求的、价格昂贵但内容丰富的作品，最好是也能在上门推销商代表那里找到销路的书。"

早在美国监狱时赖因哈德和鲁道夫·温多夫就对口袋书很熟悉了。两人都喜欢这种形式的书，坚信它会很有市场。但要不要将这个想法付诸实践，他们还是犹豫不决，因为工厂主要生产的是硬皮精装书。要不要先把这个想法放到一边呢？能够把书卖给拥有固定订阅者的书友会的主意怎么样？有什么反对的理由吗？有的，理由一大堆：虽然几十年前德国就已经有了这样的协会，听说战前仅德国的书友会就有10万名会员，然而贝塔斯曼公司中没有人对这种销售形式有具体的经验，他们对如何核算以及销路一无所知。谈论中他们还发现一个问题，贝塔斯曼的图书出版种类不够丰富，想要办一个书友会，图书种类的范围一定要广泛。最后施泰因西克对这个项目的财务风险提出了警告。因为要办一个书友会，还需要一个特别大的仓库储存种类繁多的图书，因为图书的销量是无法预知的。那么这个主意到底会不会被采纳呢？

当时贝塔斯曼并非唯一一家考虑办书友会的出版社。几家图书零售商和出版社早已开始筹办书友会。当时德国已经有超过40家书友会了——从戈德曼出版社的侦探小说俱乐部到士兵协会的沙恩霍斯特图书战友会。他们都是在没有图书零售的地方提供图书。柏林的图书零售商埃里希·克拉默想要改变这一状况。1949年他让一些图书零售商早在19世纪20年代初期就想出的这个主意重新焕发了生机：建立一个由图书零售商们领导的书友会。当时图书零售商们想要抵挡来自工会和工会建立的书友会的竞争，至少要同他们并驾齐驱。但是因为工会的古滕伯格图书行会在大城市都有分部，图书零售商们的尝试全部失败了。在这个过程中，图书零售商们还是顾虑太多，程序太过繁琐。

但为什么不再试一次呢？埃里希·克拉默将自己的想

法告诉了德国出版社和图书零售商交易协会的理事会："虽然几十年来图书零售商和书友会的敌视对立已经成为我们行业内根深蒂固的传统，但是为什么我们图书零售商不能互相合作，共同建立一个图书书友会呢？当然，为此我们必须要争取到出版社中的佼佼者，这样我们才能以其他书友会难以竞争的价格提供物美价廉的系列图书。"现在克拉默和其他图书零售商想要做得更好。克拉默和交易协会的另一位主席库尔特·默宇勒在法兰克福将有名望的出版社和图书零售商召集到了一起，想要争取他们参与这个项目。不过，贝塔斯曼当时并没有被克拉默邀请参加会议。克拉默后来称："贝塔斯曼当时产量低于平均水平，在我们看来并不合适。"

柏林图书零售商埃里希·克拉默和主席库尔特·默宇勒共同努力想要建立一个书友会。他们研究书友会体系结构长达数月，每个图书零售商都收到了一份备忘录，上面详细解释了整个项目。根据备忘录里的写的内容，会员仅由图书零售商负责，然而这些努力并未得到广大图书零售商们的支持。很多人害怕会沦为一些图书出版社的苦力。此外，他们还担心书友会的优惠价图书会对正常的生意造成损害。简而言之，很多人反对。克拉默在出版社那边遇到了同样的情况。书友会必须建立在版权的基础上。一位出版商发言人强调说："即使原版图书出版和提供给书友会的图书版本的出版之间设立了一年的宽限时间，从长远来看，在同一国家价格档次的不同也是不可避免的，这仍然对出版社推出原版图书不利。"但也有人被克拉默说服了。1949年的一天，一位汉堡的上门图书推销商约翰尼斯·托德森给居特斯洛的威克斯福特打电话说自己想提出一个有趣的建议，能否过几天见面详谈，威克斯福特认真对待了托德森的这通电话，因为托德森是上门推销商和邮寄图书商协会的负责人，而且他的书店在盒装小说方面的销量也首屈一指。他们约定在距离双方位置差不多的汉诺威见面。托德森提出了一个大计划。在他看来，贝塔斯曼是一家始终对新想法和销售路径保持开放心态、尤为看重上门推销图书的出版社。我们如何能共同开发新读者群，同时又减少销售风险？托德森建议贝塔斯曼与他共同建立一个书友会。托德森负责同书友会会员的联系，也就是说宣传和会员维护，而贝塔斯曼只需向他提供图书即可。

然而这也正是问题所在。因为要想吸引读者成为会员加入书友会，就必须要提供特价图书。然而，这也就意味着贝塔斯曼需要给某个特定的书店——也就是托德森的书店——其他所有零售店没有的优惠。威克斯福特和厄尔泽推测，这肯定会引起同行的抗议。20多年来，贝塔斯曼始终努力摆脱宗教类图书出版社这一名称的束缚，力求得到所有图书零售书店的认真对待，因为只有这样才能长期发展。贝塔斯曼应该拿长期以来努力争取得到的信任冒险吗？这会危及出版社的发展。如此看来，承担的风险很大，获得的收益却不多，因为本质上来说只是换了条销售路径而已。所以，这只会帮助托德森，而贝塔斯曼从中得不到什么好处。

因此，托德森的提议并没有说服威克斯福特，威克斯福特拒绝了他。但是这位汉堡商人的想法毫无疑问非常有吸引力。只同他合作是不可行的，但原则上还是应该保持联系。如何才能做到先不与他合作，又不失去同这位图书零售商的良好关系呢？书友会仅仅提供贝塔斯曼出版社的图书就足够了吗？还是必须考虑其他种类图书，做出更大的规划？至少让20家出版社加入进来？这些都是威克斯福特一再思考的问题。

对自己主意非常自信的托德森认为威克斯福特并未真正理解他的想法，于是他失望地回到了汉堡。托德森觉得没有必要再继续谈下去，因为威克斯福特的顾虑太多了。而时间紧迫，慕尼黑的一家出版社已经在准备实施克拉默的计划了。于是托德森继续寻找其他合作者。他找到了新成立的图书俱乐部"读者联盟"，但是托德森只能在那里招揽会员，因为联盟并不愿意放手会员的管理权。因此尽管第一次尝试失败了，这位汉堡的上门推销图书商还是没有灰心，反复地询问贝塔斯曼是否有合作意向。

威克斯福特和他的老板赖因哈德以及员工们进行了讨论，员工们对此表示怀疑。一直以来他们都是同图书零售商联系，同书友会的合作可能会让他们在图书零售商那里不受欢迎。他们只看到了对自己的不利影响，却未看到出版社面临的巨大机会，因此威克斯福特并不想轻易放弃，而且赖因哈德也并没有反对。赖因哈德计算过，只要书友会能有20万会员，即使图书价格偏低，年营业额也能达到500万。虽然他也和威克斯福特一样，对独家合作表示担忧。但赖因哈德表示，他非常赞成书友会这个想法，只要它能开拓新的销售路径，同时又能让各方满意。

让各方都满意？这根本行不通，贝塔斯曼必须清楚地认识到这一点。他们都是实用主义者：如果开发了一个较大的市场，同时失去了一个较小的，对他们来说，这个风险也是可以接受的。

如果一些图书零售商因此不高兴了，为了更好地发展他们也会甘愿接受的。因为贝塔斯曼无法撼动任何一方，"按照一般人的看法，书友会和图书零售业就像火和水、白天和黑夜一样势不两立"。正如贝塔斯曼的新闻发言人罗兰德·高克后来在一本介绍威克斯福特创建书友会的书《献给数百万人的图书》中所写："图书零售商的任务是为潜在的顾客准备好内容广泛、领域宽阔的图书种类，并根据顾客愿望设法提供仓库里没有的图书。每个人都能随时在他那里购买到想要的图书。相反，书友会拥有固定的订阅用户，他们定期缴纳会费，每隔一段时间就来买书。会员的购买承诺让书友会能够向他们提供低价的图书。人们几乎可以相当准确地预测这些书的印数，从而降低风险。"

此外，图书零售商认为书友会招揽用户的方法会损害整个图书行业。书友会的销售代表被视作骗子，不受欢迎。实际上正是因为他们的成功推销，才让图书零售商觉得害怕。因此，图书零售商将他们称为"图书零售业的掘墓人"。图书俱乐部的代理人则反称自己是将图书带给那些害怕进书店的阶层。他们将自己看作"文化的传播者"。为了完成这个具有文化意义的使命，有时候采取一些不那么正派的手段也是可以被谅解的。书友会和图书零售商在图书行业形成了竞争，这点不可否认。

赖因哈德认识到，出版社不可能一夜之间就能共同执行一个解决方案，大家对集体利益得失的看法上争议太大。他认为,一个总体的解决方案仍停留在理论层面,至少长时间依然如此。但是,单独一家出版社却可以快速做出决定。因此,赖因哈德和威克斯福特做好了单独行动的准备。但如何避免整个图书零售业联合起来反对贝塔斯曼的单独行动呢?他们并不想完全没有图书零售业的参与,不然就成了图书业的替罪羊了,至少得需要一个图书零售商同贝塔斯曼维持良好合作的假象。这就需要一个表面上相互合作,实则由贝塔斯曼控制的体系。威克斯福特的解决办法是:"任何人不能直接成为出版社的会员,任何人都可以成为任一书店的会员!"这样一来,一种新型书友会就被创造出来了,而这个解决办法听起来好像是,书友会是图书零售商倡议发起的,而不是一家出版社发起的。

威克斯福特设计了这一方案,但并不知如何计算风险。于是他请擅长计算的赖因哈德帮忙核算。一个同图书零售业合作的书友会还是史无前例的。据赖因哈德说,他在进行核算时"流了很多汗"。他还到包装车间数了数一个工人在一个小时内到底能打包多少包裹。

每个书店都可以招揽会员,以免让他们觉得贝塔斯曼在做对他们不利的事情。每个会员都"属于"他们,贝塔斯曼还会再给这些图书零售商们一笔奖金作为会员管理费用。会员在一家书店能够以折扣价买到贝塔斯曼的图书。但实际上书友会创建工作的重点还要依靠托德森,以及上门推销和邮寄书商。一个优势在于参与领导的公司数量较少,书友会能够快速做出决定。另一个优势在于零售书店在实际运作中仍比较保守,而上门推销商则工作灵活,乐于接受新想法。

目前尚不清楚的是，已有的书友会会对这种新型书友会作何反应。他们会任由贝塔斯曼发展？或者他们会同贝塔斯曼斗争，尝试让顾客意识到这种新型书友会徒有虚名？如果投资了"贝塔斯曼书友会"后，某个法庭禁止新的书友会使用这个名字怎么办？贝塔斯曼人对这点很担心，因此鲁道夫·温多夫去科隆找了一名律师商量此事。他们共同想出了一个主意：把贝塔斯曼的这个项目命名为"书友会—贝塔斯曼图书"。

1950年6月1日，贝塔斯曼开始启用这个名字。在此前一天赖因哈德寄给了图书业一封信，在上面他写到建立书友会的目的，即为了"保持德意志民族始终存在的巨大阅读热情，通过合适的方法路径，让贫穷的阶层也能保持对书的喜爱"。第一季度，会员可以从贝塔斯曼的62种常规图书中挑选图书，这些书来自出版社的仓库，同普通的版本不同，每本书前几页的其中一页会盖上"书友会—贝塔斯曼图书"的印章。这样图书零售商就能以低于常规价格出售图书了。出版社的宣传单充当了目录，封面上只有"书友会"的标志。这一项目刚开始比较简陋，缺乏吸引力。为了加入一些特别的东西，威克斯福特还想过为会员提供一种保险，为此曾同纽伦堡和慕尼黑的保险机构进行了商谈。但事实证明，这种捆绑交易在法律上是被禁止的。

招揽会员

书友会要想成功,最重要的首先就是招揽会员。因为只有图书订阅用户,也就是会员的数量足够大,才能降低生产成本。同其他书友会相反,"书友会—贝塔斯曼图书"还会付钱给图书零售商。好处就是能够控制为会员服务的花费,不需要门店,不需要员工,也几乎不需要物流供应。其实贝塔斯曼是将会员"租"给了书店。

奇思妙想意外到来。1952年8月,一位来自柏林的上门图书推销员开着一辆汽车来到出版社大楼前,他的汽车上写着大大的"贝塔斯曼书友会"和另外几句宣传标语。两边的窗户被拿掉了,以便人们能从外面清楚地看到书友会的书架。这个图书推销商说,这辆车让他的生意非常好,他只需要把它停到繁华的街道上,生意自然就来了。在法兰克福书展上,威克斯福特也让人做了这样的一辆车,同时又订购了15辆。他成功说服其他书商们也采用这种汽车做宣传。1953年,200辆这样的汽车行驶在德国的大街小巷,甚至一些图书零售商也采用这种宣传方法。1953年书友会的会员数量达到95万,可能要归功于这种行驶中的广告。

据贝塔斯曼记载:"数千名代理人和数百辆广告汽车开启了一场前所未有的宣传战。事实证明,有店面的图书零售书店至今都无法企及代理人开辟的市场。"贝塔斯曼在迅速扩张。最重要的合作伙伴是托德森和他的联合会。会员中十个有九个都是由上门图书推销商争取来的。相反,图书零售商的成绩则没这么引人注目。图书零售商们很反感贝塔斯曼让宣传人员直接在他们店门前做广告。宣传人员将可移动书店装在大众汽车上，停靠在零售书店附近拦截顾客。现存的书友会对贝塔斯曼的看法也不是很好。

因为贝塔斯曼书友会的负责人明显在让手下人设法挖其他书友会的会员。达姆施塔特的上门图书推销商施万卡据说曾向手下反复强调："宣传就是宣传，我们必须谨记，尽可能多地从其他书友会挖来会员，我们可以说出我们的意图，重要的是，别让第三个人在场，千万别给我们招惹麻烦。"

《明镜周刊》在一篇封面文章中写道，贝塔斯曼广告宣传人员喜欢去学徒宿舍和学校招揽书友会新会员。他们在那里为书友会的一家子公司"青年书友会"做宣传。一个互为竞争对手的书友会的广告宣传人员根据自己家庭的亲身经历，还发现贝塔斯曼广告宣传者使用了不正当的手段。学生们通过抽签抽奖随机获赠图书，他们记下学生们的姓名和地址，当然这些都是在校方领导同意下进行的。然而，从未有人抽到过图书。不久之后，书友会的代表就会出现在这些孩子的父母面前。代表们会向这些吃惊的家长们解释，只要他们签了名，孩子就能成为书友会的会员。家长们是否愿意用签字来确认呢？通过这个小伎俩，一些家长实际上已经被蒙蔽了，签下了名字。其实直到父母签字后，这份文件在法律上才有效力，之前他们孩子签的字根本没有用。

《明镜周刊》还报道了这样一件事，1956年7月11日，一名叫莉泽洛特·克莱恩的女士在科隆的新市场附近被一名推销员拦下攀谈，问她是否想加入书友会。她表示

"不想"。这时这位推销员请她允许自己在接下来的几个月里寄给她书友会的画刊,当然这些画刊是免费的,以便她慢慢考虑这个提议。可能是为了摆脱这位让人厌烦的推销员,这位女士同意了。于是他记下了她的地址,填完了一张表后,递给她让她签字。同时他不断劝说她,向她保证:"您不会因此承担任何义务。"一个月后,莉泽洛特·克莱恩女士却被要求向书友会缴纳每月的会费。当她提出异议时,却被告知她已经是会员了。直到这时她才恍然大悟,自己在非自愿的情况下签了一份会员注册表。

据《明镜周刊》报道,这种情况"并非个例",甚至出版社的领导层也不得不承认这一点。1957年7月,《汉堡新闻杂志》在报道中写道:"出版社领导层在几个月前的一次代理人大会上就曾抱怨代理人招募新会员时使用的手段不当,因为当他们向某些新订用户要求支付会费时,那些新会员竟然愤怒地进行了抗议。"因此贝塔斯曼要求代理人退回佣金和预付费用。然而要想在众多广告代理人中找到害群之马实在是很困难。

据《明镜周刊》报道,在经历了一系列不愉快的事情后,贝塔斯曼"刹住"了大量投放广告的速度,并改进了宣传方法。巴伐利亚的一名销售负责人——慕尼黑的博能伯格博士在这方面的实践尤为成功,他按照美国销售心理学家的建议对将近200名代理人进行了培训。代理人不再突然去打扰人们,直接提出让他们加入书友会的请求。博能伯格博士的人尝试以迂回的方式达到目的。代理人乘着宣传汽车,同别人攀谈,向他们介绍自己是一家反对淫秽低俗印刷品协会的代表,同时还会出示这个协会的证件,实际上证件并没有注册登记过。这时代理人会拿出一张问卷调查表，声称受这个协会的委托进行民意调查。"您是否……"《明镜周刊》称"这一开场白起到了芝麻开门的作用"。

代理人一边同家庭主妇们谈论家庭和教育，一边"装模作样"地填写调查表，"就像公事公办一样"。但这只是开始，"他们从不良青少年的问题谈到淫秽书籍和低俗文学对青少年的危害。然后代理人就会巧妙地提供一座通向贝塔斯曼—书友会的桥梁：居特斯洛的这家基督教出版社能够保证提供无害的阅读材料，这样就可以毫不犹豫地将书放到正在逐渐成熟的青少年手中。您真是太幸运了，我刚好就带了书友会会员注册表，这些代表们高兴地说道"。这一策略被证明非常成功，数千名家庭主妇和作为一家之长的父亲们签下了会员注册登记表。慕尼黑的广告代理人每月能够为贝塔斯曼带来4000到5000名新会员。

然而不知从何时起有人开始抗议这种销售方法了。贝塔斯曼再次表现出很吃惊的样子，说这些都只是个案，当然贝塔斯曼仍然欢迎这些会员的加入。博能伯格博士必须保证，不会将宣传和问卷捆绑在一起，但这并不妨碍他的一些代理人继续使用这个效果显著的手段。就像贝塔斯曼多次公开发布声明禁止使用这种方法一样，负责人博能伯格博士也一再声称自己禁止手下这样做。从此以后，博能伯格博士让他的代理人们工作时带上一个小型录音机，偷偷把对话录下来。这样他一方面可以控制他们，另一方面还可以向新的广告代理人展示如何说服潜在的新会员。

实施一个想法

书友会满足了许多人想要阅读精挑细选后推荐的书籍的愿望。现在报纸的文学批评家或者电视里图书谈话节目主持人的工作在20世纪50年代是由书友会承担的,他们会告诉人们应该读什么书。这个理念和大规模的广告宣传带来了迅速的成功。书友会计划在1950年年中启动。一年半之后就有了52000名会员。相比高昂的启动成本来说虽然还不够,但已经显露出了巨大的潜力。居特斯洛的附近地区垒达有一家小型书友会陷入了财政危机,赖因哈德就收购了这家企业,这是贝塔斯曼收购的第一个书友会,后来又接连收购了一系列书友会。贝塔斯曼书友会也因收购收获了众多新会员,后来赖因哈德就将所有的书友会迁到了垒达。

1951年,威克斯福特经历了几个月的焦虑不安,因为朝鲜战争爆发后纸张价格暴涨。赖因哈德主张提高会员费,威克斯福特表示反对。赖因哈德给了这位销售总负责人两个选择:要么提高会费,要么关闭书友会。威克斯福特害怕毕生心血付之东流,只得让步。1951年5月19日,赖因哈德亲自到汉堡向上门推销商解释必须提高会费的原因。这些商人都很愤怒,说什么也行不通。但会员月费还是由原来的3.2马克涨到了3.8马克。威克斯福德原本担心许多成员会因此退出书友会,还好这种情况没有发生。1951年7月1日是书友会成立一周年纪念日,注册会员达到10万人。1952年1月1日,人数达到了15万人;半年之后变成了25万人;又过了半年后,人数达到了35万人。1953年年中时，人数甚至超过了50万人。威克斯福特在给图书零售书店商的信中写道："书友会已成为德国规模最大、效率最高的读者社区。"1953年，书友会向会员提供250种图书。每名顾客每月缴纳3.9马克的会费，这样会员名下就会有两个购书优惠点，会员可以再用购书优惠点买书。起初，书友会允许会员缴纳一笔固定的费用后，从图书目录中任意选择一本书。但是会员们很看重自己的钱，于是他们挑选的都是贝塔斯曼几乎挣不到钱的最昂贵的图书。因此贝塔斯曼才转而使用积分制度。

书友会的准则是出售其他出版社以前出版过的图书，即对图书再次利用。这个准则帮助贝塔斯曼继续扩张，因为贝塔斯曼在制定文学作品和实用书籍计划时，始终能够计算出它们将在书友会中被继续购买的数量。所以出版计划多年来逐步向有利于书友会的方向靠近就不足为奇了。弗里茨·威克斯福特经常找出版负责人鲁多夫·温多夫，给他提建议：能否为书友会推出一种简装本词典？威克斯福特和温多夫共同协调出版社的工作，让书目既适合普通图书零售业也适合书友会。温多夫谈及这一时期时总会说："重要的是共同为工作计划，在工作时始终保持公事和私人的联系。"

威克斯福特想要提供一本辞典，于是贝塔斯曼与威斯巴登州的布罗克豪斯公司进行了谈判。然而这家出版社拒绝授予贝塔斯曼版权，因为担心辞典在书友会卖得比较便宜会触怒零售图书业。毕竟书友会制定的出售价为33马克，而不是39马克。贝塔斯曼会放弃辞典计划吗？对于野心勃勃的贝塔斯曼人来说这是不可能的。如果得不到授予的辞典版权，那么就干脆专为书友会出版一部辞典吧。温多夫毫不犹豫地召集了众多编辑，在自己的公司成立了一个辞典编辑部。要想收回成本，辞典发行量必须达到3.3万册，而贝塔斯曼的期望值是10万册。1951年至1952年的冬天，编辑部在数月的工作后终于完成了两卷版辞典的编写，却突然得到指示，要求将辞典编成三卷。因为另一家出版社推出了一部两卷版的辞典，而贝塔斯曼想要用这句话做宣传语："最全中型德语辞典！"当编辑部把内容编成了三卷时，另一家出版社也出现了三卷本的辞典。这时候怎么办呢？贝塔斯曼还想保留这句宣传语，于是温多夫接到指示，把辞典编成四卷。按照计划，第一卷终于于1953年10月1日出版。截至1966年，贝塔斯曼的这部四卷辞典销量为40万册。

尽管威克斯福特做出了种种努力，书友会的形象在公众面前仍问题重重。当书友会会员数量上升到190万时，法兰克福的民意调查机构在问卷中向会员们提出了这样的问题：特别喜欢书友会什么？特别不喜欢什么？38%的会员称，价格是他们成为会员最重要的原因；34%的会员称，他们认为通过目录订购图书，有人将书直接送到家中非常方便；32%的人喜欢涉及领域广泛的图书产品；还有22%的会员称，他们早已想填补自己知识上的漏洞，但是不敢进书店，担心因无知而尴尬丢脸。然而这个调查也发现，很多会员心里很抵触他们被骗进书友会的方式，他们抱怨那些代理人太纠缠不清了。代理人生拉硬拽"迫使"他们加入书友会，这些行为也被他们称作是"拙劣的欺骗手段"。一个受访者称："那个代理人骗我说，他来自青年福利局，一切都是免费的。我之所以订购图书直到期满，完全是因为法院判我这样做的。"

纳粹时期曾因纸张倒卖罪被判处死刑的马蒂亚斯·拉卡斯，被证明在书友会建设过程中是一个尽心尽力的助手。战后他收购了马尔巴赫一家出版礼仪类图书的出版社，但他挣钱的主要来源还是为贝塔斯曼招揽、管理8万名会员。拉卡斯曾向《明镜周刊》解释过赖因哈德的经营原理：每卖出一本购书优惠点为3分、售价为5.85马克的书，赖因哈德就付30芬尼的版费。拉卡斯还口无遮拦地泄露了为何很多出版社在背后愤怒地对摩恩家族的书友会指指点点，却仍同出版社合作的原因，即："如果某个火腿在书友会刊物中被夸奖了，哪怕只有5行字，一转眼的工夫就已卖出1万至2万份；而在正常的生意中，即使行情再好，也不会一下子卖出去这么大的量。因此给贝塔斯曼的一本书，基本就在两三年长的时间（版权授予期）内有了销售保障。虽然版权授予者通过这种方式在单本书上获得的利润比常规途径要少，但同销量相比，这就不算什么了。"贝塔斯曼能保证有20万册以上的发行量。

书友会越成功，图书业越觉得贝塔斯曼在以牺牲他们为代价不断发展。贝塔斯曼对这种批评意见早有准备，它引用了一个研究结果。根据这个研究结果，书友会完全开拓了一个新的市场，贝塔斯曼承担了一个崇高的使命，即为受教育程度较低的人带去好书。贝塔斯曼就这样对内一再强调是为了教育，这些思想必须要植入人们的脑中，这样贝塔斯曼就有了对抗批评者的论据了。然而，贝塔斯曼越是不遗余力地展示这项研究结果，图书零售商们就越质疑那些所谓的证据。

西格贝特一直对高档次的图书热情不减。他回来后，这两兄弟就像是一对好搭档，西格贝特负责文艺图书项目，赖因哈德则经营业务和创建书友会，可能西格贝特也曾为书友会取得的巨大成功感到惊讶。虽然公司内部的人知道西格贝特不太喜欢书友会这个计划和这种营销方式，但面对书友会的巨大成功他还能说什么呢？他也清楚，自己的项目也有赖于书友会的利润。他以及领导神学出版社的弟弟早已为这位成功的兄弟折服了。

兄弟俩喜欢一起露面。赖因哈德从哥哥的威望中受益匪浅，西格贝特公开捍卫这位擅长生意的弟弟的经营策略。因此，他们能相辅相成，互相扶持。他们共同出席科外勒塔尔的图书大会，一起面对图书零售商的激烈批评。1945年4月15日，他们在汉堡一起对书友会的第100万名会员表示欢迎，同时他们又懂得巧妙回避关于贝塔斯曼出版社的负面报道，以免遮蔽这次庆祝的光彩。他们的做法是：不把第100万名会员当作庆祝活动的重点，而是借此机会为作者们设立了一项基金，即卡尔·贝塔斯曼基金会。贝塔斯曼通过资助年轻的作家，很容易让公众看到，贝塔斯曼不仅知道如何赚钱，也乐意花钱。哪位有修养的出版商这样做过？哪位有修养的出版商能承担得起呢？

在莫扎特和勃拉姆斯的弦乐四重奏乐的氛围中，赖因哈德和西格贝特在汉堡的"四季酒店"向150位来自媒体、出版社、剧院和作家界的受邀客人们讲述了他们创立这个基金会的初衷。赖因哈德说，贝塔斯曼始终"清楚自己作为出版商的责任和文化责任，要忠于以往图书出版业的传统"。然而,他大部分讲的都是商业上的成功,留给西格贝特追忆家族传统、阐述基金会使命。西格贝特说:"今天的年轻作家和年龄偏大点的作家都遭受到了经济形势不稳定带来的痛苦。"在将近4800名作家中,大多数作家,即2900名作家每月仅靠500欧元生活。"这样很容易推算出,扣除了税费和其他支出后,他们手里几乎没有剩下什么钱了。"如果作家们的生活如此艰辛,文学中的幽默首先就会凋谢。

因此,贝塔斯曼想要关心这些作家,给他们提供一笔奖金。贝塔斯曼在1954—1955年捐助了5万马克,每月资助10名作家,每人400欧元。西格贝特说贝塔斯曼以此"为德国文学做出了重要的贡献","自我们出版社成立以来,我们就在保护优秀文学、采用简单包装、生产大众也能负担得起的图书,因为这些是我们家族的主要任务"。

作家罗尔夫·霍赫胡特说:"一提起贝塔斯曼,很多人就嗤之以鼻。"他认为这是不公平的,因为那些批评者们"对实际情况知之甚少,甚至一无所知,其实书友会同贝塔斯曼出版社没有什么关系,或者说两者是在对立中不断发展的,因为直到1960年,仅德语区的订阅者已达到29万,如果书友会只提供贝塔斯曼公司出版的图书不可能招揽到这么多人"。无数高水准的出版社还能存活下来,多亏了将版权出售给书友会。他们之所以还能生产文学著作,是"因为赖因哈德·摩恩的书友会通过共同印书、共同销售为他们提供了资金"。例如,当理卡达·胡赫、阿瑟·施尼茨勒和约瑟夫·罗特的书在市面已经买不到时,书友会的一位编辑说服了维切和赫希(菲舍尔出版社)出版了这两位作家的作品合集。书友会通过承担风险使这个过程变得容易了。

霍赫胡特完全有理由为贝塔斯曼和赖因哈德说好话，因为他获得了一个特殊形式的文学促进奖。在成为作者之前，他是书友会的一名编辑，多亏了赖因哈德，他才有时间写作。他说："在那儿还没待到3个月，我就告诉赖因哈德，我想成为一名作家，我必须要回慕尼黑的书店，因为我只能在上午写作，而在那里我可以只在下午工作。虽然还没有读过他写的一个字，因为他还没有作品，但赖因哈德说：'那你就下午一点来上班吧，工作到7点，您去找一下X小姐，让她扣除你工资的25%，您的工作时间为正常工作的四分之三就行了。'"

在六周内卖出了100万册《布什全集》后，赖因哈德送给了这位边工作边写作的编辑霍赫胡特三个月工资，并让他在罗马待了三个月，这样霍赫胡特就能完成他的戏剧作品《代表》。虽然这部批判教会的作品并不符合这位良师益友的口味。赖因哈德读完了手稿后，拒绝在书友会中进行推广。但对于霍特胡特来说这已经足够了，因为没有赖因哈德的慷慨大方，就不会有这部作品。

基金会设立两年后，贝塔斯曼扩大了对书友会的图书供应。既然图书市场取得了巨大的成功，为何不将这种成功的经验复制到其他传播媒体上呢？比如说建立一个唱片俱乐部？因为在20世纪50年代中期，越来越多的乙烯基取代了易碎的虫胶碟片，运送也不成问题。威克斯福特和赖因哈德开始行动起来。他们的宣传语是"悦耳的音乐伴您读好书"。然而在购买唱片版权时出现了一个问题：处于市场垄断地位的音乐产品公司不愿意出让版权。贝塔斯曼在为市场上的音乐产品公司工作的冲压车间那里也碰了壁。没有谁愿意同这位在图书领域取得巨大成功的新手做生意。这当然更加激怒了威克斯福特。于是他们于1957年成立了自己的索诺唱片工厂。一年后，即1958年，贝塔斯曼又成立了自己的唱片公司阿瑞欧拉，为雷克斯·吉尔多、彼得·亚历山大、海因切和乌多·尤尔根等演奏者制作了音乐唱片。那些公司的排挤抵制，在无意中创造出了一个竞争对手。在这期间，书友会的会员已超过200万。

10. 红色摩恩

通往媒体帝国之路

当赖因哈德和威克斯福特建立书友会时,他们没有预料到会获得如此巨大的成功。会员数量剧增,以至于印刷厂和图书装订车间的生产不久后就跟不上需求量了。赖因哈德决定扩建技术生产车间。目前销售的2000万册图书中,只有一半是在自己工厂内印制的。扩建生产车间这项任务很适合未能成为工程师的赖因哈德,他不停地建设,在这个行业内,扩建成本甚至达到了1500万马克。

然而这次扩张并非一帆风顺。最初几年里,书友会发展迅速,贝塔斯曼几乎没有为这种增长提供过资金支持。随着销售额逐年翻倍,资产负债表中的自有资产下降到了7%。赖因哈德后来回忆道:"当时每家银行都认为我们会破产！"居特斯洛的德国银行拒绝为作者路易斯·特伦克尔兑换支票。银行告诉赖因哈德已经不能再给贝塔斯曼提供贷款了。于是他换了家私人银行，"这样一切又能继续了"。

面对这样的困境，赖因哈德与联邦财政部的一名年轻官员进行了一次有趣的交谈。赖因哈德抱怨高税收让他这样的企业家无法提供新的就业机会。这名年轻官员给他提了一个建议，赖因哈德随即就将这个建议付诸实践了：他将公司的一部分送了出去。

实际上是这样操作的：他让2600名员工参与公司利润分成，这样他不必为分给员工们的利润纳税。但是他并未直接把利润发放给员工，要想参与利润分配，需要答应一个附加条件：直至退休，员工必须将这笔钱以2%的优惠利息"借给"他。实际上赖因哈德成立了一家自己的银行，5年内节省了近千万马克，不然这笔钱就要缴纳税款了。

这种分红方式为这位企业家带来了"红色摩恩"的称号。来自临近城市比勒费尔德的鲁道夫·奥古斯特·厄特克尔有一次拜访赖因哈德时指责他说，这种行为太不像个企业家了。其实赖因哈德已经非常准确地计算过了，而且，这种分红方式还有效激励了他的员工。工会在贝塔斯曼公司的力量薄弱，因为赖因哈德对待员工们很宽厚。总的来说，赖因哈德在领导员工方面还是很有远见的。很早之前，他就取消了工人和职员的区别对待，在他来看，他们都是他的员工。

20世纪50年代中期，尽管用尽招数，赖因哈德还是再次陷入财政短缺的危机中。他缩减了广告预算，卖掉了萨尔茨堡的莱奥波尔兹克罗恩宫，这个在奥地利的建筑是他原本买来想作为书友会活动场地的。但是这还不够。还有什么可以变卖赚钱呢？书友会的资本就是会员们，贝塔斯曼为此投入不少。三分之二的会员是由书商们招揽来的，因此自然"属于"图书邮寄零售商；但另外三分之一就属于贝塔斯曼公司了。赖因哈德以一种"售卖赎还"的方式将这些会员成千地卖给有意向的人，而贝塔斯曼会每月按照每位顾客一马克的"租金"再付给购买者，以便继续让这些会员成为自己的顾客。例如，他向汉堡的理查德·格鲁纳出售了25 000名顾客，格鲁纳则支付了赖因哈德75万马克。其实理查德·格鲁纳的印刷公司一直为书友会印制贝塔斯曼画刊，刚开始格鲁纳纯粹把这笔买卖当作是帮忙，直到他这25000名顾客通过在熟人圈中的宣传，顾客数量在一年之内增长了5000多人，他也因此每月收到3万马克租金，这时他才改变了看法，觉得赖因哈德是一个能够一道好好做生意的人。后来证明这次决定对赖因哈德来说也是一件幸运的事情。

  贝塔斯曼暂时又有了支付能力，但赖因哈德仍非常警惕，因此他请了一批重工业行业的财政专家到公司，设立了一个财政和审计部门，以实现高效监督控制。不同于海因里希时期领导的小出版社，企业规模如今如此庞大，一个人不可能做到管控全局、面面俱到。此外，赖因哈德还将那位曾给他出过好主意的联邦财政部的年轻官员请进了公司，他就是曼弗雷德·科恩莱希诺。科恩莱希诺后来谈起自己的工作时说："我们以科学的缜密性来考虑纳税。"他对于赖因哈德来说不仅仅是一名顾问，赖因哈德感觉这位小自己四岁的男人具有自己所缺乏的素质。科恩莱希诺能够对自己所害怕退缩的冲突做出决断，并帮助他在兄弟姐妹面前树立唯一的领导权威。

科恩莱希诺18岁时应召入伍，成为一名空军，1945年至1949年在维尔茨堡学习法学、企业经济学和国民经济学，并以一篇关于强制执行的博士论文取得法学博士学位。1952年至1954年间，他曾担任药剂师联盟的法律顾问，1954年至1955年在联邦财政管理部门工作。他曾被借调到法兰克福的税务局工作，在那里负责纳税大户的申诉。在财政部门工作期间，这位经济法学家彻底地研究了大型企业的避税方法。赖因哈德对这位年轻人印象非常深刻，1955年聘请他做公司的法律顾问。

科恩莱希诺多次改造贝塔斯曼，为了尽可能少纳税。他认为21家公司共同控股的结构并不好，于是将公司拆为较小的组成部分，这样一来，所获利润就不用缴那么高的税了。与此同时，他又采取了一个决定性的措施，树立了赖因哈德在兄弟姐妹面前强有力的地位。在公司分拆过程中，科恩莱希诺将这个两合资公司改造成了一个独资公司，他没有将拆分的小公司转让给每一个兄弟姐妹，而是将赖因哈德作为唯一控股人进行工商登记。赖因哈德和科恩莱希诺都认为，在进行决策时，一个独立的控股人比六个股东要更加灵活。此时，除了赖因哈德，他的兄弟姐妹西格贝特、乌苏拉、安娜格雷特、格尔德以及他的姨夫格哈德·施泰因西克都是股东。赖因哈德亲自对历史委员会说，父亲海因里希把财产协议设计成经营企业的无限责任股东，也就是赖因哈德得到总收益的一半，而其他的兄弟姐妹只得到少量补偿费。科恩莱希诺也就赖因哈德姐妹们的补偿问题参与了谈判。

赖因哈德的姐妹们接受了对她们的补偿。兄弟西格贝特、格尔德以及姨夫施泰因西克三人都在出版社工作，虽然提议给他们近三百万马克的补偿，让他们退出现有的生意，但兄弟俩还是决定继续领导他们在出版社的项目。由于他们并未取得商业上的成功，科恩莱希诺一再催促他们停止在出版社的项目。

为了奖励科恩莱希诺所做的一系列成功举措，赖因哈德提升他做了自己的副手。1957年，科恩莱希诺还获得了公司唯一的"全权代表"头衔。他领导总部，就像他所说的，除了"修补企业"，监督公司、结算和人事事务都属于他的工作重点，此外他还领导"音乐、电影和电视"部门。1966年，贝塔斯曼公司已是欧洲最大的娱乐集团，8000名员工在50个国家创收的营业额达到将近5亿，相当于把1960年以来的营业额翻了一倍。这种快速增长也要归功于电影业务的飞速扩张。科恩莱希诺领导着宇宙电影有限公司，乌法和墨丘利电影剧院，康斯坦丁、帕拉斯和诺拉电影租赁公司。除了两个较大的租借公司，所有重要的电影公司都属于贝塔斯曼的媒体帝国。他每年将大约90部电影搬上银幕，比如说《战争与和平》《奥赛罗》。因此科恩莱希诺又被《明镜周刊》誉为"居特斯洛的电影沙皇"。

按照科恩莱希诺自己的话说，他对自己王储的角色还是很满意的，每年能拿到大约三百万如王侯般的收入。他会喜欢讲自己不时遇到一些企业家想挖他的故事。有一次，一家消费品集团的大股东和董事长给他提供了总经理一职，因为原来的经理打算退休了，并准备给他提供"前所未有的薪水"。科恩莱希诺假装表现出很感兴趣的样子，问他究竟多少钱。当听到对方说出的数目时，他忍不住笑了，"这个数目只有我在贝塔斯曼拿到的一半。不，我还是留在贝塔斯曼，这里已经是顶点了"。

这位瘦削但肌肉发达的经理喜欢做高档运动，他开着公司的双发动机"航空司令"飞到圣莫里茨滑雪，同施特菲·埃勒特一起参加飞行竞赛，每天都骑马外出。有时他也会去砍柴，这是他的老板赖因哈德通过让他给自己提供大木块以及木料鼓励他这么做的。当他们一起劈柴时，常常会做出重大的决定。同他的老板一样，他也经常步行去公司，他让司机开着车跟在他身后，直到他散步结束，然后他就会上车，坐车完成剩下的路程。

科恩莱希诺说，他和赖因哈德之间建立了一种"兄弟般的关系"。然而两人关系到最后并没那么美好。赖因哈德的妻子玛格达勒娜说，开始那个年轻、聪明的科恩莱希诺不知何时变得傲慢自负又狂妄，可能成功冲昏了他的头脑。有一次他被邀请到赖因哈德家里吃饭，竟然提前打电话预定自己喜欢吃的菜。玛格达勒娜很生气："如果他以后再敢这样，就永远不要再来了。"

这两个人之前关系还不错。这位老板的妻子还曾间接地帮到了科恩莱希诺后来的职业生涯，他后来的职业会让他比在贝塔斯曼从事的工作更出名。在居特斯洛的一次坠马事故中，他听到脊椎发出咔嚓的断裂声，之后"痛苦得如同在地狱一般"。他在床上躺了几周，不能动弹，"我平躺着，不能再平了"。无数医生都束手无策。他们仔细观察了他的X光片后，都是摇摇头，说他必须要动手术。正当他束手无策时，曾经学了几学期医学的玛格达勒娜·摩恩为他推荐了一位医师。

科恩莱希诺后来回忆说，"一位高大、白发、让人印象深刻又非常谦虚的人来了，他给我在一次战争中留下的伤疤下进行了注射，也不知打通了我哪个神经堵塞，我突然就不疼了"。同这位医师的第一次接触给他留下了深刻的印象。"这对我来说就像上帝的暗示一样"，从此之后，他出门总会带上这个男人。这次邂逅是科恩莱希诺成为德国最著名医师的第一步。

正当科恩莱希诺雄心勃勃、顽强拼搏时，威克斯福特即将退休了。人们应该如何向这位建立了书友会并使其成为出版社最重要收入来源的人致敬呢？赖因哈德请求联邦总统在1957年威克斯福特60岁生日那天授予他联邦共和国勋章。总统办公室写信表示，总统并不认识威克斯福特，至少应该由北莱茵-威斯特法伦的州长向总统推荐。赖因哈德又将介绍威克斯福特功绩的材料寄给了州长，得到的答复是：申请人未满60周岁，以后再考虑这个提议。赖因哈德耐心地等着，于1960年再次向州长提出请求，这次是希望在贝塔斯曼125周年庆时表彰威克斯福特。当局对此进行了调查并向文化部长征询意见。很显然，调查结果和赖因哈德的意见不同，调查者对威克斯福特是否对整个社会做出了突出的贡献并不能肯定。文化部长最后指出，如果要表彰威克斯福特，只能是因为他为这个国家做出了突出贡献，而不是他为贝塔斯曼做出了贡献。威克斯福特对国家的贡献目前还看不出来。

这一看法和贝塔斯曼对威克斯福特工作的高度评价完全不同。威克斯福特的工作带给了人们好书，因此服务了大众。赖因哈德·威克斯福特和科恩莱希诺也一直用这一点回应外界对书友会的批评。如今他们得到了政府机关的官方回复，他们追求的只是自己的私利。

但科恩莱希诺却不甘心这么快就放弃。他转向州政府求助说：无论如何威克斯福特追求的绝不仅仅是贝塔斯曼的利益，更重要的是他为书友会250万人带去了"纯粹的、干净的娱乐文学"。他让那些之前绝对没有买过书的人走近了卡夫卡、托马斯·曼、海明威和福克纳。他不仅仅只是在卖书，而是赢得了一场文化教育的战役。"这在图书业历史上是前所未有的"。科恩莱希诺的原话是："在世界上，还从未有人能通过一家企业将好书带给如此庞大的国民人口。"此外，威克斯福特的重要贡献还在于"避免了粗鄙化和肤浅化的危险"。威克斯福特"在这一方面绝不妥协，有意识地避免任何优秀纯净的作品陷入轰动性事件、成为拙劣文学作品以及色情作品危险的可能"。从这个意义上来说，他在青少年书友会的建设方面也做出了突出的贡献。"威克斯福特先生的功绩……在世界上也是罕见的。如果这样的成绩在德国仍被看作普普通通，那真是太让人失望了。"

然而州长办公厅仍是这句简短的回复：很遗憾，我们不能表彰威克斯福特。如果州长办公厅的官员们要是认为这件事到这里就结束了，那么一年后他们一定会发现自己大错特错了。1961年4月，科恩莱希诺再次建议表彰威克斯福特；这次是一个合乎规定的理由。威克斯福特在贝塔斯曼工作了50年，不久之后就65岁了。州长办公厅的答复是：只有在特殊情况下才会因为年龄表彰一个人，即便如此，年龄也要超过65岁，而不是65岁时。威克斯福特并不符合条件。科恩莱希诺现在看出来了，直接向官方申请不会成功的。但是如何运用关系呢？毕竟联邦总理路德维希·埃尔哈德乐意称自己是书友会最知名的会员；联邦总统西奥多·豪斯还曾受邀为《布什全集》写过前言。

但科恩莱希诺并不想让这样的高层参与其中。1961年5月，他向基民党政治家、联邦议员赖讷·巴泽尔寻求帮助，向他详细解释了为何一定要嘉奖威克斯福特。巴泽尔对此表示理解。一周后，他请求州长费朗兹·迈尔"怀着善意对这个建议进行审查，给出一个积极的肯定"，请州长"仔细审查并尽可能消除"疑虑。文化部长再次被征询意见。针对威克斯福特功绩的新一轮争论开始了。依然有人提出，威克斯福特的贡献并非为了社会，而是为了贝塔斯曼。科恩莱希诺同工商协会就如何理解法律规定吵了起来：难道要不就是利他行为，要不就是利己行为？二者不可兼得？科恩莱希诺同他们辩论了起来，重复着他的论据。1961年12月28日，赖讷·巴泽尔通知科恩莱希诺，别人告诉他，很遗憾威克斯福特工龄满50年这个合适的时机已经过去了。1962年6月12日，赖讷·巴泽尔在这次告诉科恩莱希诺，将在威克斯福特65岁生日那天对他进行嘉奖。

1962年6月29日，威克斯福特在市政厅隆重的庆祝仪式中宣告退休。赖因哈德在讲话中谈道："贝塔斯曼公司的历史并不是由营业额或者表面的历史事件和经历组成的，它也是那些引领了这个公司，为这个公司工作的人们的历史。没有人比您做出的贡献更大！"按照威克斯福特的愿望，赖因哈德让他的新闻发言人罗兰德·高克写了一本关于"弗里茨·威克斯福特和贝塔斯曼公司历史"的书，书名为《献给百万人的图书》。

创办杂志失败

战前，海因里希曾出版过能盈利的杂志，多为宗教内容的杂志。战后由于期刊许可证的问题出版社几乎无法存活下来，多年来贝塔斯曼都不曾有过出版一份杂志的念头。但是到了20世纪50年代中期，即海因里希去世的那年，贝塔斯曼又大胆进军公共期刊领域了。这种推动力和卡尔·贝塔斯曼对同一问题的考虑不谋而合，即如何持久地充分利用印刷机？1953年1月，作为专业图书的分支，鲁道夫·温多夫开始推出《德国建筑杂志》，很快就有了目标读者。温多夫说，这一成功让我"越来越认识到，这对于出版社和印刷厂意味着什么，如果可以全年出版杂志，就能实现年年稳定的销售额"。那么，能不能将这一规模扩大呢？

温多夫打算利用书友会这一资源。公司已经依靠书友会拥有了对众多主题感兴趣的稳定订阅用户，温多夫想要为这些人每月提供一份家庭杂志。他并没有很多杂志方面的经验，但是威克斯福特和赖因哈德认为这个主意很好，希望他能够将其付诸实践。

温多夫需要设计一款对画刊和妇女杂志都不构成直

接竞争的杂志。为了提供一份吸引广告主的刊物,他想将三种类型的杂志和主题内容同时糅合成一份杂志:第一部分叫"我们的画刊",第二部分叫"娱乐和知识",第三部分为"幸福生活"。第一部分和第三部分使用高亮度纸张,第二部分则印在普通纸张上,这样三个部分就能很明显地被分辨出来。这个特征也让这份杂志同其他杂志区分开来了,杂志名字为《贝塔斯曼三》。

1955年10月发行了第一版,其中有关于电影《巴林》的影评,有关于太阳能、外籍军团、汉堡的一家模范儿童游乐场、布尔加宁和赫鲁晓夫的文章。之后还有关于作家卡尔·楚克迈尔的一次采访、关于中国的报道和萨默塞特·毛姆的短篇故事,另外还有卡尔·楚克迈尔的一篇短篇小说、欧根·罗特的一篇短篇小说和一首诗。这本杂志还附有一张菜谱、星象图、不同的谜语和园林指南。第三部分包括对家庭游戏的建议,对行为举止和婚姻问题的建议,以及时尚装饰指南。《贝塔斯曼三》以其紧密而丰富的内容体现出了书友会的图书种类。这份杂志售价为2马克,大约有150页。

本来它是一定会成功的,毕竟它可以依赖书友会这个基础;但也不知道哪里出现了问题,就是无法同书友会合作。因此温多夫不得不指望传统的杂志销售途径。为了引起人们对一份新杂志的关注,投放广告非常必要。然而贝塔斯曼并不打算为这份杂志开展猛烈的广告攻势,因此印数增长缓慢。从售货亭的销量来看,这个设计也并不像贝塔斯曼人想象的那么有创意。这本杂志基本上就是贝塔斯曼名下的"读者文摘",只是为了再次利用出版社的图书许可证。或许，出版社根本就没有足够的经验和时间来做这样一个项目。无论如何这份杂志于1958年停刊了。在后来的反思回顾中它也被认为是一次失败，这次失败导致贝塔斯曼在很长一段时间里延缓了出版杂志的想法。

将近10年后，贝塔斯曼才再次尝试一个在意大利、法国、西班牙和英国获得了成功的计划——"部分出版物"。"部分出版物"是图书和杂志的一种混合，其实它是一本书，可以一部分一部分地在售货亭中买到，读者也可以一章章地订阅。在西班牙，售货亭作为阅读材料的提供者非常受重视，这种传播途径格外有趣。一些外国的出版社询问贝塔斯曼能否共同生产这种"杂志"。贝塔斯曼只想负责杂志的编辑和出版。温多夫试图找到一家擅长杂志销售的出版社，因此他去了奥芬博格，想要说服费朗兹·布尔达来做这个项目。他显然提出了一个好的创意，因为后来布尔达想要挖走他，没有成功。但是和布尔达的合作也没有成功，因为还在计划阶段时，贝塔斯曼就已经收购了汉堡的古纳亚尔出版公司，从而一下子成了德国最领先的杂志出版社之一。此时温多夫再同汉堡的小出版社讨论骨头、手工、园艺和健康等部分出版物就成了小业务了，并且不再具有战略意义了。

收购古纳亚尔

除了书友会，入股古纳亚尔出版公司是第二个促使贝塔斯曼成为传媒集团的金点子。但它绝不是大胆战略计划的一部分，贝塔斯曼不过是在无法预知的情况下刚好比较幸运罢了。

　　古纳亚尔出版公司本身是印刷工人理查德•格鲁纳和出版商约翰•雅尔、格尔德•巴修里斯合并在一起的产物。1969年慕尼黑出版商汉斯•魏佩特欠下了施普林格出版社高额债务，准备放弃出版社。施普林格出版社高兴地期盼能得到魏佩特的"金德勒和席尔迈尔出版社"发行的《父母》《茉莉花》和《年轻人》这三份杂志。然而1月30日，魏佩特告诉他的总经理恩斯特•瑙曼，他将把自己90%的股份卖给汉堡的鲍尔，鲍尔打算付给魏佩特6300万马克。然而瑙曼有优先购买权，这就允许他在4个星期内可以优先买下魏佩特的股份。2月7日，鲍尔出版社宣布，瑙曼没有使用自己的权力，而鲍尔出版社"已经购买并支付"了90%的股份。鲍尔出版社想以此营造已成事实的假象，给瑙曼施加压力。因为有消息称，瑙曼已在古纳亚尔出版公司的委托下完成了这笔生意。

　　事实上，瑙曼当天就行使了优先购买权，他一个星期后便与魏佩特签了合同，以4600万马克的价格买下了那90%的股份。此外，他还承担了出版社债务，给了魏佩特一份印刷订单。瑙曼之前是以60万马克的价格买到自己那10%股份的。一星期后，瑙曼将刚买到的90%的股份以6300万马克转给了古纳亚尔出版公司。因此古纳亚尔出版公司一下子就在期刊领域排到了第二位，仅次于鲍尔，比布尔达和施普林格出版社都要大。

　　鲍尔并不想这么容易被打败。在瑙曼将90%的股份卖给古纳亚尔出版公司之后不久，就传出鲍尔打算购买格鲁纳手里25%股份的消息。因为反对杂志被收购，格鲁纳和巴修里斯以及雅尔起了争执，他想退出出版社，并且已经将14.5%的股份卖给了巴修里斯和雅尔。尤其是古纳亚尔出版公司出版的《明星周刊》引起了大家的担忧，员工们甚至以罢工相威胁，希望格鲁纳不要将股份卖给鲍尔。5月16日，格鲁纳还是卖出了他的股份，然而得到它的是巴修里斯和雅尔，而不是鲍尔。这批股份总价为5000万马克，他们刚刚才付给瑙曼6300万马克买下了魏佩特出版社90%的股份，哪里又有这么多钱？他们从瑙曼那里学了一招：买了还没几天，他们就将格鲁纳25%的股份以8700万马克的价钱转手卖给了贝塔斯曼，这样就为两笔交易筹到了资金。当时贝塔斯曼出版社和古纳亚尔出版社的销售额几乎一样大：贝塔斯曼6.3亿马克，古纳亚尔出版社5.63亿马克。交易后巴修里斯和雅尔就负责领导出版和编辑。瑙曼的帮忙也得到了回报，自1971年他就被任命领导古纳亚尔的业务。

《明星周刊》搅局

贝塔斯曼作为合伙人参股古纳亚尔时，只有少数《明星周刊》的员工对此感到高兴。无论如何，赖因哈德都算不上他们心目中理想的合作伙伴。《明星周刊》的编辑部如同生活在幸福的小岛上，他们早已习惯了出版商格尔德·巴修里斯这个人及其领导风格。巴修里斯虽然经常和编辑们争吵，但总能做到公开公正。

相反，居特斯洛相距甚远，而且这不仅指空间上的距离。居特斯洛的世界是一个完全不同的世界，人们彼此无法相互判断，更无法信任。当编辑曼弗雷德·比辛格无意中看到一份合同草案时，这种不信任似乎得到了证实。根据那份草案，新股东贝塔斯曼也打算参股施普林格出版社，施普林格出版社凭借将近9亿马克的年营业额已成为报纸市场的行业领袖。阿克塞尔·施普林格原本打算在60岁生日时卖掉33.3%的股份，而赖因哈德有机会收购其中50%以上的股份。

当赖因哈德与克劳斯·派佩、玛丽亚·莱迪格·罗伦以及齐格弗里德·翁塞尔德于1968年一起在法兰克福书展上举办讲座时，除了赖因哈德，每个人都得到了一片嘘声，因为没有人认识他。当大学生们高声呼喊"剁掉施普林格手指"时，赖因哈德毫无阻碍地进行着出版社扩张。《法兰克福汇报》报道，到了1971年，看起来似乎施普林格出版社旗下的《图片报》和古纳亚尔的《明星周刊》不久后都将落入一个人的手中。这规模实在是"太大了"，"足够有理由让人害怕"。《明星周刊》编辑部的人也在互相讨论这一猜测，他们当时是为了对抗施普林格出版社被雇佣的。《明星周刊》在不久前的一篇封面长文中首次详细介绍了施普林格的政治问题和个人问题。"我们从未想过，会和《图片报》以及施普林格坐在一条船上。"比辛格回忆说。然而这件事恰恰就发生了。

弗雷德·比辛格手里一拿到施普林格出版社和贝塔斯曼的秘密合同草案，随即就给总编辑亨利·那南打了电话。亨利·那南听到后惊呆了，又给巴修里斯打了电话。巴修里斯毫不迟疑地来到了编辑部，尽管这天是周日。从来不到编辑部的巴修里斯想要从比辛格那里知道，在合同里关于施普林格出版社的《世界报》写了什么。比辛格回答："什么都没有写。"巴修里斯很吃惊,又继续询问:"里面关于《世界报》真的什么都没有写?"巴修里斯回忆说,因为当时他已经同赖因哈德约定好了《世界报》归他所有,只是这个口头协议并没通过合同确定下来。那个周日他都没有离开过出版社大楼,尽管比辛格不愿意将文件拿给他看。巴修里斯还是站在那儿等了一整天,直到比辛格将报道转给了总编辑,总编辑又再次转给他。

虽然编辑定稿日期已经截止了,外文版和汉莎航空版也已经付印了,但是毕竟还能在文章中加入一段文字。文章发表后引起了公愤,谁都觉得最好不要做这笔生意了。赖因哈德和施普林格出版社只得宣称:他们对这笔生意不知情,只知道有第三方也想出售,被全权授予代理此事的兑里斯蒂安·克拉克和科恩莱希诺可能在他们不知情的情况下谈妥了这次收购。因此,克拉克和科恩莱希诺不得不出面解释,平息公众的愤怒。然而比辛格认为,赖因哈德不可能像他说的那样完全不知情,因为"赖因哈德每天都会收到财务报表的复印件,他什么都知道"。

收购失败后,过了几个月科恩莱希诺就正式离职了。他从未公开谈过离开贝塔斯曼的理由,虽然他在采访中表示是因为"感到疲惫、厌倦,想要远离这个商业世界"。科恩莱希诺离开的另一个可能性,就是他处理事情太过以自我为中心了。据说科恩莱希诺暗中达成的贷款要用公司的股份做填补。此外,据说施普林格出版社那份合同他和克拉克都能从中捞到极大的好处。

偏偏《明星周刊》让贝塔斯曼的宏伟计划成了泡影,

赖因哈德对此很恼火。赖因哈德请比辛格来到居特斯洛，告诉他，虽然自己不得不容忍《明星周刊》关于贝塔斯曼收购施普林格出版社的报道。但用报道反对自家公司仍然是不正确的做法。当得知《明星周刊》主编亨利·那南还没有确定接班人，而比辛格偏偏是最有可能成为接班人时，赖因哈德的情绪更糟糕了。

经常同比辛格一起打牌的古纳亚尔老板曼弗雷德·菲舍尔建议他再次去趟居特斯洛。因此在菲舍尔的调解下，居特斯洛总部给他打电话，说赖因哈德想要见比辛格。于是，比辛格就去了居特斯洛，并在那里遇到了一位行动果敢的女士——朔尔茨夫人，她在赖因哈德办公室前的接待室里有一张大的写字桌。比辛格从这次拜访中获悉，赖因哈德的办公室没有她什么都行不通。她为他安排所有日程，总是一副精力充沛、一切尽在掌握之中的样子。她和赖因哈德互相很信任。谈话结束后，比辛格向别人打探这位女士。这一点也不难，毕竟所有人都爱八卦她和赖因哈德两人的事。伊丽莎白·朔尔茨被认为是赖因哈德的情妇。比辛格和赖因哈德在居特斯洛就《明星周刊》文章编辑的自主性，以及赖因哈德对《明星周刊》的期望进行了彻底的探讨。赖因哈德认为，《明星周刊》作为一家大众媒体杂志，必须要为大众的需求服务，在政治上不允许太偏激。而比辛格则持反对意见，他认为《明星周刊》应保持媒体的独立性并保留政治观点方面的针锋相对。然而，赖因哈德并不想亲自贯彻他的思想路线，他始终主张保持子公司的独立性，比辛格和《明星周刊》的同事们也常常引用这一点。

比辛格的居特斯洛之行显然同菲舍尔期望的结果背道而驰。赖因哈德清楚地意识到，无论如何也不能让比辛格成为亨利·那南的接班人。赖因哈德一定觉得这个问题非常迫切了，因为在古纳亚尔下一次的监事会会议上他就积极行动起来了。比辛格后来得知，当时赖因哈德向吃惊的众人宣布，他打算一次性解决"比辛格问题"。如果比辛格离开《明星周刊》，他会为比辛格提供100万马克。赖因哈德立即前往编辑部，将他的想法付诸行动。

比辛格表示，当赖因哈德突然站在他房间里时，他感到非常吃惊。赖因哈德向他表示，由于他们在许多方面的意见分歧，希望他能离开出版社，并为他提供100万马克的补偿金。赖因哈德给他一个小时的考虑时间，然后就去吃午饭了。然而比辛格压根不需要考虑时间。当赖因哈德一个小时后再次回到他的房间时，比辛格告诉他，他要继续待在《明星周刊》，因为他不仅要为赖因哈德负责任，更要为编辑部负起责任。赖因哈德试图说服他，他向比辛格保证会对这笔钱保密。比辛格回绝他说，这是完全不可能的。赖因哈德说，在贝塔斯曼人们都知道该如何做。这两次谈话既简短又客观。"他问我这是否是最后的决定，或者我是否还要再考虑一下，我回答不用，对话就结束了。"

在遭到比辛格拒绝后，《明镜周刊》的一篇报道引起了巨大反响，这或许是赖因哈德希望看到的。在这篇名为《明日的世界》的报道中，介绍了德国公司在外国的事业发展，并指出他们的逃税行为。无数企业家提出强烈的控诉，这让古纳亚尔出版社的工作人员都担心会失去最重要的广告客户。

菲舍尔安排了一次比辛格、那南和赖因哈德的会面。比辛格被要求保证不会再出现类似的矛盾激化事件。但比辛格拒绝了，他表示自己不能做这样的承诺。对于赖因哈德来说，比辛格已经变得让他完全无法忍受了。当亨利·那南后来仍然提拔比辛格做副手时，菲舍尔在劳动合同上补充了一条，即比辛格不能再接任总编的职位了，这阻止了比辛格自动升任总编的可能。一旦亨利·那南的接班人确定之后，出版社就可以解雇比辛格。赖因哈德的做法并没有触犯编辑部的章程，但他找了一个绕过它的路。

11.赖因哈德的两任妻子

第一次婚姻

赖因哈德·摩恩建立公司之时也是他成家立业之时。1948年夏,赖因哈德和玛格达勒娜缔结了婚约。这对年轻夫妇选择去海德堡和奥地利德国边境的阿尔卑斯山区的奥伯斯特多夫镇度蜜月。这是他们第一次开私家车去旅行。之前赖因哈德买了一辆大众甲壳虫,当时弄到这样辆车可不容易。他们虽不缺钱,但那时几乎生产不了几辆车,就算生产出来,还没等下生产线就已经被人订完了,或是被军管处开走了。全靠威克斯福特帮忙,赖因哈德才买到车。威克斯福特的侄子和黑市关系不错,他替赖因哈德搞到了一台十分抢手的莱卡照相机,这样一来赖因哈德就可以拿相机换汽车了:一台小型照相机换了一辆暗蓝色大众甲壳虫，25马力的发动机，11.31立方厘米的气缸，这辆车还有8字形窗和转向摆臂信号灯。

赖因哈德非常喜欢这第一辆车，一年前他还不得不开着公司的那辆木柴汽化器驱动的欧宝去杜塞尔多夫的军政府。每次开车不是这儿坏了就是那儿有毛病，不是换轮胎，就是修补三角皮带；有一次轮轴断了，180公里的路程整整开了5个小时。现在他终于有了自己的车，而且是辆不错的车。赖因哈德想让它在蜜月期间派上用场，但是他高兴得太早了：一不留神车就出了故障。他沮丧地检查着它的毛病，妻子安慰他，但他心里还是窝了一肚子火。

赖因哈德自律性很强，战争在他身上打上了深深的烙印，这使他的士兵做派很明显。新婚夫妇从蜜月旅行回来，住进了父母位于艾柯霍夫大街的房子里。打开行李箱那一刻，他随口说道："一起收拾一下衣柜吧。"妻子心里暗想："这活可不好干！"她见过丈夫整理衣物，他会把衬衫的边边角角都叠得整整齐齐的，就像从部队长官那里学到的一样。他和妻子散步时，一路上用牧师的口吻侃侃而谈，这就是他们夫妻之间的相处模式。

他有时忘我、勇敢得让他妻子害怕。1949年夏天，夫妻俩从居特斯洛散步到瓦坡河，途中一个小男孩突然向他们跑来，边跑边喊："我爸爸没了！快救他！"赖因哈德毫不犹豫纵身跳入水中去救人，他在水中待了好久。当时怀着身孕的玛格达勒娜和那个小男孩站在岸边，担心着他的安危。过了一阵，赖因哈德终于露出水面，他在水下找到了那名男子，把他拽上岸，但医生还是没能救活他。

几天后，1949年9月25日，玛格达勒娜生下一名男婴，夫妻俩把祖父的名字"约翰"赐给了儿子。两年后同一天玛格达勒娜又产下女儿苏珊娜，朋友们都开玩笑说，赖因哈德手里总是拿着计算器，即使在床上也带着它。1954年第二个女儿降生，这次终于没在同一天；难道是他这次算错了日子？

周一到周五赖因哈德都在办公室忙着公司的事。周末他会陪家人、陪孩子。在妻子眼中，他是位好父亲，他总能想出好点子组织些家庭活动或是为孩子庆祝生日。这位天生的工程师喜欢和孩子们一起做手工、搭积木。每当约翰收到积木礼物时，赖因哈德也很高兴。冬天他在小溪上搭滑雪道，夏天在斜尔特岛的沙滩上搭沙堡，每周日他都和家人去郊游，晚上哄孩子睡觉。在当时，像他这么顾家的男人还真不多，而且像他这样一个男人推着婴儿车散步也不是件寻常事，但赖因哈德就可以推着约翰穿过市中心去看他母亲。

有一次，赖因哈德的母亲在和儿媳聊天时，也很吃惊地表示，她没想到自己的儿子真是一位很棒的、很爱孩子的父亲，和他母亲不同的是，他和孩子很亲近。赖因哈德的妹妹乌苏拉后来回忆说，记忆中她母亲只抚摸过她一次。赖因哈德也对他的员工说过，严厉是爱的更好的表达方式。但孩子小的时候，他确实是一位温柔的父亲。儿子对他来说肯定是一个莫大的安慰，毕竟公司和生意对于他很重要，有了儿子他就后继有人了，但他从没有让人看出他偏爱儿子。

赖因哈德的每一天都是有条不紊的，严谨和守时是他的信条。吃过早饭，七点半离开城郊的别墅，快步走上

5公里到艾柯霍夫大街的公司。中午12点半开车回家吃午饭，只要听到他的车驶入大院，厨师就把饭菜摆在饭桌上，他迅速洗手吃饭。午饭有汤、主菜、沙拉。有时饭后喝杯茶，然后午休。下午2点，最晚2：30他开车回公司。6：30他准时回家。晚饭通常是面包和切成片的香肠火腿，吃晚饭时再喝杯茶。如果家里佣人不能遵守他的时间表，他会发脾气爆粗口。

晚饭后更衣，因为业余时间他最喜欢穿着舒适的衣服跑步，然后带上他的牧羊犬开车回到公司。为了遵守他每天的作息，他把车停在公司大院，然后带着狗步行回家。晚上坐在壁炉前，喝杯威士忌或苦姜水，和妻子聊聊公司的事，22点上床睡觉。尽管周末留给家人，他也不会完全忽略生意。有时他会在周六晚上走上几个小时，偶尔也会走上一夜，30公里或者更长。如果早上发现自己在明斯特附近的特尔特格，他会从那里给妻子打个电话，妻子会开车去接他，两人一起吃早饭然后回家。他妻子说，他需要跑步行走这样的运动来思考公司的事。因为夜里行走时他会获得灵感或解决问题的思路，所以他通常愿意自己独来独往。他不认为孤独是负担，而是一种解脱。他说过，他敬重所有公司的前辈，但觉得自己和公司创始人卡尔·贝塔斯曼最像。卡尔·贝塔斯曼曾在远足时写道：他其实可以选择和别人一起旅行，但他还是决定自己去。和卡尔一样，赖因哈德也喜欢孤独。

赖因哈德过着简单的生活，尽管他是一位在20世纪50年代就能买得起住得起别墅的人，而且别墅还自带一个小森林。他最喜欢穿宽松的过膝裤子和条格衬衫这种舒适随意的衣服，这是他在美国时养成的习惯。作家汉斯·沃勒施莱格建议他，至少去银行时，最好还是穿西装打领带。赖因哈德听从了建议，逐渐习惯了穿西装去公司。

体力劳动可以缓解他过度的脑力劳动。他定期让人送木头到家，他在房后把木头劈成壁炉用的木块。他奋力抡起板斧砍下去，将木头劈成两半。他曾说过，劈木头时他想的是那些让他生气的人。砍完的木头块，他会送给亲朋好友。

可能是因为经常运动，他很少生病。让他倍感折磨的是他严重的过敏症，当六月花草茂盛时他根本不能出门，每每外出归来，呼吸道必会肿胀。孩子们也遗传了这个家族病：儿子患有神经性皮炎，一个女儿患有花粉过敏症。

他的过敏症迫使他形成了自己的一套度假时间表。孩子们过寒暑假，他只能在复活节、圣灵降临节和盛夏时休假。由于过敏症，他更喜欢开车带着妻子去气候宜人的岛上度假，比如斜尔特岛、罗得岛，后来经常去西班牙的马略卡岛。因为工作中断度假是经常的事，公司办公室经常会打电话说，比如公司没有足够的钱发工资了；他就会飞回居特斯洛，换上黑西装，去银行走一趟。

他喜欢驾车出行，而且喜欢开快车，是个狂热的"汽车爱好者"。1950年他把大众甲壳虫换成了欧宝。1952年他买了他的第一辆奔驰220。开车时他不喜欢有车跟在后面，所以他的员工通常是三个人挤在后排。他妻子回忆道，作家罗尔夫·霍赫胡特当时在读书社里做编辑，每次坐他们的车去法兰克福书展时都会晕车。

赖因哈德开车鲁莽，从不休息。他认为停车是在浪费时间，停下来只是为了加油。他加油很快，让人连活动活动腿的机会都没有。当有几辆车去同一个地方时，就计算行驶时间，看谁是胜利者。虚荣心强的赖因哈德很少在这种私下赛车时获胜。坐在方向盘旁的他并不总能控制一切：有一次，他的车子翻跟头掉进了沟里。

有一回，摩恩夫妇租乘一架飞机从斯图加特去瑞士，飞越阿尔卑斯山时马达结冰熄火；飞机俯冲，飞行员们惊慌地叫嚷。赖因哈德冷静地拉起妻子的手，说："我们马上就要摔下去了。"然后他拿起一张纸匆匆地写了几行字。玛格达勒娜猜想他是在写遗嘱。他在为孩子们操心吗？或者只是操心他的公司？飞行员终于又成功地发动了马达，飞机得到控制，紧急着陆了。他从没有告诉过他妻子，在这戏剧性的数分钟里，他最关心的是什么。

刚结婚时，莱恩哈德还陪妻子去参加社交活动。有一回，两人接受居特斯洛附近一座军事基地的英国人的邀请，去出席一场盛大的舞会。音乐响起来，玛格达勒娜和赖恩哈德走进舞池。英国人微笑着看着他们。他俩显然奇怪为什么没有其他舞伴迈进舞池。当英国人站起身开始唱歌时，他们更是吃惊。过了一会儿，赖因哈德和玛格达勒娜才明白，刚才的音乐是英国国歌。他们是唯一和着英国国歌跳舞的一对。

在家里，赖因哈德很喜欢听古典音乐，但他怕去参加音乐会。有一回，他和玛格达勒娜受邀去慕尼黑听一场古典音乐会。贝塔斯曼向一家剧场资助了座椅。剧场举办这场音乐会庆祝落成。大多数客人认为这个晚上很成功，但赖因哈德不这么认为，这晚对他是种折磨。事后他对妻子说，他不会再参加这样的活动了。

不圆满的婚姻

对于玛格达勒娜来说，与赖因哈德的婚姻并非是一帆风顺的。1954年年初，他们的第三个孩子即将出生。虽然赖因哈德知道她已经到了预产期，还是决定去滑雪，而且不是自己一个人去，还带了一位年轻的女下属；他俩在山中度假，这边妻子即将临盆。玛格达勒娜感到自己像被抛弃了一样，直到赖因哈德得知自己已经第三次成为父亲，才中断了旅行，回到了居特斯洛。陪伴他去旅行的是一位曾经在父亲海因里希手下工作过的女员工，而且她还见过他妻子几面。显然这种事令她感到尴尬，她后来去看过马格达勒娜，还向她赔礼道歉并保证，赖因哈德和自己只是逢场作戏，其实他只爱自己的妻子。马格达勒娜原谅了她，给丈夫下了最后通牒："要不她离开，要不我走。"赖因哈德妥协了，那位女员工搬去了慕尼黑，赖因哈德送了她一辆车。他向妻子承诺会改正错误，不过承诺的有效期不过才短短几周。

一天，马格达勒娜接到了一个奇怪的电话。一个年轻姑娘打来的，她在电话里说想和她见面，谈些要紧的事情。马格达勒娜很诧异，她从不插手公司的事，她到底想跟自己谈什么呢？她们选择在城里的一家咖啡馆见面，这位女员工倒是很坦诚，开门见山地承认她和赖因哈德有染。她对此表示道歉，很后悔，而且这段婚外情已经结束了。她顺便还提到，赖因哈德现在有了另外一个情人，也是她们部门的,她说她的"继任"是一个来自周边地区的金发姑娘。

对玛格达勒娜来说,尽管赖因哈德的婚外情并不是什么秘密,但是这些话还是令她感到震惊。有些之前的传闻是司机告诉她的,有些是她观察各种迹象猜出来的。她选择隐忍并告诉自己,丈夫是个与众不同的男人,他也应该享有与众不同的自由,有光鲜的一面就必然有失落。赖因哈德属于没有时间长大的一代男人,从学校一毕业就直接上了战场,总感觉自己错过了青春,所以他们及时行乐也是为了弥补错过的青春。

通常都是赖因哈德看到一个姑娘,跟她跳几支舞,经过短时间的眉目传情,就和她去开房了。妻子很清楚,赖因哈德十分享受女接线员和女秘书们对他的崇拜,但是她还是选择不加干预,只是警告他,为了孩子们要收敛一些。每当她和赖因哈德谈起他的情人和绯闻时,他总是说他需要这些。

马格达勒娜偶尔会陪他去参加公司聚会,她记得有一次一位年轻的金发姑娘挤到她的桌旁问她家庭生活幸不幸福。马格达勒娜当时觉得这个姑娘很幼稚,很显然,她这么问不是为了接近她而是为了接近她丈夫,而且她能回忆起在员工杂志上看过这个小姑娘的照片,她工作的部门应该就是她丈夫寻找情人的地方:垒达和居特斯洛阅读社的电话咨询中心。

在那里,小姑娘们把他捧上了天,如果能跟老板跳支舞她们就会激动得浮想联翩。她们几乎每天都能和老总说上话,因为她们要向老总报告电话的内容。马格达勒娜完全想象得出只要他稍微给点暗示,她们就会在大门口等他。司机很清楚他要带谁回家,之后会将消息告诉玛格达勒娜。玛格达勒娜并没有把这些小姑娘当成威胁,这个金发小姑娘她也没放在眼里。

结识伊丽莎白

伊丽莎白·贝克曼在家里五个孩子中排行老四,她出生时二战空袭的警报正好响起;她的家乡维登布鲁克有8000人口,是居特斯洛旁边的一个小镇;她出生后第二天希特勒就宣布对苏开战。生她时她母亲心中充满了对未来的恐惧,伊丽莎白认为,妈妈将这种恐惧遗传给了她。"我是一个特别容易害怕的婴儿,夜里哭个不停,总是做噩梦。每晚我妈妈都要将我抱在怀里哄,给我换尿布。"如果比勒费尔德或者鲁尔区被轰炸,维登布鲁克就会响起警报,母亲就把她从床上拽起来,穿着睡衣躲进防空洞。她在昏暗的、散发着霉臭味的防空洞里蜷成一团,被充满恐惧的人们挤来挤去。

一天早上,她从防空洞出来回到家中,她的床上满是露水,家里的一切都冻上了。因为没有暖气,窗户上都是冰花。母亲把石头放在烤箱里,放到孩子的床上。生活虽然困苦,她的童年还是幸福的,她从来没缺失过父母的爱。母亲有个小花园用来种菜,她也没挨过饿,至少每天都有面包和汤;偶尔邻居宰了猪,她们还能分到点肉吃。

她母亲是一名制帽匠,父亲是个手工业者,有自己的作坊。一场事故之后生活的重担就落在了母亲一人身上。父亲被闪电击中，在医院里昏迷了两周，之后他就失去了工作能力，60岁就去世了。"我们的母亲一直陪伴在我们身边，做饭、洗衣、缝衣。作为孩子我们当然知道她很不容易，经常是一分钱掰两半花，她总是担心以后的日子。"虽然生活不容易，但母亲是个乐观的人。"'绝不能被命运打倒'，这是她的座右铭和对生活的感悟。她一直都积极地面对生活。"

兄弟姐妹们最喜欢在埃姆斯河畔玩耍，冬天在河上滑冰，夏天抓着柳条从河这边荡到河那边，经常荡到中央就掉到水里。四岁时，她自己学会了游泳，因为小时候非常柔弱，所以大家都很照顾她。她害怕地下室，害怕别人对她提过高的要求，害怕面对新的情况；但是她超强的意志力可以弥补她的恐惧和柔弱。如果有人相信她，她就不会害怕。一年级时有位老师鼓励她，从五米的高台上跳水，她真的跳了，而且是班上唯一一个做到的。"每当我觉得有人愿意相信我时，我就能克服自己的恐惧。"

她的父母是虔诚的天主教徒，早晨七点上学之前必须先去教堂。在家里吃饭时孩子们要挨个祷告。伊丽莎白的祷告很简短："谢谢赐给我们食物，阿门。"她觉得这就够了。六岁时，母亲把她送到了天主教童子军。多年来她在童子军结交了好多朋友，她们一起探究大自然，这是她童年重要的经历。篝火晚会，在柴火堆里宿营，在月光下散步，这一切都让她很快乐。后来她还成了一群年轻姑娘的小队长。《让思绪飞翔》是她最喜欢唱的歌，她喜欢读马克·吐温、儒勒·凡尔纳和卡尔·迈的冒险小说，她靠出版维登布吕克教会报纸《教堂》赚零花钱。

十四岁时，她和表姐一起骑车去旅行。父亲求一位熟人用卡车把两个女孩带到维尔茨堡，然后她们可以自己骑自行车回到维登布吕克。司机把她俩撂下后，她们应该向北骑折返回家；但是相反的方向就是拜仁州的罗滕堡（陶伯河畔），她们之前经常听说这座浪漫的小城。为什么不利用这次机会去看看呢，看了再回家也不迟。她俩都特别喜欢罗滕堡，看完罗滕堡按说应该掉头回家了，但是她们看到了一个指向慕尼黑的路标。她俩也经常听人提起慕尼黑，故伎重施，一位好心的卡车司机把她们带到了拜仁州的首府。游完了慕尼黑又发现拜仁湖离得很近，她们也很想去看看，然后她们又去了汉堡和黑尔戈兰岛。

一次自行车之行变成了德国之行，旅途中她们每到一处就把明信片寄回家，三周后她们骄傲地回到了维登布鲁克的家。当每次有明信片从不同地方寄回家时父母都很担心，但是这次旅行坚定了伊丽莎白的决心，早晚有一天她要离开这个小镇。"我想出去多看看多经历一些，我决心要让我的生活变得与众不同。如何做，做什么，我并不很肯定，我没想过事业有成，我只想有一份好工作，有一个好丈夫和许多孩子。"

伊丽莎白原本应该成为牙医助理，她母亲给她找了一份工作，但她不喜欢。她有个好朋友在贝塔斯曼工作，所以她也想去试试。"这对我来说更有意思，更有发展前途。"她没跟母亲商量就投了简历。"直到今天我还惊讶我哪来的勇气去贝塔斯曼面试。"面试时她穿上了她最漂亮的白色衬衫，她面试的部门是垒达阅读社的销售部，离她家就三公里。"我当时特紧张。"她得到了一个培训生的岗位。"面试完我想拥抱全世界,我特别骄傲,或多或少我有种预感,生命中还有很多惊喜在等着我。"

在伊丽莎白开始工作六周后,贝塔斯曼举行了公司年会。她当时17岁,父母不允许她晚上独自出门,她求了父母很多次才得到应允,但要求她22点前必须回家。"她和一群小姑娘坐在一起,她们都是培训生。""我觉得我自己穿着崭新的白色棉布连衣裙特漂亮,裙子是我妈替我缝的。我看到赖因哈德和一群人走了进来,我对他充满好奇,我和其他年轻姑娘一样伸长脖子探着头望着他。我觉得他特有魅力,他的举止很文雅,嘴角上挂着微笑,我觉得他特别帅。当他从一群女孩子中选中我和他共舞一曲时,我真的没想到。我们跳了一支华尔兹,我已经想不起当时我们都说了些什么,我想就是些寒暄的话吧,但我没想到,他会是这么开朗可爱的人。"

20世纪50年代贝塔斯曼的公司年会就像青年旅舍的晚会一样:唱歌跳舞,背景音乐是《耶路撒冷之行》这样的曲子。晚会还安排了抢椅子的游戏,就是一堆人围着一圈椅子,音乐停止就开始抢,椅子总比人数少一个,谁没抢到谁就出局;然后拿掉一把椅子,游戏继续。游戏最后剩下伊丽莎白和赖因哈德抢最后一把椅子,赖因哈德赢了,也赢得了这位17岁少女的心。"我感觉我们很谈得来。我们一直玩到天亮。凌晨五点他把我送回家。我还记得,因为他开车太猛太快,警察还追了我们一段。因为我没有准时回家,母亲整夜未眠,一直在门口等我。直到今天我还因为让母亲担心而感到内疚,但那时的我年轻,对世界充满好奇,喜欢经历许多事情。事后当我问他为什么在一群年轻女孩中选中我时，他眨着眼所答非所问：'公司的人事工作做得不错吧？'"

赖因哈德"叔叔"和约阿希姆"爸爸"

伊丽莎白开始是在垒达的阅读社做接线员，只要她在前台当班，人们就喜欢站上一两分钟抽根烟。只要赖因哈德提出来，他们就会去约会。但是很快她就发现赖因哈德不只属于她一个人，他还和其他的女同事有暧昧关系。怎样才能将他绑在自己身边呢，说起来容易做起来难，尤其是这么一个充满诱惑的男人。

在她23岁时，她跟赖因哈德在一起已经六年了，她给他生了第一个孩子，是一个女孩，伊丽莎白给她起名叫"布里吉特"；两年后他们的儿子克里斯朵夫出生，然后她又生了个儿子——安德烈亚斯。1969年，28岁的伊丽莎白已经是三个孩子的母亲，她过着普通女人的生活："那时孩子还小，我朋友的孩子也都还小，我们经常聚在一起聊天，一起玩。我姐姐每天都会带她的两个孩子来我这儿，我们的房子里总是特别热闹。"

赖因哈德经常来看她和孩子。"只要他时间允许，他晚上就会陪着我们，尤其是孩子上床睡觉的时候他一定陪着。我们有半个小时的时间总是给孩子，他会和孩子一起玩，给孩子讲故事。他特别擅长讲故事，他是名副其实的孩子王，如果你们没有亲眼看见绝对不会相信，即使我带着孩子去公司看他，他也会放下手头的工作让孩子们坐在腿上，然后给他们讲自己编出来的故事。最大的乐趣是他和孩子们一起叠纸鹤,然后放飞纸鹤让它们从栏杆飞到门厅的走廊里。"

　　但是大女儿布里吉特小的时候真是让人操碎了心,四个月大时就患上了哮喘。"我已经记不清有多少个夜晚我坐在医院的走廊里焦急地等待着,或是在她的床边醒来。一年中她会得六次肺炎,她在医院待的时间加起来差不多有两年。"她没法去学校上学,"她12岁前我度过了许多不眠之夜。这几乎已经达到了我所能承受的压力极限,全家人也都跟着受罪。"为了让女儿能呼吸到新鲜的空气,伊丽莎白经常带着女儿到欧洲南部的国家,夜里就睡在沙滩上。布里吉特七岁时和母亲一起去大加那利岛度假时,她把自己的手指甲染成了黑色。因为指甲油里含有大量可的松,刚一回到居特斯洛她就患上了严重的肺炎。"她闭着眼躺在床上,发着高烧,嘴唇发紫,呼吸时喉部发出了噜噜的声音,我坐在她的床边,在她小腿上敷包袋,给她擦拭滚烫的额头,握着她的手,给她喂水,忙活了几个小时,但是烧就是退不下来。我当时特别无助。"她把滚烫的孩子放在热水盆里,然后把芥籽放到水里,最后又用冰凉的水浇孩子,布里吉特害怕地抽搐着。布里吉特后来说,她妈妈的土法子还真管用。

　　伊丽莎白的孩子们没有多少零花钱,还必须要帮家里做家务。她们开的车不大,住的房子也很普通。"对于我们来说,更重要的是帮助孩子为未来的生活做准备。她们应该学会自立,有担当,她们要自己走自己的人生路,勤俭持家在我们看来是一种美德。"

　　伊丽莎白认为她的教育方法与她在童子军的经历相

关。"坦诚、正派、公平是我想教给我孩子的,她们还小的时候我就总是说,直面人生永远是最好的,虽然有时候很难,但这样可以让我们避免欺骗,避免偷偷摸摸。我把童子军的座右铭告诉给我的孩子们,就是'每天做一点善事'。"

"我原本还想再生一个孩子,但没成功,因为上次怀孕患上了严重的肾病。"伊丽莎白曾想过收养一个孩子,但那时她孩子的父亲还和第一任妻子住在一起。转眼间赖因哈德和马格达勒娜的孩子都已长大成人,约翰内斯20岁,苏珊娜18岁,克里斯汀娜15岁。作为父亲他在家待的时间越来越少,吃完晚饭他就又消失了。即使有客人来拜访他和妻子,他也会早早告辞,古斯塔夫·艾勒特回忆说:"大家都知道他去哪儿,就是没人说出来。"

赖因哈德绝对没有隐藏自己的情人,每当玛格达勒娜出远门时,他就让伊丽莎白带着孩子来自己的别墅。英格里德·艾尔贝尔格从1969至1972年期间在赖因哈德家做管家,她回忆说,伊丽莎白来别墅时想让她给自己倒咖啡。赖因哈德跟她说,如果想要什么,可以自己去拿。其实她知道东西放在哪儿,她对别墅的陈设很熟悉。

每次当玛格达勒娜回到家得知丈夫的情人来过时,气就不打一处来。尤其是丈夫情人的孩子玩了她祖父母留给她的玩具屋,她就更生气了。熟人告诉她,丈夫的情人住旅馆时以摩恩太太的身份登记注册,还谎称摩恩的第一任妻子已经去世了。玛格达勒娜的熟人恰巧在同一家旅馆度假,马上给她打了电话,询问她的情况。伊丽莎白去公司总部时,偶尔会碰到摩恩太太,她曾经特别想知道摩恩太太是怎样生活的，但这样的突如其来的相遇却让她很尴尬。

赖因哈德处理自己私人生活和情人关系的方式与人们对这个基督教出版家族的教养及生活作风的印象不太相符，他的父亲海因里希1955年去世，之前也很少关心他的生活，母亲阿格娜丝更操心一些。

母亲也许是赖因哈德生活里最重要的人，对他的影响也很大。每周六他都给母亲送一束花。和司机聊天时她听说了儿子的婚外情和非婚生子。她想安慰玛格达勒娜，也和儿子谈过此事，但这次谈话令他很不高兴，据说他几个星期没去看母亲，拒绝和母亲联系。

公司里也有许多关于他在哪里如何和情人私会的传闻。有一点很清楚，这个喜欢以简单方式解决问题的人，却以复杂的方式和情人"在一起"，因为这时不仅赖因哈德有家庭，伊丽莎白也结婚了。

多年后小儿子安德烈亚斯写了篇有关他童年和他与父母关系的文章。他把它作为信件寄给了自己的母亲，也揭开了事情的真相。从这篇文章和与安德烈亚斯及其他家庭成员的许多谈话中得出了以下信息。

在信奉基督教的居特斯洛这个小地方和垒达这个更小的镇子里，是不存在私生子的。1963年伊丽莎白怀孕时，她嫁给了当时在垒达-维登布吕克阅读社担任儿童书籍编辑的约阿希姆·朔尔兹。在外人眼里这是个普通家庭，但他们的结合并不代表她和赖因哈德地下情就此结束。相反，他们的结合得到了赖因哈德的首肯，甚至更离谱的谣言说正是赖因哈德促成了他俩的结合，为了给他们的婚外情打掩护。一位接线员出现在公众场合太过显眼，但编辑的妻子就不会让人在背后议论。据说，作为补偿赖因哈德对朔尔兹很慷慨。

安德烈亚斯透露说，伊丽莎白和约阿希姆·朔尔兹的婚姻只是形式上的，至少他母亲后来是这么跟他说的。朔尔兹家先是在居特斯洛，然后搬去斯图加特，因为他在那里找到了新的工作。认识朔尔兹的人都说，朔尔兹很爱他妻子和孩子。但是伊丽莎白总是定期从斯图加特飞往杜塞尔多夫，从那里被赖因哈德的司机接走再送到居特斯洛。她把布里吉特放在一个很大的婴儿袋里，他不应忘记，他和她有一个孩子，司机事后会把这一切告诉玛格达勒娜。安德烈亚斯说，因为他母亲很想念赖因哈德·摩恩，他们一家最后搬到了比勒费尔德，下午和晚上母亲也经常去公司找赖因哈德。

如果赖因哈德去家里找她，朔尔兹就得给他腾地儿。有时他会去看电影，为了让他老板和情人见面。对于孩子，赖因哈德是叔叔，约阿希姆是父亲。但是，和伊丽莎白还有孩子去度假的不是"父亲"约阿希姆，而是"叔叔"赖因哈德。但是约阿希姆·朔尔兹偶尔会带孩子们去北欧野营，而母亲伊丽莎白则自己留在比勒费尔德。

安德烈亚斯回忆说，他们家在比勒费尔德的房子是赖因哈德买的，朔尔兹睡在地下室。地下室里有他的一个独单。布里吉特和母亲睡在楼上，两个儿子轮流睡在朔尔兹那儿，他们还在他那里搭了小火车。

晚上，母亲定期去公司找赖因哈德。"贝塔斯曼是她生活的一部分，很大一部分，"安德烈亚斯之后在信里写道，"妈妈每晚都出去，去赖因哈德那里，有时也会去见熟人和朋友。"据安德烈亚斯观察："我母亲一直与朔尔兹保持距离。"晚上都是朔尔兹和女管家陪孩子上床。"作为孩子，不是母亲，而是被两个理论上没有血缘关系的人陪着入睡是很痛苦的事。"

15年后伊丽莎白和朔尔兹离了婚。直到安德烈亚斯12岁，克里斯朵夫14岁，布里吉特16岁时，他们才知道赖因哈德·摩恩是他们的父亲。

他们离婚正好与赖因哈德母亲去世的日子是同一天。赖因哈德的母亲于1978年11月6日去世，享年89岁；根据玛格达勒娜的说法，母亲虽然知道私生子的存在，但是她临终前既不想见伊丽莎白也不想见那几个孩子。安德烈亚斯讲述道：赖因哈德母亲去世后，伊丽莎白想离赖因哈德和公司更近些。赖因哈德承诺在居特斯洛给她建个房子。约阿希姆不想搬到居特斯洛，所以比勒费尔德的房子就归他所有。伊丽莎白和孩子搬到了居特斯洛，这是个离孩子的亲生父亲更近一些的小城。

孩子们接受了新的现实，努力适应新环境。毕竟他们只有一个父亲，同一个父亲，这个父亲有摩托艇和私人飞机。安德烈亚斯患眼疾时，赖因哈德把他送到印度洋上的塞舌尔群岛上，这可不是每个父亲都能做到的。

安德烈亚斯觉得伊丽莎白有意掩盖了一部分过去。当她后来成了名正言顺的摩恩夫人时，在自传里她是这样说的："我丈夫和孩子曾经是，现在依然是我生命里最重要的人。"这里"我丈夫"指的是赖因哈德·摩恩。她自问："到底什么样的母亲才是好母亲？我是不是一位好母亲？这应该由我的孩子回答。如果今天他们还想和我保持联系，向我询问意见，定期来看我，那么肯定说明，我这位母亲当得不错。我们信任彼此。尽管有时立场不一致，但我们是一家人。这足以让我感到幸福和满足。"

"我的婚姻是一个错误。"

赖因哈德忙着建立他的商业帝国，妻子玛格达勒娜却游历了半个地球，反正赖因哈德都是和他的情人去度假。旅行中朋友和熟人的陪伴对玛格达勒娜是巨大的安慰。1977年她曾因背痛去意大利休养，回国途中在巴特基辛格小镇小做停留时，给女儿打了电话。电话里女儿和她说："妈，你千万别感到吃惊，爸爸从家里搬走了。"其实她和丈夫早就分屋睡了，她也有了自己的生活，但回忆起那个时刻时，玛格达勒娜还是说，那个消息如晴天霹雳，让她倍受打击。

没有一句话，哪怕是一个暗示，赖因哈德就搬出了原来的家，他甚至没想给妻子一个解释。正如他一贯的做事风格，他好像根本没把这当回事儿，但是他的这一举动却让亲朋好友感到吃惊。他没有带走很多东西，只带了几件衣服和一个真皮单人沙发。显然那些充满了回忆的私人物品对他来说并不重要。作为一位摄影爱好者，连他的相册都没带走。他在桌上留了封短信，信中有句话："我们的婚姻是个错误。"他用这句话为30年的婚姻画上了句号。玛格达勒娜默然了。此前他从来没有提过离婚和分居。

伊丽莎白知道，赖因哈德的母亲作为新教牧师的女儿，是不会接受儿子的信仰天主教的情人，而且她很喜欢赖因哈德的第一任妻子，一直把她看成家人，所以赖因哈德顾及母亲的感受，不想和她保持固定的关系。安德烈亚斯说："我知道妈妈想结婚……但赖因哈德并不一定对婚姻有信心，但他还是同意娶她。"为了能嫁给他，她必须得让赖因哈德与前妻离婚。

在他留下的那封信里，赖因哈德还交代了抚养费的事宜。玛格达勒娜不同意他提出的数额。她不想这么廉价地被人打发了。她找了一位很优秀的律师：约瑟夫·奥古施泰恩，他在汉诺威开了一家律师事务所，并为他弟弟辩护和阿登纳和施特劳斯打官司。离婚官司打了两年。与赖因哈德这位百万富翁打官司，抚养费是没有上限的。第一次在居特斯洛上庭时，赖因哈德驳回了他前妻的要求。诉讼转到了上一级法院——哈姆的州高级法院。这次玛格达勒娜和赖因哈德在法庭上再一次见面，他很友善，还和妻子道了声"你好"。最后州高级法院判玛格达勒娜胜诉。她回忆说：赖因哈德坐在法庭上看上去很渺小。他愧疚地望着她，什么也没说。1981年冬天，两人正式离婚。

12. "如果一切属实，真叫人难以置信。"

贝塔斯曼和希特勒日记

已经17点了，曼弗雷德·费舍尔——古纳亚尔出版公司的董事会主席没有太多时间，因为之后他还要参加一个招待会。杂志社董事会主席炎·亨斯曼用内线电话打给他，问他能不能抽出半个小时的时间，谈谈"关于希特勒的日记"的事。费舍尔很吃惊："真有这个日记？"亨斯曼告诉他，《明星周刊》的记者海德曼找到了日记。费舍尔像被电击了一样："叫他过来吧，我这就过去等他。"据之前《明星周刊》的副主编曼弗雷德·比辛格后来在他的书《希特勒的明星时刻》里写道：大家突然变得很好奇，穿过挂满绿丝绒的过道来到了亨斯曼的办公室。他们坐在皮沙发上谈了许久。曼弗雷德·费舍尔甚至推迟了后面安排的《饮食》杂志的招待会。

1981年1月27日,在古纳亚尔的出版社大楼里,有关假希特勒日记的丑闻拉开了序幕。丑闻主要涉及《明星周刊》和古纳亚尔出版社,但是母集团贝塔斯曼在其中扮演了很重要的角色。如果说有人从这次丑闻中获益,那一定是贝塔斯曼集团,因为假日记风波后《明星周刊》开始依赖贝塔斯曼集团了。

曼弗雷德·费舍尔在其中扮演了关键角色。1933年6月19日他出生在北威州藻厄兰的芬特罗婆。1958年,25岁的他结束了企业经济学的本科、博士学业和科隆市储蓄所贷款科的两个月的实习,入职贝塔斯曼担任审核编辑助理。当时的全权代表曼弗雷德·科恩莱希诺招他来做助理。三年后他就成了税务科的科长,拥有全权代理权,1964年成为公司领导层的成员。1971年他被任命为新成立的股份公司的董事会成员,主要负责行政管理、电影、电视和音乐业务。作为科恩莱希诺的左膀右臂,费舍尔也参与了对施普林格出版社的收购案,但收购最终失败了。当时他用假名"钓鱼者"一连几个月对这家汉堡出版社的财务进行审查。

费舍尔担心,收购案搞砸了,他会像科恩莱希诺一样彻底失去赖因哈德的信任。但赖因哈德对这个年轻员工印象颇佳,还于1974年将他提拔成古纳亚尔董事会主席。古纳亚尔成功创办了许多杂志,如《GEO》《披埃姆》。费舍尔的任务是熟悉这家一直很独立、不想听人摆布的出版社,设法拉近它和母集团的关系。由此,他到现在为止一直以商务为主的履历上可以加上与出版行业相关的经历了。

费舍尔翻阅了海德曼提供的卷宗，觉得日记很可信。据比辛格的说法，费舍尔当时很满意。后来费舍尔说，"历史"版面的主编——托马斯·瓦尔德当时对日记的真实性和严肃性作了担保，但他坚持要看看日记。

谈到花多少钱买这个"日记"时，《明星周刊》的董事会成员各个感到兴奋不已。最后定的是每册85000马克，一共27册可是不小的数目。然后海德曼又谈到了押金，因为他承诺给斯图加特的那个提供消息的人20万马克。根据比辛格的说法，费舍尔听到这个不小的数目时，虽然有些吃惊，但已经无法理智思考了。他给新的财务总监打了电话，告诉他今晚就要准备好给海德曼的钱，原因他现在不方便说。银行已经关门了，但机场还有一家分行没关门。费舍尔直接去了分行，财务总监一路狂飙，带着海德曼来到机场，给了他20万马克，都是大票。根据海德曼的表述，费舍尔很清楚，不论是《明星周刊》出版社社长亨利·那南，还是三位主编都对"日记"毫不知情。虽然这让费舍尔很为难，因为他这样做等于欺骗了那南，但作为董事会主席他可以自己拿主意，不用征求别人意见。古纳亚尔和《明星周刊》的老板都不喜欢贝塔斯曼，自然对费舍尔也没有什么好感。赫尔曼·施莱伯在他写的亨利·那南的传记里这样写道："虽然亨利·那南跟费舍尔关系一般，但由于费舍尔经营措施得力，把出版社整顿得很好，那南很敬重他。他对费舍尔颇有好感，还因为他的举止做派不像贝塔斯曼其他的分公司领导，而像'古纳亚尔的皇帝'，果断、说一不二。"费舍尔也适当地对那南的好感报以回应：虽然《明星周刊》总给他惹事，但他很清楚，只要《明星周刊》经营得好，那就顺其自然吧。

现在费舍尔出乎意料地扮演起主编的角色。比辛格认为，一位编辑和一位记者给予他如此的信任，费舍尔应该感到高兴。他之前经常和《明星周刊》编辑部闹矛盾，而且人们都以为他是一个古板的商人，既没有媒体界的敏锐嗅觉，也没有出版界的良知。而这次偏偏两位《明星周刊》的人同时找到他，而且绕过不知情的主编室直接向他寻求帮助，他一定感到受宠若惊。因为这在《明星周刊》和母集团不融洽的关系中从未发生过。到现在为止，《明星周刊》的编辑部一直防着费舍尔，从未主动寻求他的保护。

1981年初，海德曼弄到了日记第一部分的稿子，他和负责杂志的董事亨斯曼、出版社社长佐尔格、编辑瓦尔德一起来找费舍尔。费舍尔兴奋地翻看着稿件，比辛格描述了当时的情景："读的过程中，他有时会遇到问题，海德曼马上帮忙解释。他前一晚在家可是练习了好久。"费舍尔完全被吸引了，事后接受《图片报》采访时他讲述了当时的情景："手里握着这本日记是一种很享受的经历……尤其是当你很肯定这日记就是希特勒写的。它现在就握在我的手里！我们所有人可能都有过短暂的眩晕感——这本'真迹'真让人着迷……我们就像一群精神病患者。"比辛格认为，费舍尔的话也准确地描述了两年后《明星周刊》在出版日记时大家的想法。

1981年3月9日，费舍尔认为该向老板赖因哈德汇报此事了。在居特斯洛总部，他们二人把海德曼的作品拿在手中。赖因哈德指示秘书，谁也不准打扰他们。费舍尔骄傲地把手稿放在桌上。他引用希特勒私人飞机机长的话说，很多重要文件都遗失了，但是："现在我们把它们找到了。"费舍尔抓起自己的公文包，拿出了几本希特勒日记，放在桌上给赖因哈德看："这些就是希特勒日记。给您！"赖因哈德把它拿在手中，爱不释手，说道："太好了，曼弗雷德（费舍尔的名字）！"然后他说了句让费舍尔感到满足的话："这就是那份令人难以置信的手稿，我从未见过的手稿。这是本世纪的最轰动的新闻。如果一切属实，真叫人难以置信！"赖因哈德告诫费舍尔，应该小心处理日记，因为这肯定会引起公众的巨大关注。费舍尔后来说："如果当时赖因哈德以某种方式检查一下手稿的真实性或是说点什么，比如，'嗯，这是真的吗？'，那结果肯定就大不一样了。赖因哈德什么都没说。当时的气氛，他根本不会说这些的。"费舍尔跟赖因哈德说："他已经为这份手稿花了几十万马克了。"这也没有引起赖因哈德的警惕。两个男人把日记拿在手中，根本没有想到要检查一下它的真实性。后来费舍尔后悔地说道："我们抚摸着书，没有丝毫怀疑。"为这本所谓的"真迹"，他足足花了900万马克。

怀疑它是赝品的人大有人在，但也总有人不愿相信那些质疑。毫无疑问，费舍尔相信这是一笔好买卖，而且无论如何不能让编辑部的人把这笔买卖毁了。4月2日，费舍尔上了海德曼的游艇"卡琳2号"，游艇曾经属于纳粹头子戈林。海德曼给费舍尔展示了戈林用过的鞋拔子和超大号抽水马桶，费舍尔还评论说："马桶之所以是特大号的是因为戈林的胯很宽。"除了曼弗雷德·费舍尔，托马斯·瓦尔德、维尔弗里德·佐尔格和炎·亨斯曼也在船上。最后费舍尔在来宾留言里写道："我们今天在这里说了些不会写进日记的东西。我祝愿海德曼和我们的项目一切顺利。"他提醒《明星周刊》的人："你们一定要准备好。希特勒不仅欺骗了整个世界，也欺骗了他的日记。他写这些是为了让后人对他有个好的印象。"

不知什么时候三个主编科赫、史密斯、吉尔豪森和社长那南知道了此事。听到这一切时，他们嘟囔了几句。他们真正担忧的不是日记的真实性，而是他们的工作。他们觉得一个编辑绕过自己的领导，直接和母集团的董事会主席谈论一部作品，这种流程太不可思议了。主编在杂志的编排设计上是有决定权的，所以费舍尔劝他们，如果拒绝出版日记，就会错过一个好机会，还补充说："如果你们不同意，先生们，这些东西我同样可以放在贝塔斯曼出版。"

最后编辑部的主编们同意出版并愿意承担相应的责任。费舍尔的接班人舒尔特-希伦认为，得知此事的那一刻，他们就已经被卷了进来。如果《明星周刊》刊登了假日记，和杂志无关，更不是贝塔斯曼的错，完全要由编辑部来承担责任。

后来，由《明星周刊》委托的调查委员会在调查中发现：费舍尔亲自监督此事的进展是有很多理由的：他与刚上任几个月的主编科赫的关系特别糟糕。科赫对于海德曼诡计的厌恶，很可能会葬送掉这个本世纪最大的轰动性新闻，而那南又是出了名的长舌，如果他提前公布也会危害到这个事件。费舍尔看到了机会，可以用一种高雅且决绝的手段既表明了编辑部的无能又证明了自己在出版方面的远见。

日记出版前费舍尔就调回了居特斯洛总部担任贝塔斯曼的董事会主席，经他签字为日记支付了二百万马克，他的继任舒尔特-希伦为剩下的七百万签了单。舒尔特-希伦对日记的真实性深信不疑："我如何能质疑呢？"当海德曼把那把希特勒用来自杀的手枪给他看时，舒尔特-希伦完全信服了。

剩下的事情大家都知道了：1983年4月《明星周刊》向全世界展示了《希特勒日记》，但是5月联邦刑事局就证实日记是个赝品。康拉德·库要和格尔德·海德曼被判刑。事态严重时，古纳亚尔解雇了《明星周刊》的三位主编和社长亨利·那南。贝塔斯曼任命了两位保守派记者约翰内斯·古罗斯和皮特·朔勒·拉托为总编，这显然违背了这个自由派编辑部的创刊理念和一贯作风。对于外界针对任命提出的质疑，赖因哈德还出来做了辩护，这一次他一反常态地直接插手了编辑部的人员调配。

丑闻及其后续影响不断发酵。《明星周刊》的发行量减少了150,000册，广告业务下降了12%～15%。《明星周刊》不得不把德国第一杂志的头衔让给《明镜周刊》。但是，假日记丑闻也有好的一面，《南德报》还为此刊登了一个大标题："失败中的幸运。"马克·沃斯诺尔说："我们被骗了，但我们也很感恩，通过这件事我们搬走了一个大障碍。"沃斯诺尔指的是亨利·那南。他们早就想摆脱他。这个丑闻使贝塔斯曼巩固了在古纳亚尔的地位，而且还解决了《明星周刊》编辑部这个大麻烦。

1986年，君特·高斯在采访中向赖因哈德·摩恩问及丑闻的事，赖因哈德认为主要责任不在古纳亚尔，也不在贝塔斯曼，而是《明星周刊》的编辑部。以下是采访的节选：

高斯："在这样一个事件中，如此轰动的事件中（希特勒日记），这么大的一个集团没有承担相应的责任，你觉得正常吗？或者说，您觉得是时候该仔细看看责任的归属了。"

赖因哈德："真相就在其中，而不是那些极端的评价。一个企业家总想了解所有的事情，做所有的事，规划所有事情，随时随地关注所有的事。"

赖因哈德接受高斯采访时正值65岁，已经离职，任监事会主席，高斯问他："现在您还像以前做董事会主席一样喜欢做监事会主席吗？"

赖因哈德："当然了。这也是让我最快乐的事。我很想管理从没见过的公司。"关于希特勒日记的丑闻他说："我知道好多人都相信找到了真的日记。我不会把假的做成真的。事后对此议论很多……"

高斯："主编们被撤职了，古纳亚尔的董事会主席却留了下来。这个决定合理吗？还是迫不得已而为之？"

赖因哈德："不，这是一个正确的决定。我自己对这个决定负责。我不后悔，我坚持这个决定。"

13.我必须让他们放手干

退出是为了更好地留下

在贝塔斯曼,经理满60岁就要退休。早在几年前赖因哈德·摩恩就保证,他会像其他经理一样60岁退休。1981年初媒体就好奇地等待着看他是否会履行这个承诺。

赖因哈德的集团还在继续扩大。在卡特尔局再次拒绝了他想并购其他公司的请求后,他开始在国外扩张发展。1977年他从意大利阿涅利集团手里买下两个大出版社的股份:斥资1500万马克购买了法布里兄弟出版社30%的股份,3570万马克买下了世界最大的口袋书出版社"班坦图书公司"51%的份额。1979年赖因哈德表示:"我很难想象未来公司的增速会放缓。"世界范围内还有很多机会。1966年集团旗下只有30家公司,1980年通过并购已增加至

180家。贝塔斯曼不仅在所有欧洲国家,而且在南北美都有办事处。

　　了解赖因哈德关于接班人一事看法的人,都清楚这是一个复杂的问题。1979年,关于他是否会从董事会到监理会这个问题,他说:"关于此事目前还没有答案,我们集团还没有定下来具体日期。"但原则上他会按规定办。"我们认为,在行政部门或是在董事会,让人干到年岁很大是不对的。不管您是怎么理解的。我要指出的是,很多被我们视为榜样的美国大公司,比如IBM,他们一开始就说管理部门的人员都不能超过60岁。我想这其中蕴含了许多智慧。其实是出于对那些老员工的照顾,不管他们是公司所有者还是长期效力公司的,都和公司有着深厚的感情,这项规定就避免了董事会人员的调配。我看到过很多岁数很大的经理人,最老的在苏联。我必须说,从管理技能角度看真的是没有意义。我们不想犯这个错误,所以我们会仔细考虑这个问题。确保管理层的延续性是我们的责任。我想说,在我们集团一贯执行的责任下放,事实上已经造就了一大批独立工作的管理人员,我根本不担心会有什么问题。"

　　赖因哈德也说过,他自己的专业能力已经不够来领导这么一个庞大的集团了:"现在我们需要有其他能力的人,如果再让赖因哈德·摩恩来坐这个位置就不对了。我们需要有新点子的新董事会主席。他们可以通过新的想法改变集团的一切,就是有一点是不能改变的,即:贝塔斯曼建立的基础。其中包括针对公司管理层的原则,即确保独立管理行为。此外,还包括员工分红的规定和集团的

'宪法'。如果新的董事会主席触及了这些基本原则，就必须予以纠正。"赖因哈德表态说。

费舍尔成为接班人，建立"临时政府"

1981年6月29日，赖因哈德生日后的第二天，47岁的曼弗雷德·费舍尔作为接班人走马上任。费舍尔多年来一直被赖因哈德看成是接班人的不二人选。他在古纳亚尔的表现也让他经受住了考验。上任第二天，《新威斯特法伦报》就写道：赖因哈德从董事会转到监事会是个重大转折，因为在漫长的家族史中赖因哈德家族第一次告别了对集团的控制，之前的贝塔斯曼家族加上后来的赖因哈德家族，家族对集团的控制长达146年之久。

权力交替之际，赖因哈德说：他在经验方面自然是占有优势。新的董事会主席在未来可以一步步展现自己的能力，树立自己的风格。赖因哈德清楚，他只有少管点，新人才能发挥自己的能力。"我要让他们放手去干。"不过，从1979年对赖因哈德的采访中费舍尔就明白，其实赖因哈德并不想改变什么。赖因哈德认为"如果我从董事会到了监事会，并不意味着，我一年参加二、三次监事会的会议就可以了……我理解的监事会工作是一份全职的、非常繁忙的工作。"他是完全按照"监事"一词原本的意思去理解的，作为监事，他就是想监督公司的运行并给出建议。许多现象也说明贝塔斯曼集团和之前相比并没有什么改变。赖因哈德并没有离开他的办公桌，他仍然坐在办公室里办公，只是从1981年7月1日起，董事会主席办公室变成了监事会主席办公室。

很快人们就发现,赖因哈德和费舍尔对公司发展前景的设想完全不同。1982年6月,费舍尔通过集团内部刊物《贝塔斯曼报》让员工们知道,从现在起,集团不会像赖因哈德时代那样不断地扩张,财政专家费舍尔首先要巩固集团的地位,改善微薄的自有资本收益。"我们收购了许多大公司,现在我们要消化一下。"虽然整体上他仍然支持集团扩张,因为一个没有野心的集团就不再是一个生机勃勃的集团,但集团扩张的速度及投资的速度与1978年到1981年相比明显放缓。而且,他宣布贝塔斯曼将首次不能达到预期目标。

虽然1981—1982年间的营业额从56亿马克上升至60亿,利润从6300万马克上升至1.12亿马克,但计划达到的63亿马克的销售额实际上没有完成。经济衰退让贝塔斯曼痛苦不堪,把《德国国家地理》出口到美国的尝试失败了,古纳亚尔为此损失了1500万马克,费舍尔决定停止在美国扩张,从几个接管的美国子公司退了出来。那些短期不会有收益的投资他也表示拒绝。他把这些公司称为"不健全的肢体"并关闭了两家中美图书俱乐部,卖掉了在巴西的音乐子公司和斯堪的纳维亚的音乐俱乐部,还计划和艾利斯塔唱片公司分离。对他来说,挑战并不意味着成为老大,而是成为经济上运行最健康的集团。他认为,"建国时期"已经过去,也就是说,赖因哈德·摩恩的时代已经过去。但是它真的结束了吗?

观察家们早就对赖因哈德高姿态退出董事会的举动表示怀疑,《时代周刊》题为《隐退到高位》的文章写道:

"赖因哈德想作为监事会主席继续领导他的媒体集团……比起他留在原位，老先生的隐退其实更具轰动效应。……这样一来，在未来的几十年赖因哈德和贝塔斯曼还是同一个人。"《南德报》非常贴切地把他矛盾的心态说成"退出是为了更好地留下"。

1982年11月，该发生的还是发生了：曼弗雷德·费舍尔和赖因哈德·摩恩在领导集团上的巨大分歧导致两个人关系破裂，费舍尔必须要离开。在此之前，两个人通过内部公告互相抨击，语气越来越尖刻。在公司工作了24年的费舍尔不想再任由别人摆布了。

出版社庆祝迁址慕尼黑10周年时，费舍尔看上去一身轻松。转天应该在波恩举行"企业经济的社会变革基金会"的"合作伙伴奖"的颁奖仪式。在这次活动中，赖因哈德和费舍尔在众人面前表现得团结和谐，但在居特斯洛已经开始为费舍尔的离开做准备了。第二天早上会通过公告的形式公布费舍尔的离职，对外宣传处还把一张费舍尔近期的照片寄给了他，照片下方是简明扼要的提示："可能您想把这张照片放到您的图片档案中，用它换掉您之前的旧照片。"坊间还流传着一份要通知的记者名单。无论保密措施做得多好，费舍尔被免职的消息还是传到了他曾经工作过的古纳亚尔，几个小时之后所有人都知道了。

费舍尔被辞退是一个明显的信号，赖因哈德会不顾所有反对的声音将集团牢牢抓在自己手上，他不会容忍违背他意志的想法。赖因哈德后来把费舍尔当作榜样进行宣传，称费舍尔为人谦虚，只用工作成绩衡量自己。但是赖因哈德却违背了自己一直宣扬的领导哲学，没有给费舍尔足够的自由空间。

　　费舍尔担任董事会主席的时间很短,今天几乎已经被人忘记了,但是他的意义是重大的,因为他给未来的董事会主席提供了很好的警示,那就是:千万不要和赖因哈德·摩恩起争执。不管是自己亲身经历的,就像沃斯诺尔;还是从别人那里了解到的,就像米德霍夫,——费舍尔被辞退告诉他们一个道理:赖因哈德需要冒最大的风险,即使作为监事会主席,他也要把缰绳握在自己手中。

伊丽莎白·朔尔兹嫁给集团成了利兹·摩恩

　　虽然仪式不那么光鲜,不过两位主角低调秘密的行事作风却愈加让仪式变得神秘而重要。新娘、新郎和证婚人在下班后一起悄悄地从市政厅的后门进入,一般在周五市政厅16:30分就关门了。1982年11月22日中午,市长格尔德·威克斯福特做了一个特例,他亲自过问了证婚室的布置情况,这让他的员工惊讶不已,因为他们之前从未在这个房间见过这位单身汉市长大人。大家纷纷猜测他可能就是新郎,但他否认了并说他在这里等待着一位老朋友的到来。

　　这个带着妻子从后门进入婚姻登记处的人在居特斯洛非常出名,一年前,市长颁给他"荣誉市民"的称号。当地媒体得知他结婚的消息后,把它称为"轰动性的婚礼"。它确实是轰动性的,毕竟赖因哈德·摩恩是这个城市最著名的市民。公众早已认识他的新娘——几个月前她经常在公共场合出现在丈夫的身边,报纸上也有她的照片。1981年6月30日他被授予"荣誉市民"称号时，当时还是伊丽莎白·朔尔兹的她就站在他身边。

婚礼是小范围的，下午17:30分开始。虽然新郎是德国著名的企业家，但保密工作做得很好。虽然他领导的媒体集团有许多记者，而且记者都喜欢八卦同事的秘密，然而这次报纸上没有登新婚夫妇的照片。证婚仪式后在城郊达尔克河畔的新别墅里举行了小范围的婚礼庆典。

据报道，婚礼当天，赖因哈德像平常一样完成了他作为监事会主席的各项工作。婚礼举办半小时前他通知董事会辞退费舍尔。婚礼过后没有蜜月，下个周一，这位自律性很强的监事会主席照常处理着集团的外事活动。

就像赖因哈德生命里的所有事一样，和这位曾经的贝塔曼斯员工——伊丽莎白·朔尔兹（娘家姓贝克曼）的婚礼也和集团密切相关。女证婚人中除了新娘的一个姐姐外，还有丽萝·沃斯诺尔，也就是董事会副主席马克·沃斯诺尔的妻子。她的出席恰恰说明伊丽莎白不仅嫁给了赖因哈德·摩恩，也嫁给了这个集团。赖因哈德的兄弟姐妹们认为，和集团扯上关系一直是伊丽莎白所希望的。

伊丽莎白曾经作为实习生来到集团，多年来一直参与组织集团的家庭活动，比如：每年的新年市场是她筹划的，还有员工子女节，退休员聚会和领导层家属活动。现在她也是员工家属的一员了。

之前，如何正确并隐讳地解释这位女人的身份让当地报纸很是为难。婚礼后他们终于可以放轻松了，再不用为这事操心了。多年来，伊丽莎白·朔尔兹一直拥有双重身份，过着隐婚的生活，她应该特别渴望这场婚礼。来自附近威登布吕克的她终于可以被冠以伴侣的姓氏成为摩恩太太了,很快她的三个孩子也将冠以他们父亲的姓氏。在接受"荣誉市民"的仪式上,赖因哈德和他前妻生的大儿子约翰内斯站在她的旁边。他的出席又引起了媒体对于他早晚会进入集团董事会的猜测。但赖因哈德再婚、利兹(伊丽莎白的缩写)的三个孩子正式改姓摩恩又一下子动摇了约翰内斯的地位。

14. 他是我儿子这个事实是不够的

赖因哈德和他的经理们

赖因哈德在过完50岁生日后，第一次开始认真思考接班人的事。告别董事会是第一步。在他死后谁来继续领导集团呢？他的儿子也就是摩恩家族，还是一位经理？他用几个小时的时间边散步边思考这件事。

之前和他的副手科恩莱希诺令人失望的经历可能让他明白不能完全信任经理人。不过让一个家庭成员来接班似乎也不那么容易，因为他担心集团会在家庭内部的纷争中消耗殆尽。由于家庭关系复杂，他早已做好了充分的准备，避免他的继承人成为一个绳上的蚂蚱。如果他既不信任经理人，又不信任他的家庭，他该信任谁呢？

赖因哈德想出了一个方案，既不用把权力完全交给经理人，也不用完全交给家庭：他想建立一个基金会，然后由基金会接管摩恩家的所有资产，还不用交财产税。1993年他把68.8%的资产转移到了基金会。基金会的第二个任务是继续集团对社会的责任，这对于一个社会性企业的"公共形象"很重要，而且还可以借此和政客们保持联系。

集团税务部的西格弗里德·路德帮助他设计相关的细节。如何保证集团有一个美好的未来？赖因哈德决定将资产和表决权分开。这不难理解，因为公司和基金会有各自不同的工作领域和目标。所以赖因哈德建立了一个管理公司，有一天它可以行使表决权。实际上他建立了两个公司。

一个公司以他自己的名字命名，另一个以他大儿子约翰内斯的名字命名。这样贝塔斯曼股份公司就有了三个股东。赖因哈德管理有限公司持有42.65%的股份，约翰内斯·摩恩有限公司持有46.61%的股份。格尔德·巴修里斯控制10.47%的股份。管理公司拥有大多数资产，但约翰内斯·摩恩股份公司却拥有大多数表决权。第一眼看上去，约翰内斯好像已经被定为接班人了，但仔细看就会发现两个公司错综复杂交织在一起，因为在以儿子命名的公司里，他儿子约翰内斯虽然拥有最多股份，但赖因哈德握有最重要的表决权。

由此看来，约翰内斯未来还是有可能接管董事会的。赖因哈德1978年说："我的大儿子28岁了，这些天刚结束了经济工程的学业。他将自己决定是否进入公司的管理层，以后接管董事会，因为他毕竟是握有多数股权的股权人。但他必须有资格胜任这个职位。他是我儿子这个事实是不够的。"接管一个大集团并不是多么美好事情。"谁有这样的期待，谁就要清楚他在做什么。未来不会变得简单，而是更加艰难。简言之：我会给我儿子充分的时间考虑，他是否想在公司里实现他的未来规划。"他认为重要的，他从不怀疑："家庭传统必须置于集团领导风格延续的必要性之下。"他不认为一定要把家庭和集团管理硬性捆绑起来。"尽管在这个地区家庭传统很重要，在这里有许多延续了五百年或七百年的大家族，但他们祖祖辈辈都是种土豆的。"

和基金会同样复杂的还有赖因哈德为他死后设计的流程。如果他死了，约翰内斯必须把他的大部分财产以及他继承的基金会表决权捐给公司，这项规定不会马上生效。一位遗嘱执行人应在他死后30年内决定这项规定是否生效、什么时候以何种形式生效。一个由5人组成的委员会，所谓的"遗嘱执行公司"应在约翰内斯在董事会工作5年后决定他是否适合接管董事会。除了监事会成员，约翰内斯自己也应该是遗嘱委员会成员之一，如果他作为董事会主席的能力得到认可，他就应该获得大多数表决权。相反，表决权归基金会。为此，约翰内斯不得不提前同意断绝父子关系。一切都规定好了。《法兰克福汇报》强调说："为了集团的利益，父亲给儿子设置了很高的门槛。"现在赖因哈德还活着，他把希望放在了其他经理人身上。

父亲和养子

赖因哈德有两个妻子，六个子女。不止这些：贝塔曼斯是他的第三个家。他和经理人们度过的时光远比和自己子女多一起的时间得多,赖因哈德和他的最重要的接班人之一马克·沃斯诺尔之间逐渐发展成一种类似父子的关系。

1979年在居特斯洛,沃斯诺尔第一次被大多人所认识,当时他是摩恩印刷厂的经理。1979年11月25日,周日,他把赖因哈德从床上叫起来:卡尔·贝塔斯曼大街的摩恩印刷厂第六层发生火灾,纸张仓库在3000平方米的面积上燃起熊熊大火。凌晨3点警报器发出了大火警报,不到半个小时沃斯诺尔赶到了出事地点。浓烟和煤烟从狭窄的窗户中冒出,纸张旁存贮了油墨、塑料和其他易燃材料。这是二战以来居特斯洛发生的最大的火灾。

不仅纸张和塑料是助燃物,仓库下面的数据处理中心在大火中也损失严重。幸好沃斯诺尔迅速把数据带转移到了防火安全的地下室和其他建筑内。附近的大厅被清空,之后又让人在大厅的水泥房顶上钻孔,这样8辆消防车的消防员可以很容易进入六楼救火。警报响起16个小时后,消防员终于到达了火灾中心位置,他们奋战了一天一夜,沃斯诺尔一直坚守到周一晚上,开完会后才于21:00回到家中。

大火造成了共计2000万马克的损失。很快损失被消除,圣诞节业务照常进行,280个读者俱乐部也如期收到了书。能让人回忆起火灾的只剩下一些照片了,大多是沃斯诺尔的照片:其中一张他穿着带帽防寒上衣,旁边是赖因哈德戴着毛线帽子。赖因哈德照相时,沃斯诺尔正手拿无线电收发机发出命令,即使是身着防寒服,头发湿透,表情凝重,他还是很上相。一家报纸在照片下方写到"为贝塔斯曼奋斗的战士"。从此,"将军"这个外号诞生了。

马克·沃斯诺尔出生在柏林,在黑森林长大,他的初中同学乌利·齐格勒回忆道:他是个"真正的征服者,有魅力,统治欲强。"他一向很自信,父亲问他未来想干什么时,他回答:"公司高管。"那时他才17岁。那时的沃斯诺尔就不断锻炼自己的竞争力,为了胜利不断地磨炼自己。"我一直认为他会在施维宁根的一家钟表企业打拼,但他却去了一家媒体集团,这让我很吃惊,这不是他熟悉的领域。"他父亲在施维宁根经营一家钟表配件厂,沃斯诺尔下午要在厂里帮助父亲。读完机械制造专业后他写了一篇和钟表技术有关的论文。

他来到贝塔斯曼纯属偶然。1967年公司面临一个问题,即出版社发展太快,缺少能指挥公司扩张的管理人才。贝塔斯曼需要一批具备不同能力的领导人才,而不是像之前一样的纯技术团队。但是要招到这些管理人才并非易事。许多有能力的管理人才都想去国外发展,至少是去汉堡、慕尼黑或者法兰克福这样的大城市。他们会愿意来威斯特法伦的居特斯洛小镇吗?

赖因哈德想出了一个小计策。他在德国几家大报纸上刊登了招聘启事并承诺"良好的企业工作条件、自由空间和证明自己的机会"。他对管理工作的定义被证明是成功的。比预计多得多的人投了简历。但启示里并没标出他们申请的公司是贝塔斯曼。他想找新人,刚毕业的大学生,他们的优势是可塑性强。赖因哈德想把他们培养成公司领导的助理,承诺让他们迅速升职、给他们丰厚的报酬。通过这个方法他给重要的职位都安排上了人。

第一个应聘的就是马克·沃斯诺尔。赖因哈德面试他时，后者坦率地说，如果他知道他申请的是贝塔斯曼，他就不会来了。赖因哈德回忆道："这显然不是双方合作的最好开始。"但赖因哈德最终还是说服了沃斯诺尔：用他的"权力下放，责任分散"的理论。他代表的恰恰是和沃斯诺尔的父亲截然相反的领导风格。沃斯诺尔的父亲是一位高学历的研究型工程师，什么都想管，所以不那么成功。16岁时沃斯诺尔就知道他不会去父亲的企业上班。"我在您那里学到的都是错的。"他直接跟他父亲说。他梦想着去博世或西门子这样的大公司。

突然间他面前坐着一个人，身上拥有他父亲缺少的东西，一位看起来思维灵活自由的人。赖因哈德给他带来了希望，他承诺年轻人可以像企业家那样工作，这彻底说服了沃斯诺尔，因为这正是沃斯诺尔想要的——成为企业家。可能他也预感到在大企业绝对得不到像赖因哈德承诺的施展才华的空间，在那个时代赖因哈德的领导理念是独一无二的。1968年沃斯诺尔成为摩恩印刷厂的经理助理。

从斯图加特来到居特斯洛就像是把沃斯诺尔放到了吕纳堡石楠草原上的一个小村庄里。他曾经说过，在这里没有任何转移你注意力的东西，企业就像个大家庭。赖因哈德邀请他参加在自己别墅举行的烧烤聚会，让他自己的孩子招待客人。对于沃斯诺尔来说，赖因哈德是他的导师、师父、父亲。沃斯诺尔总想得到他的认可。科恩莱希诺和费舍尔在赖因哈德面前表现得很自信，沃斯诺尔却始终不敢忘记老板是谁。老板所说的"他的管理团队要走自己的路"，在他这里从没被理解成自己走一条新路。他会和老板聊他所有的想法，支持他提出的占领新市场的主张。与前任费舍尔主张从美国撤出的观点相反，沃斯诺尔主张继续扩张。

沃斯诺尔是有野心的，他想向上爬，为此他一直在寻找竞争对手。和沃斯诺尔一样，1969年的夏天，格尔德·舒尔特-希伦也读到了那份招聘启事。舒尔特-希伦刚完成了工艺流程学的本科课程和经济学进修课程。他原本收到了巴斯夫的录用通知，但《法兰克福汇报》上的招聘启事更加诱人，雇主需要有事业心的人同时又承诺独立工作的机会和升迁机会，作为年轻的工程师很难得到这样的自由空间。他寄出了应聘材料，被邀请参加面试，面试官是技术主管赫伯特·姆特豪伯特和摩恩印刷厂的技术主管海因茨·克恩贝尔格。

然后他遇见了年轻的经理助理沃斯诺尔。姆特豪伯特请沃斯诺尔带他参观一下企业。舒尔特-希伦回忆说：他们在公司转了一圈，以最快的速度看了准备、排字、影音和组装部门。之后沃斯诺尔问他想申请哪个职位？他一脸迷惑地回答是招聘启事里助理的职位。沃斯诺尔告诉他，刚才面试他的两位老先生很快要退休了，企业面临人员大换血。实际上需要的是经理或者董事会成员。其中一个肯定是他的，如果舒尔特-希伦能做出成绩，另一个很可能就是他的。舒尔特-希伦说："当时我一时无语。"他没想到一个经理助理会跟他说这些。沃斯诺尔给他用了在自己身上奏效的方法。1969年10月1日，舒尔特-希伦开始了摩恩印刷厂的工作，不久后又来了一个年轻人——迪特尔·福格尔。后来福格尔成了图森的老总，再以后又成了贝塔斯曼的监事会成员。他们三人被称为"贝塔斯曼三巨头"。那时他们晚上一起去喝啤酒时，总是留着办公室的灯，为了让人以为他们还在办公室加班。

1981年赖因哈德任命沃斯诺尔为董事会副主席，1983年4月1日沃斯诺尔正式成为董事会主席。实际上，早在费舍尔离职前几个月，他就已经开始执掌董事会了。

短短几个月后，沃斯诺尔就公布了令人振奋的消息：贝塔斯曼的情况好转了。贝塔斯曼运转得很健康："危机已经处理好，问题已经解决。"沃斯诺尔成为董事会主席后，赖因哈德说服他在马略卡岛上买处房子，就在他自家别墅旁边，对于赖因哈德来说这很方便，度假时他也可以让沃斯诺尔飞过来谈工作，一起去远足或者坐摩托艇出海。有时他还带上秘书，岛上的别墅已经成了集团总部。赖因哈德曾这样描述两人的关系："他的工作成绩以及他对于员工的态度让我俩之间产生了友谊。有时我们会带上家人一起度假。无论是极富挑战的登山之旅还是愉快的远足，我们一起成长，彼此可以相互信任！"至少一段时间里是这样的。不过，前任费舍尔的度假别墅也在旁边，这始终提醒沃斯诺尔没有什么友谊是永恒的。居特斯洛人都把马略卡岛的东北部戏称为"贝塔斯曼海岸"。

从1985年起贝塔斯曼又可以进行投资收购了：沃斯诺尔同时盯上了两个目标：美国第二大图书出版公司"双日"及音像出版公司"美国广播唱片公司"。一开始沃斯诺尔没有把握同时拿下两家公司，但当两家都于1986年表示做好了被收购的准备时，他自己都不敢相信自己的耳朵。一次乘飞机时他跟赖因哈德说了此事："上帝啊，赖因哈德！如果企业是我的，我两家都买下来。"赖因哈德反问："那你还犹豫什么？"沃斯诺尔没想到赖因哈德如此干脆利落，兴奋不已道："嗯？太好了！就这么办了。"一下子收购两家公司花掉了17亿马克，却让贝塔斯曼挤入了世界前列。一夜之间贝塔斯曼成了媒体界世界的第一。

这次成功可以说是运气好，也应该归功于沃斯诺尔的一种特殊的天赋——总能遇到福星。其中一位福星就是赫尔穆特·托马博士。赫尔穆特年幼辍学，通过念夜校攻读法学，后在吉尔辛莱西特读了博士；1962年，他在维也纳律师事务所开始了自己的职业生涯；1966年他跳槽到了奥地利电台（ORF）；2年后，法务部部长意外死亡，28岁的托马接替他上任。托马专攻媒体法，参加了许多国际会议。无论在哪里，托马都是最年轻的那个。那时他就在想，自己是否已经到达了事业巅峰。他感觉在奥地利没有上升空间了，但又不想因为事业去加入什么党派。

托马对建国时期那段历史很着迷。他也想经历那样的时代，创造全新的东西。私人电台看起来是最接近这个梦想的。1973年他跳槽到法兰克福，成了RTL在德国办事处的法律顾问，1982年成为RTL德国电台节目主管。他想从卢森堡为RTL做电视节目。"要么我们开始做电视，抓住这个机会成为欧洲的'哥伦比亚广播公司'，要么就只能是媒体史的一个脚注。"对于他重要的是，开启德国私人电视台的历史篇章。他的强项是低成本做电视节目。另外，RTL的总部在卢森堡，卢森堡又是欧洲电视节目交换协议的成员国，借此电台可以使用所有欧洲电视台的电视画面，拥有和德国国家电台一样好的画面。相比其他的私营电台，这绝对是个优势。

一开始，贝塔斯曼和几个德国的报纸出版商还有慕尼黑电影商雷欧·基希共同筹划办一个私营电视台，也就是之后的Sat1电台。贝塔斯曼对这个方案不太满意，正寻找其他的合作伙伴。RTL好像是个不错的机会，而且雷欧·基希和报纸出版商也不用参与到电视行业。其实托马也在寻找一个德国合作伙伴，德国毕竟是电视节目的主要市场。1983年托马在柏林举办的电台博览会上遇到了贝塔斯曼的新闻发言人曼弗雷德·哈尼施费格尔，两人一拍即合。随即，马克·沃斯诺尔拜访了古思特·格拉斯。格拉斯介绍了RTL第一个五年计划，沃斯诺尔询问了收益情况。傍晚时双方签署了意向书；两轮谈判后沃斯诺尔与卢森堡广播公司的股权人（RTL隶属于卢森堡广播公司）达成一致，得到了RTL新公司40%的股份。1983年12月8日沃斯诺尔在采访中证实了这一事实。这令那些筹划Sat1的德国媒体政客和报纸出版商十分惊讶。

为了和电台节目有所区别，RTL专门创建了RTL Plus。1984年1月2日，RTL Plus正式开播。25名员工都来自电台，也就是说，电视台实际上是由一个业余团队在运作。员工自己都认为他们的演播室透着一种"改造过的车库的可爱"。这种朴实低调也有它的好处，据说Sat1第一年的支出是1亿马克，RTL Plus才花了这个数的五分之一。

托马的资金虽不雄厚，但他还想让RTL Plus家喻户晓，所以为了引起人们的关注，他决定推出一种独特的节目。在意大利他看过一档叫"Colpo Grosso"的节目。节目里除了两个候选人加一个主持人，还有一群穿着暴露的年轻姑娘，节目中姑娘们会脱去上衣，露出胸部。少量的衣服上印有不同的水果图案如草莓、菠萝等。虽然托马没有理解节目的游戏规则和脱衣规则，但他在RTL Plus里引进了这个节目，起名为"水果姑娘"。节目一播出，就引来了几个保守联合会的抗议，指责这是"低俗的电视节目"，但这却帮了托马一个大忙，这简直就是廉价的广告。虽然在调研中33%的观众认为这个节目太低俗，但下一周他们又会准时坐在电视机前收看。托马的有说服力的座右铭是："鱼饵要让鱼喜欢，而不是钓鱼翁喜欢。"他知道，如果想出名，就得走平凡普通的路线。

RTL在1984年电台展览会上打出的广告是："专业人士来了！"但多年来在圈中都被看成是艳俗、廉价节目的代表。不过竞争者很快就会知道，RTL Plus可不是个能够被轻视的对手。当RTL Plus推出的早餐电视节目惊艳了他的竞争对手时，媒体写道："RTL Plus把Sat1当早餐吃了。"

图书俱乐部的利润越来越少，电视方面的收入却直线攀升：1990年RTL的广告收入将近10亿马克，第一次盈利了，而且赚了4000万马克。几年来电台的每一次活动托马都参加，至少邀请两名媒体专家参加讨论，这就可以解释为什么RTL会成功了。1993年托马实现了梦想，RTL成了市场领头羊。

贝塔斯曼后来又入股了RTL和Super RTL，一段时间里，可以把高价买来的电影权充分加以利用。私营电视台开播10年后,贝塔斯曼打算投资做高档次的电视节目,然而给VOX公司的上亿马克的投资打了水漂。

孙子辈

培养后备力量是领导的职责,这是沃斯诺尔从赖因哈德那里学到的,所以他也投入精力培养后备人才。他有时会和大学生们分享他的经验。在明斯特大学市场营销研究所的讨论会上他遇到了一位年轻的助理——托马斯·米德霍夫。几年后,获得新媒体应用专业博士头衔的米德霍夫想找工作时,想起了那次见面,于是应聘了沃斯诺尔那里的岗位。

1953年5月11日,托马斯·米德霍夫出生在杜塞尔多夫的一个天主教家庭。很早他就表现出争强好胜的一面:他不满足于只在教会当一名简单的侍僧,他要成为辅祭,这样他就可以给侍僧们制定作息表了。其他辅祭可以用巧克力棒买通他替他们参加七点的礼拜。小时候他梦想成为作家,写侦探小说和间谍故事。美国也是他的梦,可惜美国没去成,他却要在荷兰的一个修士学校度过假期。15岁时他在校报上登了一篇反对越南战争的文章,其中他写道:"越南战争对于我不是政治问题而是一个伦理问题。"

写作的梦想未能实现,米德霍夫在明斯特大学攻读了企业经济专业。本科毕业后,他在父母的服装企业负责市场营销和销售。当父亲被迫关闭一家在德国的工厂,辞退了员工时,他经历了人生中第一次危机。那时他正负责希腊和远东的工厂。

最后他还是去了贝塔斯曼申请工作。沃斯诺尔对这个年轻人印象深刻，安排他为摩恩印刷厂的经理秘书。沃斯诺尔一开始也是干这个工作。1987年4月到1988年底他负责管理柏林的埃尔斯纳印刷厂，他做出的成绩证明了自己不仅是许多人眼中那个亲切阳光的年轻经理，同样也可以果断地做出决定，比如他辞退了他的前任。1989年他终于成了摩恩印刷厂的经理。但是他在任期间并不快乐，因为印刷厂损失了5亿马克。1994年，沃斯诺尔把他招入了董事会，委任他负责战略规划和多媒体。这位年轻人看起来像个助理，经常因为自己讲的笑话而哈哈大笑，其他董事都叫他阳光男孩，其实他们低估了他。

就在米德霍夫调入董事会后，发生了一件彻底改变他想法并影响了他和贝塔斯曼未来发展的事。为了了解参股微软和在欧洲共同开发网络业务的事宜，他去了美国。1994年11月2日，他在去微软之前在维吉尼亚州的丽思卡尔顿酒店短暂停留，晚餐中他认识了一位年轻人，这位年轻人先是在夏威夷的一家披萨店打工，之后建了一个名为"美国在线"的网络平台。因为美国在线和微软形成竞争，这个叫史蒂夫·科斯的年轻人遇到了财政危机。米德霍夫感觉和科斯相见恨晚，所以他没有选择比尔·盖茨，而是决定给科斯投资。后来，米德霍夫回忆起初次见面的情景时说："我看到他的眼睛，感觉他值得信赖。"科斯也很喜欢德国人的独特魅力："我感受到了米德霍夫的热情和能量。"不过，他对米德霍夫的好感主要因为贝塔斯曼收购了美国在线14%的股份。现在，米德霍夫面临的唯一的问题是：他在居特斯洛的同事们根本不懂网络。

给一个未来还不确定的领域投资，感觉不到太多的成就感。这时马克·沃斯诺尔正在准备通过购买慕尼黑的出版商休伯特·布尔达这样的小股东来收购RTL的大多数股份。沃斯诺尔在达沃斯的一次经理人专业会议上遇到了布尔达。但是布尔达不想谈论电视，只关心"欧洲在线"这个网络业务。沃斯诺尔回忆起米德霍夫曾经做过的报告，从瑞士给他打电话和他谈这件事。当他拿着布尔达RTL2%的股份回到居特斯洛时，他兴奋地和米德霍夫说："我想，您选择了一条正确的路。"

在沃斯诺尔的建议下，董事会同意加盟美国在线，不过不是收购14%的股份，而是5%或者说投资5000万美金。同时，贝塔斯曼和美国在线共同创办了一个欧洲的网络平台。米德霍夫被允许进入美国在线的决策层，一切重要的决定都会告知他。接触过程中他越发佩服科斯。和美国在线合作前，他很在意别人是不是用博士称呼他，但从美国人那里他学到了，头衔不重要，积极向上的态度才是一切。米德霍夫开始规划未来，他的思维已经比德国式的思维前卫很多。那时他做报告时还是有些局促和生硬，不过他还不用站在闪光灯下，他还有时间磨炼自己。

沃斯诺尔把自己从赖因哈德那里学到的教给了米德霍夫，两个人的关系很亲近。早在20世纪80年代末，沃斯诺尔就把米德霍夫看成是董事会主席的候选人了。进入董事会四年后沃斯诺尔就力排众议将他提拔成董事会主席。米德霍夫是开发网络新市场的最佳人选。美国在线的股份早就翻了好几倍。米德霍夫已经45岁了，沃斯诺尔也是在这个年纪成为董事会主席的。

1998年，60岁的沃斯诺尔不得不退休了，他骄傲地向大家汇报了他当董事会主席期间公司的发展和成就：通过并购外国企业他把一个德国企业变成了一家真正的国际集团，销售额三分之一在德国，另外三分之二分别在美国和其他国家完成。虽然贝塔斯曼早就交出了世界第一的位置，但它比美国的对手们更加国际化。沃斯诺尔使销售额翻了四倍，经营业绩翻了五倍，企业价值翻了七倍，股东资产翻了八倍。自1983年开始并购以来销售额从60亿马克上升到255亿马克。经营业绩在同一时期从3.8亿上升到17.3亿。

养子和亲儿子

受赖因哈德的委托，马克·沃斯诺尔还要在公司照顾他的大儿子。赖因哈德希望沃斯诺尔能留意约翰内斯并定期向他汇报，看看约翰内斯到底有没有当企业家的潜质，或者说他是不是只能担任一般的领导职务。大学结束后约翰内斯先在一家电子集团工作，然后换到贝塔斯曼。沃斯诺尔很看重老板的儿子，他对照顾老板孩子的任务十分认真。但是他觉得约翰内斯并没有在董事会站稳脚跟的决心和意志，所以他把自己的徒弟扶了上去。其实，他感觉赖因哈德也不信任自己儿子的能力。多年来赖因哈德一直说，他的孩子不一定会接替他，简单地说就是他的孩子不必接替他。如果约翰内斯真的没有那份毅力和决心，也没有什么好奇怪的，因为赖因哈德和沃斯诺尔一直鼓励新人要敢于承担风险，可是约翰内斯却要一直听别人批评他没有能力领导贝塔斯曼。

约翰内斯经历的最快乐的时光是在远离居特斯洛的美国，那时他管理了一家光碟制造公司——桑诺伯斯；即使这份工作他也是在他父亲的保护和监督下进行的。出于税务原因在合同里他拥有贝塔斯曼的大部分股份，所以有许多重要文件需要他的签字。而且他不能长期待在美国，不然整个集团就要在美国上税。为了避免上税，约翰内斯每次要先经加拿大或南美，再重新入境美国。

回到居特斯洛后，他和他的一个上司产生了矛盾。沃斯诺尔请求米德霍夫接管约翰内斯所在的部门。对于米德霍夫来说，当约翰内斯的上司并领导他是个不同寻常的任务，因为约翰内斯比他大，同时还是公司的股东。约翰内斯在米德霍夫面前表现得像个分析家。他负责图书制造和日历出版，还令人满意地完成了一次并购。但是他在新岗位上和他的上司冈特·蒂伦产生了矛盾，所以当米德霍夫成为沃斯诺尔的接班人后，就把约翰内斯调到了集团主管部门，负责贝塔斯曼大学的技术工作。赖因哈德·摩恩很少在米德霍夫那里打听儿子的情况。但是他说过，约翰内斯不属于监事会，他只是客座监事。集团内部知情人说，约翰内斯显然是"大势已去了"，这是利兹捣的鬼，她现在占了他的位置。

赖因哈德让集团的高管去指导并评价自己的儿子，就肯定会想到，他们首先考虑的肯定是自己的利益。如果马克·沃斯诺尔让这位公司股东进入董事会，那么就会削弱他的势力。所以他把一个一手提拔起来的，忠诚于他的人安排进董事会就很容易理解了。沃斯诺尔不断鼓励米德霍夫，赋予他越来越大的责任。米德霍夫感觉自己未来将会肩负更大的使命，而约翰内斯总感觉自己无法胜任董事会主席的职务。虽然约翰内斯形式上握有贝塔斯曼股份公司75%的股份，是集团的所有人，但他父亲早就开始物色其他人选了。他最关心的是，谁可以得到那些与表决权捆绑在一起的可以控制整个集团的股权呢？

跟沃斯诺尔想的一样，安德烈亚斯也可能成为接班候选人。安德烈亚斯回忆道：有天晚上他父亲告诉他，他把希望都寄托在他身上了。父亲的书《通过合作成功》伴随着他成长，在家里，大家经常一起讨论赖因哈德在书中写的企业文化。当父亲在1989年的那个夜晚找他谈话时，他已经20岁了，在明斯特学了两年法律和经济。他还利用业余时间积极投入环保事业，并在一家地方报纸和新闻社实习。

约翰内斯还被看成公认的接班人时，赖因哈德就告诉安德烈亚斯，他早晚要继续摩恩家族的传统。虽然谈话还不到半个小时，赖因哈德却给儿子描绘出了未来的职业生涯：他应该在35岁时进入董事会，40岁，最晚45岁时接管董事会。50岁时退到监事会和管理公司。"你觉得怎样？"父亲的信任让安德烈亚斯受宠若惊。他父亲把想法具体地写进了一封几页长的信里。为了谈论细节问题，他还和律师米歇尔·霍夫曼·贝金在杜塞尔多夫见了面。

但是，很多问题并不具体，安德烈亚斯也问不出实质性的问题。他对父亲制定的关于接班人的一系列复杂的规定不是很了解。比如他不知道，如果约翰内斯被证明不合适接任董事会主席的话，他同意签字的那条规定会让他放弃部分继承权。他也不清楚"贝塔斯曼财产管理公司",也就是管理公司的前身,到底是做什么的。安德烈亚斯原本以为他会接管公司绝对的领导权。

安德烈亚斯从小受的教育是要勤俭节约:他开着一辆二手车,去西班牙旅行也是搭顺风车,他没有收入,靠假期实习赚钱。他是和贝塔斯曼一起成长的。提到自己和兄弟姐妹时,他说:"我们都是贝塔斯曼的孩子。"自从知道父亲对他寄予了厚望后,他就承受了很大的心理压力。他迟早要对资产几十亿的集团负责,这让他倍感压力。他不敢和别人说,不敢和母亲、兄弟姐妹说,甚至也不敢和他的女朋友提起。他只跟一位女同学和一位编辑社的同事提过。

父亲给他设计的未来越来越成为一种负担。他曾公开表示,他不想他的孩子因为公司的责任影响自己的生活。而安德烈亚斯恰恰是这种情况,可是他又从何而知,父亲的所有计划总有几个备用方案。安德烈亚斯感受到了父亲的期望,也越来越怀疑自己是否能让父亲如愿。

1993年1月安德烈亚斯去了以色列,他先是在基布兹工作生活,后来搬到了耶路撒冷,住在很简陋的地方。在基布兹他认识一些熟人,但在耶路撒冷他谁也不认识。他自己一个人时,总觉得有人跟踪他。后来病情恶化到不得不被送到了精神病院。医生诊断出他患有恐惧症,必须服药,在一间八人间病房里住了一周,除了自己的名字他什么都记不起来。

居特斯洛人听说安德烈亚斯被送入精神病院后,都深感震惊。他的养父约阿希姆·朔尔兹和他的弟弟克里斯朵夫去耶路撒冷看过他。朔尔兹想给他安全感和信任，所以向他保证赖因哈德就是他的亲生父亲。但是安德烈亚斯还记得，朔尔兹曾经告诉过他，克里斯朵夫是自己的亲生儿子，所以那时他还在想，难道这就是为什么赖因哈德想让他而不是弟弟来当接班人的原因。无论如何这个消息都没能打消他的困扰。相反，听了这些和他父母之前说的完全相反的事实后，他彻底不知道到底可以信任谁，到底还能相信什么。

回到德国后，安德烈亚斯在曼海姆的精神病院住了几个月。他记得赖因哈德只看望过他一次，他感到很孤独。治疗和药物使他的状态稳定了许多，他试着继续读大学，但没成功，他停了药，不久后又回到了精神病院。之后他和别人合租过一个储藏室，他说："这比拿社会救济好很多。"在此期间，赖因哈德和他越来越疏远。直到1993年，安德烈亚斯的健康状况让赖因哈德彻底明白，他不适合接他的班。在同一年，赖因哈德把大多数财产转移到了基金会。

15. 一个敏感的话题

收购兰登书屋

当沃斯诺尔决定让米德霍夫接他的班时，居特斯洛的人就在问，米德霍夫是否有足够的经验来管理这个国际大集团。因为全世界大部分的娱乐商业是由纽约和洛杉矶操控的，所以人们想知道：米德霍夫能应付美国的一切吗？

美国对于贝塔斯曼很重要。集团高层认为美国是国际业务最重要的增长市场。在这里贝塔斯曼完成了三分之一的销售额并希望实现更多的销售目标。未来的集团老总必须在这个市场上游刃有余并熟练掌握这里的语言。所以米德霍夫决定开赴纽约去结交美国娱乐业的明星和大企业家们。作为世界最大的媒体集团未来的老总，他要出现在这个圈子里的各类宴会上，增加自己的曝光率。

他受邀参加出版商纽豪斯的70岁生日宴会，出了美国媒体圈纽豪斯并不出名。和贝塔斯曼一样，这也是由一个家族领导的但不是以这个家族命名的企业。几家著名的出版社如：杂志出版社、康泰纳仕集团、《时尚》杂志、《名利场》和《智族》、文化杂志《纽约客》以及兰登书屋图书出版社都属于纽豪斯家族。而"诺夫"是兰登书屋旗下的出版社，出版的诺贝尔文学奖获得者的作品最多。纽豪斯被看成是亲近艺术、高水准新闻的代表。

当时纽约没人知道纽豪斯的侄子不看好利润微薄的图书出版业，而且有意要出售公司，正在留意买家。美国的出版商根本不敢问津，也就是像米德霍夫这样的新人，不太了解纽豪斯，才会认为可以买下兰登书屋。在生日宴上，米德霍夫介绍了自己并跟寿星说，如果他想卖兰登书屋，贝塔斯曼很感兴趣。可能他自己都没想到，纽豪斯真有出售的意图。一周后，两人再次为了这笔生意坐到了一起，谈判进行了四个月，是在极为保密的情况下进行的，不像其他的谈判，上市公司委托投资银行，还有律师团队参与。他们各自用颜色代表自己：兰登书屋是黑，贝塔斯曼是蓝，关于谈判内容没有泄露任何消息。1998年3月23日，当他们告知媒体，贝塔斯曼收购了美国最具影响力的图书出版社时，许多兰登书屋的员工都大吃一惊，他们没料到出版社已经到了被变卖的地步。整个出版界也都乱了。对当时的美国媒体圈而言，贝塔斯曼不太出名，因为人们在股市上无法买到这个公司的股票，所以分析家和记者也不关注这家来自遥远德国的公司。因为它曾经出版过格林兄弟的作品，《纽约时报》称它是"韩赛尔与格雷特股份公司"(《韩赛尔与格雷特》是格林兄弟的童话)。公众并不熟悉居特斯洛的贝塔斯曼。贝塔斯曼骄傲地告诉公众,集团旗下的"贝塔斯曼音乐集团"和"班坦图书和双日出版社"都是纯粹的美国公司。

贝塔斯曼收购了兰登书屋后,《时代杂志》刊登出大标题——《大,更大,贝塔斯曼》。贝塔斯曼一跃成为美国乃至全世界最大的图书出版商。反对的声音一浪高过一浪,斥责把美国神圣的文化遗产卖给了外国出版社。难道亨利·霍尔特出版社、圣马丁出版社和施特劳斯出版社不是已经属于斯图加特的霍尔茨布林克出版集团了吗?班坦图书和双日出版社不是也被贝塔斯曼买下了吗?难道在美国的许多圈子里,德国人不是更容易和纳粹焚书联系在一起吗?难道德国人要接管美国的出版界?难道诺夫,还有兰登书屋旗下的其他出版社也要落入德国人手中?西蒙和舒斯特出版社老总米歇尔·科尔达开了一个很过分的玩笑:"收购知名的美国出版社是德国因为二战在报复美国。"

美国的知识分子把诺夫出版社看成是自己国家的文化遗产:1915年由艾尔弗雷德·克诺夫创建,为了让美国人了解欧洲的作家,二战期间他们出版了托马斯·曼和其他流亡作家的作品。据传说,克诺夫把每一部作品都看成是艺术品。有人说,他比其他对手出版的诺贝尔文学奖获奖者的作品都多。有一次克诺夫打赌说:"法律上应该禁止畅销书。"到现在为止,整个兰登书屋在过去的一个世纪里总共获得了67个普利茨奖,其中有47个奖落在了诺夫出版社头上,这要归功于它出版的知名作家和文学家的作品如约翰·厄普代克、托尼·莫里森、简·斯迈利和罗伯特·卡罗、安东尼·卢卡斯和理查德·福特。它还出版了如阿尔贝·加缪、诺姆·乔姆斯基和米歇尔·福柯等思想家以及漫画家施皮格尔曼的作品。早在1951年，克诺夫就把出版社卖给了兰登书屋，当时它还是一家小有名气的小出版社。1980年纽豪斯收购了兰登书屋。

不是所有人都像纽豪斯一样欢迎德国的企业家。比如，在纽约生活的女作家辛西娅·欧芝克接受《华尔街日报》采访时说，她基本上不买德国货。这种抵抗是有私人原因的，她想借此缅怀在大屠杀中遇难的犹太人。凑巧的是诺夫出版社出版过辛西娅·欧芝克的作品。如果她知道出版自己作品的出版社已经被德国的贝塔斯曼买下了，她会不会换到另外的出版社呢？不，她继续在诺夫出版。反德的声音响过之后，正面的舆论出现了。美国知名媒体批评家本·巴格迪基安就认为，对于兰登书屋来说，与其他美国媒体集团相比，贝塔斯曼是更好的买家。有两点受到了普遍积极的评价：一是贝塔斯曼采用的是权力下放、分散管理模式，给予出版社和作家充分的自由空间。二是这个出版社因为抵抗纳粹统治曾一度被关掉了。至少官方网页上是这么写的。

两个有影响力的作家代表团体在相关管理部门对收购一事提出上诉，因为贝塔斯曼通过收购已经控制了美国图书市场26%的份额。"这比我们想象的要糟糕得多，"作家协会主席莱蒂·科坦说道，"没有其他公司对我们国家的文化有更大的影响力了。"抗议过后贝塔斯曼撤回了收购申请，他们想先消除美国人的顾虑，过一段时间再重新提出申请。隶属于纽豪斯的知名杂志《纽约客》以一种隐讳的方式写了一篇原本很正面积极，却带有反德情绪的报道，因为文章的题目是"贝塔斯曼的春天"，为了影射梅尔·布鲁克斯的电影《希特勒的春天》。这是贝塔斯曼阻止不了的，但无论如何它都不想和纳粹德国产生联系。当米德霍夫把改善贝塔斯曼的形象作为自己的首要责任时，他万万没有想到，他也播下了摧毁集团美好传奇的种子。

荣幸获奖

曼哈顿东区的公园大街的华尔道夫高档酒店的大厅的桌子装饰得很有节日气氛：男士们穿着西装和燕尾服，女士们都穿着套装和晚礼服。晚餐开始前贝塔斯曼的董事、领导和他们的妻子、客人边喝开胃酒边聊天。对于米德霍夫来说，这是个美好的夜晚，因为他很快就要接管董事会了。350位宾客包括贝塔斯曼音乐集团的员工、兰登书屋的员工、新朋友和客人都接受了阿蒙克研究所的邀请。这场宴会花了贝塔斯曼不少钱。

阿蒙克研究所自称是美国的犹太人组织，在纽约不是很出名。原因是这个研究所很少在美国公众前曝光，而主要是在美国学校，尤其是在德国露面。曾经的美国犹太协会主席，已故的美国律师西奥多·艾伦诺夫于1989年建立了这个研究所，并以家族所在的地区"阿蒙克"命名。建研究所的目的，是不把对大屠杀的回忆当做工作重心，而是努力从客观角度给美国人介绍战后德国这个民主国家，从而改善美德之间的关系，"克服历史的惯性思维。德国历史不会停止在1945年"。

为此他们邀请美国中小学教师参加关于德国的会议和研讨小组，为了增进他们对德国的了解，以后更好地给他们的学生介绍讲述德国。研究所的活动经费来自慈善晚会。1998年7月10日晚是弗农·瓦尔特奖的颁奖晚会，也是慈善晚会，这个奖虽然在美国不是很出名，但却召集了几百人，每位客人捐几百美金。阿蒙克研究所的诀窍是把奖颁给那些财力雄厚的、有兴趣成为美国好伙伴并愿意展示自己的大集团。所以，对这个奖项感兴趣的都是那些想在美国扩大业务并继续发展的公司也就不足为奇了：比如戴姆勒奔驰、德意志银行、赫希斯特、宝马和通用汽车公司的主管都获过这个奖。现在该轮到贝塔斯曼了。

毕竟对于美国公众和美国子公司的员工来说，如果德国母公司的老总因为他的成就获得了美国犹太研究所的奖项，绝对是个好消息。米德霍夫在一次招待会上告诉记者，贝塔斯曼一直获得各种奖项的邀约，一般情况下都会拒绝，这次却接受了，因为这家犹太研究所的奖励是很特殊的。

联邦外长克劳斯·金克尔为了参加纽约新德国使馆的开幕式来到纽约而且特意留下来参加了米德霍夫的授奖仪式。联邦总理赫尔穆特·科尔也让人带来了问候，许多德国公司和银行的老总们都亲自莅临颁奖仪式。在爵士吉他手约翰·皮扎雷利演出之后，基督教民主联盟的瓦尔特·莱斯勒·基普致开幕词。

莱斯勒-基普通过"大西洋之桥"这个组织一直致力于德美关系的改善，他称获奖者托马斯·米德霍夫是"全球化时代的孩子"。他是顶级俱乐部"全球领导者"中最年轻的一位成员,也是贝塔斯曼的使者。他具有令人难以置信的能力,在德国具有这种能力的人不是很多:他懂得如何用亲切的方式结识朋友。莱斯勒-基普还讲述了米德霍夫怎样成功完成了和美国在线及兰登书屋的合作。他知道美国对于德国是非常重要的伙伴。"托马斯·米德霍夫今天是真正的获奖者,因为他展示了他超越常人的思维,他超越了当下,着眼未来。"

最后,莱斯勒-基普还向大家透露了他们最感兴趣的关于米德霍夫和他家人的一些秘密。这位有国际思维的经济界的翘楚和他的妻子及五个孩子生活在威斯特法伦的一个农场里。"小村庄,农场,田野,森林和湖泊——那里住着米德霍夫一家……你们能想象出比这更好的地方来思考过去规划未来吗?"莱斯勒-基普介绍完,邀请米德霍夫上台发言。

米德霍夫谈到了一家国际媒体集团的责任。他很高兴能得到这份殊荣,他把这个奖项理解为对贝塔斯曼集团的奖励。几个居特斯洛的同事很担心他的表现,尤其是当他提到德国和犹太人的关系时。他们对他说:"听着,托马斯,对于你这个纽约的德国人来说,这可是一个棘手而且敏感的话题。不管你想怎么说,说什么,可能都有人会断章取义,误解你。而且肯定会有人觉得受伤。"米德霍夫说,尽管如此他还是会冒险说出自己的心声,虽然他不像贝塔斯曼出版的犹太作家埃利·威赛尔和丹尼尔·戈德哈根那么会表达。"女士们,先生们,我很爱我的祖国。"但是作为战后一代人,"作为世界公民和贝塔斯曼的公民"，他会直面纳粹罪行让德国人背负的责任。他要为反对种族主义而战，要为多元文化主义和宽容而战。

他继续说："我很幸运能为一家始终为种族和宗教自由而奋斗的公司工作。二战期间我们出版社是很少几家被纳粹关闭了的非犹太媒体企业。纳粹官方的理由是纸张短缺，但每个人都了解真相：我们出版了被第三帝国明令禁止的图书。贝塔斯曼的存在威胁到了纳粹控制言论自由的企图。"赖因哈德·摩恩在战后以美国的民主原则重建了公司，言论自由是贝塔斯曼最重要的原则。很少有媒体公司会像贝塔斯曼一样对自己进行批判性地报道。说完这些之后，米德霍夫开始极力讨好美国：过去几个月他在美国度过的时间比在家长，"我觉得自己是个手持德国护照的美国人。即使是我们的美国对手，我也喜欢他们的开诚布公、友好和坦率。"

米德霍夫讲话的内容是50年来公司一直使用的介绍自己的内容：在第三帝国时期很少几家被纳粹关掉的非犹太出版社之一。但他绝想不到，他的发言造成了怎样的后续影响。

米德霍夫接管公司

一开始一切按计划进行。1998年10月14日，马克·沃斯诺尔在地中海的一艘豪华邮轮上和妻子及两个孩子庆祝60岁生日。根据贝塔斯曼的规定，该是他离开的时候了。1998年10月底，在居特斯洛，人们用三天的国际会议庆祝沃斯诺尔的荣退，集团邀请了五百位来自全球各地的各个部门的领导。活动的高潮是10月30日在市里最大的一间改造过的厂房里举办的沃斯诺尔的欢送仪式和米德霍夫的就任仪式,即贝塔斯曼的上层交接仪式。新当选的联邦总理格哈德·施罗德和他的外长乔什卡·费舍尔乘坐直升机赶来。费舍尔的前任克劳斯·金克尔以及接替科尔的基民盟党主席沃尔夫冈·朔伊布勒也赶来了。拜仁慕尼黑足球俱乐部主席弗兰茨·贝肯鲍尔也出席了,还有世界银行代表及罗马俱乐部的代表。赖因哈德·摩恩旁边坐着联邦总理施罗德,他在致辞中说:"如果国家缺少了贝塔斯曼基金会的以常理为目标的政治咨询,我们将失去很多。"

沃斯诺尔的代表舒尔特-西冷发言说:"马克,你是好样的。无论什么样的马你都能驾驭。你给我们做了很好的榜样。"沃斯诺尔交给他接班人一个装满公司规定的皮夹子,说道:"皮夹子里的东西会由下一代领导人付诸实施。"米德霍夫一边应允,一边拥抱了他的前任。他补充道:"如果我15年后给你看我的上升曲线,而你说,和你的没有什么区别,我就觉得很知足了。"

人们对沃斯诺尔的赞扬之辞让人感觉到,不用撒谎真心表扬一个人是很舒服的事。沃斯诺尔欣然接受了这些夸赞之辞并回应说,这些赞美他的话没有撒谎。他从赖因哈德那里学到了,人性和效率不是对立的。沃斯诺尔还特别感谢了他的家人,尤其是在贝塔斯曼陪伴了他20年的前妻,虽然分开了,但仍是他的邻居;还有他的孩子利卡和拉斯以及现任妻子安娜。然后沃斯诺尔夫妇和摩恩夫妇合影留念。

钢琴家格哈德·奥皮茨弹奏了弗兰克·李斯特的曲子。

和沃斯诺尔一样为贝塔斯曼工作了30年的歌手乌多·于尔根唱道："你和我——我们和这家值得尊敬的公司很合适。"于尔根讲述道，他经历了一届联邦总理和两任联邦总统的告别仪式。与此次告别宴相比那些仪式不太大气。当沃斯诺尔把皮夹子交到接班人手中时，赖因哈德陪在他身边。三人一起站在摄影师前面合了影。每个人都把手放在了夹子上，他们向外界证明了他们的团结和睦。

赫尔什·费舍尔逼贝塔斯曼承认真相

正当贵宾们、集团的前辈们、前经理人以及接班人们在居特斯洛庆祝贝塔斯曼顺利的权力过渡时，没人预料到大戏的第二幕即将上演。多年来一直当作一个美丽的传说被传诵的贝塔斯曼的精彩历史即将以另外一个面目呈现在大众面前。当居特斯洛热火朝天地准备庆典时，1998年10月29日在瑞士的《世界周刊》刊登了一篇题为《光明的前途—黑暗的历史》的一篇报道，它让人马上回忆起托马斯·米德霍夫在纽约的授奖仪式上说的那段话。报道的作者——赫尔什·费舍尔，一名来自杜塞尔多夫的当代史专家，在报道中指责贝塔斯曼系统地美化自己的历史。与米德霍夫讲话里所说的完全相反，贝塔斯曼对于纳粹根本就不是什么眼中钉。相反，贝塔斯曼出版了许多第三帝国统治者们喜欢的东西。

出版社在20世纪30年代迅速发展时最受读者欢迎的简装本实际上是今天应该被封存在书柜里的出版物，因为它们包含了纳粹的思想主张。"20世纪30年代企业获得的巨大成功，是因为出版了纳粹头子戈培尔宠儿们的作品，他们的书都是歌颂战争和屠杀的。"费舍尔引用了1957年的一篇《明镜周刊》的报道，据称贝塔斯曼的员工被捕，不是因为他们进行了抵抗，而是因为他们在这场战争中捞了很多钱。而且他们后来没有被释放，不是因为没有根据的指责，而是因为他们跟戈培尔的亲密关系。这则报道的内容一直没有被否定和更正，去纳粹化档案还证实了报道内容的真实性。除此之外，海因里希·摩恩在战争结束时还不得不修改了一份问卷，按照修改前的内容，他是纳粹的成员，还是希特勒青年团和纳粹空军团的成员。在结束语中费舍尔写道："这一切都与优秀的致力于公共事业的贝塔斯曼帝国的形象格格不入。如果米德霍夫在接下来的一个世纪领导集团，那么他就必须正视历史。"

这可是对新上任的董事会主席的极为严重的指责。如果一切真的属实怎么办？米德霍夫岂不是篡改了历史，错误地把贝塔斯曼说成是反抗纳粹的出版社？他绝想不到上任伊始就遇到了这些麻烦。

米德霍夫只是复述了战争结束以来就流传的，而且一直被不断更新的有关集团历史的说法。1966年，贝塔斯曼新闻发言人罗兰德·居克在他的关于弗里茨·威克斯福特的书中写道："贝塔斯曼人不赞成纳粹的血与土主义、对犹太人的迫害及领袖崇拜、宣传口号，可这些却遭到了斥责。"1970年，庆祝集团创建125年的纪念文章在介绍公司发展史时直接省略掉了纳粹那段历史。1972年，赖因哈德·摩恩被德国二台作为"世纪见证人"邀请参加节目，被问到二战时他父亲扮演的角色时，他回答说，海因里希·摩恩作为教会的代表站在纳粹的对立面。"这导致父亲和公司领导被关进了柏林东区。最后因为没有纸张,出版社于1944年被迫关闭。"

为了庆祝公司成立150年,公司出版了400页厚的公司编年史,记录了1835年至1985年的公司发展史。为了这部著作还特意邀请了历史学家德克·巴芬达姆参与撰写。为了这本厚厚的纪念册,作者瓦尔特·肯伯夫斯基阅读了所有档案,还对赖因哈德·摩恩进行了采访。他虽然如实写道:直到1945年,贝塔斯曼共送出了大约1500万战地军邮,但对于书的内容,他闭口不谈。对于二战中的情况他说:"那时人们需要妥协,有时妥协会带来好的方面。比如,卡尔·贝塔斯曼出版社就通过德国军队的大量订单赚了很多钱。"他提到了威廉·布什和约瑟夫·封·艾兴多夫的作品并得出以下结论:"通过研究这些作品知道,这些书很适合转移士兵当时对残酷战争的注意力。"

1985年,在准备公司庆典时,贝塔斯曼的新闻发言人曼弗雷德·哈尼施费格尔看到了一些与传说中内容不一样的文件。他当时负责协调为集团写纪念书籍的作者们。档案室里有许多不同版本的关于第三帝国出版社历史的文件的复印件。在第一份问卷表格里海因里希·摩恩写道,他与纳粹无关。后来他就改了他的说法。2002年,哈尼施费格尔跟《华尔街日报》说,他担心,更深入的研究可能会对编辑部撰写的纪念文章的结论不利。所以他安排主要负责编写的史学家德克·巴芬达姆忽略那些矛盾的地方和漏洞。这样一来,书里虽然提到了为军队生产,但又说因为反抗纳粹统治公司被关闭。"我们决定不捏造历史,而是把我们知道的写出来。"哈尼施费格尔说,"我们都清楚,通过忽略掉不太清楚的那些历史,我们冒险篡改了事实。"

那些希望贝塔斯曼驳回赫尔什·费舍尔指责的人,恐怕要失望了。贝塔斯曼沉默了。1998年11月中,3Sat电视台重提费舍尔的报道并指出几本贝塔斯曼出版的书,比如《绝育和安乐死》。节目播出后,哈尼施费格尔向3Sat台负责人、德国一台台长皮特·芙斯抱怨说:一位自由记者西格弗里德·奥斯特为撰写《贝塔斯曼和第三帝国》到处搜集材料。他还受3Sat电台委托去了纽约。"奥斯特先生和编辑部都没有找过我们。鉴于这个主题的意义,如果在我们不知情或是没有参与调研的情况下,就把推测和一知半解的东西发给全世界看,这对我们来说既可怕又危险,更何况报道里的很多内容是错误的。我们不希望给我们集团带来损失,也不想以后无法补救这些损失。请您负起全部责任,尽早关注一下节目,亲自介入这事。"哈尼施费格尔担心,如果集团的优秀表现和经济领域的成功因此受到损害,而且不能满足专业要求,这将是不可思议的。3Sat台的调查单纯建立在费舍尔极力向公众宣传的观点的基础上。"我们很难想象,贝塔斯曼成了纳粹当局的宣传工具,我们将让一个内部工作组在未来几个月认真研究这件事。"哈尼施费格尔请求芙斯"做好必要的准备工作"。

芙斯让人调查了事情的原委,然后通知哈尼施费格尔说:我们会将这个主题一直调查下去。"我们既不需要顾及谁的立场,也不想对谁进行过分批评。"这篇被哈尼施费格尔提到的报道还因为它的报道质量得到了3Sat台台长瓦尔特·康拉德的好评。

3Sat继续跟踪这个话题。下一期已经在计划中，题目是《贝塔斯曼在美国》。主要是讲第三帝国时期贝塔斯曼商业行为被披露会不会影响它在美国的扩张。这是贝塔斯曼绝对不想看到的。3Sat正酝酿着一场关于对这篇报道权限的争论，对于这家由德国一台、二台和瑞士电台共同建立的电台而言，这是很常见的。编辑部多次要求记者停止调研，据说因为没有什么新的情况，取消了某个行程和安排；或者一个记者在纽约突然收到集团的指示马上终止调研。编辑部说是德国二台的台长迪特·斯托尔特命令停止的。斯托尔特自己否认了，但3Sat的编辑们都深信绝对是他下的停播令，毕竟他是贝塔斯曼基金会监督委员会的成员，而且还参加了卡尔·贝塔斯曼奖的选拔。2002年，当时在3Sat工作的瑞士电视记者马丁·艾根施威乐证实斯托尔特确有干预此事。

反反复复之后，瑞士电台决定承担调研的费用。哈尼施费格尔继续双管齐下：他一方面斥责3Sat的调研不全面，另一方面又拒绝给他们提供材料和信息。但他会把这些东西交给他选出来的记者。他反复要求集团内部报纸《柏林日报》的主编米歇尔·迈尔阻止这些令人不愉快的调查。但是报纸驳回了哈尼施费格尔的想法，还引用了贝塔斯曼倡导的独立工作原则并继续进行调研。

在此期间，历史学家德克·巴芬达姆已经为了驳倒那些指责到了居特斯洛。这种安排不是巧合，因为巴芬达姆是第一位把贝塔斯曼的历史进行美化的人，到了现在他也没想过要改正他的错误，而是列出了一个曾经被禁的书目清单，以此来证明贝塔斯曼确实是纳粹的眼中钉。也就是说，他没有去弄清楚那些质疑，而是继续替贝塔斯曼搜集洗白的证据。

事实上，赖因哈德决定让巴芬达姆来研究集团的那段令人怀疑的历史。作为《明星周刊》的自由撰稿人，他曾经给杂志提供了希特勒当兵时写过的诗，后来被证实是赝品。而赝品的所有人就是一个叫康拉德·库要的人，也就是那个提供假希特勒日记的人。1983年，巴芬达姆出版了一本书，书中他提出，不是希特勒，而是罗斯福发动了二战。他之前的这一系列成绩似乎让赖因哈德觉得他就是那个最合适的撰写集团发展史的人；1986年赖因哈德又委托他撰写家族发展史。

直到费舍尔在纽约《国家》杂志上刊登了自己的调查结果，居特斯洛的集团领导们才意识到巴芬达姆恐怕也帮不上什么忙了。米德霍夫决定采取措施了，因为他在纽约的那个发言成了一个谎言，这让他很不舒服。1998年12月15日，《纽约时报》和《国家》重新对此进行调查并要求贝塔斯曼对此表态。同一天，赖因哈德·摩恩、马克·沃斯诺尔、托马斯·米德霍夫决定采取应对措施。他们宣布，委托一个独立的科学委员会调查此事。米德霍夫甚至承诺《纽约时报》要组建第二个委员会监督第一个委员会的独立工作。任命完委员会成员后，贝塔斯曼认为第二个委员会似乎是多余的，因为成员都是知名的史学家，而且他们的专业性是毋庸置疑的，委员会成员分别是绍尔·弗里德兰德、赖因哈德·威特曼、诺伯特·弗莱和图卢兹·兰多夫。

与此同时,巴芬达姆还在努力寻找证据。当他得知历史委员会成立后,开始担心矛头会指向他。他称病,躲进了摩恩家的花园酒店继续搜集证据来维持赖因哈德对自己的信任。他谁也不见,只给赖因哈德写信。

四位历史学家拒绝和巴芬达姆合作并下最后通牒要求解雇巴芬达姆,如果贝塔斯曼不同意,他们就拒绝开始工作。如果他们集体罢工,这将带来更可怕的后果。沃斯诺尔和负责此事的蒂姆·阿诺德必须阻止此事的发生并极力说服赖因哈德和巴芬达姆一刀两断。

委员会在慕尼黑设立了办事处,雇了助手,让居特斯洛将文件运到慕尼黑,开始了为期四年的工作。虽然贝塔斯曼支付他们所有的费用,但称他们的工作是绝对"独立的"。

16. 一个从没做过的实验

做赖因哈德的继承人可真不容易

与几百亿的销售额相比，500马克算什么？但对贝塔斯曼集团而言，500马克就是一切。多年来赖因哈德·摩恩把全部的表决权都放到了一个面值500马克的一小份的股票上。这一小份股票属于约翰内斯·摩恩有限公司，这是赖因哈德为他大儿子建的并以他名字命名的公司，但只有他自己可以动用这笔股票。

1999年6月29日赖因哈德过了78岁生日。两天后他在记者招待会上宣布，他将这份股票及对公司的管理权转交给一个所谓的管理公司。报纸上是这样写的："家庭掌控集团的时代结束了。"由此赖因哈德结束了贝塔斯曼长达165年之久的家庭传统。赖因哈德告诉媒体，在管理公司里会有监事会主席马克·沃斯诺尔和董事会主席托马斯·米德霍夫。直到去世，他也是管理公司的一员，他想看看这个决定是否正确，是否需要调整。另外，管理公司里还应有两名董事会和监理会成员，一名家庭成员和一名员工代表，而且他们都有表决权。1933年赖因哈德将自己资产的大部分转移到了贝塔斯曼基金会，以此交出了企业的支配权。赖因哈德说："这是一个实验，一个从没做过的实验。"他把一切都想到了，连自己可能得老年痴呆症他也提前做好了应对准备。

新成立的管理公司必须根据他的意愿以四分之三的多数决定所有重要的预算和人事决定。这样的话，家族好像失去了话语权。赖因哈德说，他早就和孩子们谈了他的这个决定，尤其是必须选出家庭代表进入管理公司这事，全家人经过讨论，最终达成统一意见。

按照赖因哈德的计划，贝塔斯曼集团里的权利结构是这样的：自1933年以来贝塔斯曼基金会获得了近69%的资产，赖因哈德家族大约占20%。赖因哈德拒绝一切来自外界的干扰。由"时代基金会"掌管的另外10%的股份应该给买回来。买回这部分股份估计要花10亿马克。赖因哈德没透露具体的数额，他说："我不想提这些小钱。"母公司"贝塔斯曼股份公司"与其他公司合并、其他公司参股或是公司上市这几种可能性都被赖因哈德排除在外。但是改变现有的格局也不是完全没有可能的。只要管理公司的成员意见一致，他去世之前，甚至他去世之后五年，管理公司随时可以做出改变。但赖因哈德也考虑，他要尽量让这种结构保持下去。记者招待会结束时，他的语气中略带伤感:"我一生都在犯一个错误,就是工作太多。现在我要改正这个错误。"毕竟贝塔斯曼除了卖书,还要写书。他那时正在忙着写书,转年就会出版。书名都已经定下来了:人性至上。这也是他作为企业家的座右铭。

记者招待会上,所有人的目光都聚焦在赖因哈德·摩恩和西格弗里德·路德上。赖因哈德向大家介绍路德是他的遗嘱执行人。路德坐在他旁边,回答了与继承规定相关的问题。同样受到关注的还有沃斯诺尔,他把建立管理公司看成是对他的不信任。赖因哈德为什么要在有生之年弄这么一个管理公司?难道等他死后再建不行吗?沃斯诺尔的确有些讨厌这个记者招待会。仔细观察的人就会发现,从这一天起赖因哈德和沃斯诺尔的关系开始疏远了。

赖因哈德忙着写书时,沃斯诺尔入驻了他旁边的办公室管理起基金会的事儿,公司内部都称基金会是"小贝塔斯曼"。沃斯诺尔不太情愿这么早就退休,他在采访中也表达了他的不舍:"如果不是迫于公司的铁令,我绝对想不到60岁要退休。50岁时,我都没想过找接班人这事,60岁找接班人我都觉得太早。"几年前为了挽救即将破产的"威斯特法利亚"房车公司,他买下了它三分之一的资产。这点事儿显然不能让他消耗什么精力,他仍然感觉精力充沛,总想做点事情。他认为,目前基金会拥有172名员工,8300万马克的预算,他肯定能赋予它新的意义。但是赖因哈德·摩恩也把基金会当成他最重要的工作。沃斯诺尔接管基金会也改变不了赖因哈德对集团核心领域的控制,这就为矛盾和冲突埋下了种子。

利兹和沃斯诺尔之间的分歧也越来越大。合作中沃斯诺尔一直扮演导师的角色，他总是对利兹的专业素养评头论足。如果她哪一天开会来晚了，他会对她发号施令，指出她的错误。如果自己的丈夫批评自己，利兹可以容忍；但如果沃斯诺尔也以这种口吻教育她，她就会很生气。有一次当着其他人的面，他冲利兹喊道："利兹，安静！"或是："你懂什么！"甚至在记者招待会上他对利兹的态度也很明显。利兹对这种"监督"极为反感，所以一直想方设法削弱沃斯诺尔的势力。

在沃斯诺尔和利兹之间的矛盾不断加深时，米德霍夫却在施展自己在管理公司和媒体方面的才华。他比他之前任何一位董事会主席受到的关注都多。他要让全世界知道他的每一次成功，比如：收购美国在线获得了创纪录的利润；他尝试把RTL完全归贝塔斯曼所有；让网上书店"图书在线"对抗亚马孙。即使他坐直升机飞往纽约交涉音乐业务，都会成为头条新闻。米德霍夫早就发现了沃斯诺尔遗留的问题，但他从不在公开场合提及。但沃斯诺尔却早已对米德霍夫心存不满，他经常在小圈子里讲米德霍夫的坏话。

米德霍夫一直尝试绕过沃斯诺尔直接和赖因哈德取得联系。他觉得与公司老总直接取得联络很有必要。最后他决定通过利兹把想说的话传给赖因哈德，但他必须先和利兹搞好关系。

最终毁掉沃斯诺尔的是1999年7月的一篇报道，报道中对他所作所为的描述绝非正面。当《明镜周刊》询问贝塔斯曼集团能否为一篇报道的素材搜集开绿灯，为采访者敞开大门时，米德霍夫说需要考虑几天再答应。《明镜周刊》要求一位名为炎·弗莱肖尔的记者可以在公司里待几周采访员工和经理,向他们提问。《明镜周刊》后来称这次采访是"绝对的公开"。

与曾经的集团领导的谈话安排在最后,应该为此次搜集素材工作画上圆满的句号。沃斯诺尔在自己以前的办公室接待弗莱肖尔。此前采访米德霍夫手下时,弗莱肖尔感觉集团并不像沃斯诺尔当众说的那样好。于是他带着这种认识去见了沃斯诺尔。哈尼施费格尔是集团对外宣传办公室的主管,他也在场,之后写了一篇采访记录。毕竟他的上司米德霍夫应该知道沃斯诺尔到底说了些什么。如预料的那样,沃斯诺尔肯定会为自己的做法辩护,而且越说越激动。

当沃斯诺尔开始发脾气时,哈尼施费格尔知趣地离开了一段时间。沃斯诺尔利用他不在场的时间,直言不讳说了很多。之前哈尼施费格尔在文章印刷前总要把被采访人的讲话内容仔细审查一遍,而这次他却任由沃斯诺尔喋喋不休,没有插手。这次《明镜周刊》无须在印刷前呈上采访内容。米德霍夫直接说:"沃斯诺尔说了什么,就写什么。"

于是,弗莱肖尔写了文章,文中提到了一些他观察到的令人不舒服的东西。根据弗莱肖尔的叙述,沃斯诺尔感觉自己去基金会当主席就像是被流放了一样。他对现在集团的发展方向充满质疑。米德霍夫想把集团未来做成网络公司,在他看来这就如同"马戏团"。相反,集团传统的核心经营领域"图书俱乐部"遭遇的危机被他说成"走下坡路"。米德霍夫认为必须退出有费电视并称有费电视是

"苍蝇屎",沃斯诺尔却评论说:"如果是我,肯定不会退出。"他甚至对米德霍夫的资质也毫不避讳地评价道:"说多错多。在我工作的20年里没犯过这样的错误。"但谈到他花了60亿马克还是失败了的VOX项目时,他却轻描淡写地说成"运营上的小事一桩"。

也许米德霍夫没有料到沃斯诺尔说了这么多无稽之谈,但是采访内容被刊登出来后,沃斯诺尔却把自己毁了。米德霍夫从没把企业的弱点暴露在公众面前,也从未抹黑过沃斯诺尔的功绩。但这次一切都被暴露在公众面前了。

弗莱肖尔的文章反映出一个根本不懂网络的公司高管,一个上了年纪、骂骂咧咧自以为是的男人,他因为别人没有认识到他的重要性而倍感烦恼。"胜利或是被流放西伯利亚"是文章的题目,读完后谁是胜者、谁应该去西伯利亚就一目了然了。为了能直接与赖因哈德说上话,赖因哈德的"孙子辈的米德霍夫"不再依赖"儿子辈"的沃斯诺尔。他早已有了自己的渠道。

但是沃斯诺尔现在还是"小贝塔斯曼"的董事会主席。当赖因哈德在记者招待会上宣布把他的表决权交给管理公司时,沃斯诺尔心存怀疑。赖因哈德不是想把控制权抓在自己手中吗?但沃斯诺尔没有直接发泄不满,他觉得自己没资格改变赖因哈德的想法。他跟身边的人坦言,他觉得他最应该让老板防着点自己。随着赖因哈德写作进度不断向前推进,沃斯诺尔越来越反感他的创作。即便赖因哈德写了些前所未有的新东西,沃斯诺尔还是会觉得很好笑。在他看来,赖因哈德只是把自己重复了几十年的人生哲理重新写进书里：比如朋友般的领导风格、不断提升的组织管理及利用公共能力的优势。

沃斯诺尔把贝塔斯曼的经营哲学已烂记于心，他不想再重复一遍，因为这会伤他的自尊，就好像他又变回了赖因哈德的助理一样。他非常想继续领导这个大集团，但坐在他位置上的是他一手提拔的米德霍夫。他认为在基金会里赖因哈德和他的相处方式是不合适的，违反了赖因哈德自己说的权力下放的管理哲学。什么给下属自由？什么让企业管理工作成为可能？他，马克·沃斯诺尔，那个多年来一直掌控公司一切的人，突然间要依赖他的导师和他一手培养起来的人。

所有的问题他都必须问赖因哈德。两人曾经愉快的关系早就变得紧张而冰冷，只有必须沟通时他们才沟通。开始时两人还去彼此的办公室说句话，后来干脆把办公室主任当成了信使，让他在两个办公室之间跑来跑去。赖因哈德担心沃斯诺尔想把他挤出基金会，基金会不仅是他毕生的事业，也是让他长生不老的仙药。所以虽然过完了80岁生日，他还是天天去工作，就像有人在他头上插了把刀一样。他曾经告诉过媒体部的女主管英格里德·哈姆："哈姆女士，如果我不能在这里工作，那么我就往自己的咖啡里放毒药毒死自己。"

对赖因哈德的书的看法又为两人已经冰冷的关系结了一层霜。员工证实说，书稿写完时，利兹把校样放在了沃斯诺尔的桌上。每个员工都知道，如果老总的书稿放在自己桌上，自己应该怎么做——当然是赶紧仔细阅读，读完了再写点赞美之词，可沃斯诺尔连看也不看一眼。让办公室主任更吃惊的是，他甚至拒绝写几句赞美的话，也不找个理由，比如说没时间、工作忙所以没来得及看书等。办公室主任很想替他做，但沃斯诺尔直接拒绝了，根本不想理这事儿。

1999年4月26日，赖因哈德在慕尼黑的兰巴宫殿介绍自己的书《人性至上》，沃斯诺尔也在场，但显得有些不高兴。他还跟同事抱怨说这个时间没和他提前商量，他不得不从假期回来就直接来参加活动。三周之后当他被辞退时，很多员工一点都不感到吃惊。告诉沃斯诺尔这个坏消息的不是赖因哈德，而是利兹·摩恩。也是她把这个消息告诉了集团领导层的其他人。

没有提前和沃斯诺尔说一声，赖因哈德在1999年5月19日给所有员工和媒体寄了一份两页的声明。题目是："马克·沃斯诺尔在融洽的气氛里离开了贝塔斯曼。公司管理层将重新进行人事安排。"如果说沃斯诺尔曾身兼数职，领导过监事会、管理委员会和基金会，现在赖因哈德就要以"分权管理"原则，创建几个权力中心：新的监事会主席是沃斯诺尔的继任格尔德·舒尔特·西冷，他可是"千年老二"。基金会和管理公司的主席由赖因哈德自己担任。"我感谢马克·沃斯诺尔30多年和我非常友好且成功的合作。"赖因哈德这样写道，好像沃斯诺尔主动要离开的。声明的结尾是这样的："我尊重他的决定和他为了确保公司的延续而做的努力。"

爱会敞开心扉

1986年,作为作者的赖因哈德·摩恩出版了第一本书,2000年,利兹也效仿他出了一本书《爱会敞开心扉》。她后来说是一位员工启发她写这本书的:后者建议她写写自己的生活,出书赚的钱可以捐给中风基金会。她觉得这主意不错。一个枪手帮助她拟了一个提纲。

就像出版社介绍的那样,这本书既包含了对生活的认识也有对读者的告诫。利兹最重视的是当今社会中家庭的价值,作为示范她在书中描述了自己的生活、家庭和为贝塔斯曼所做的工作。

利兹描述了她决定为贝塔斯曼奉献一生的原因。在小儿子刚上小学那会儿,她觉得心里空荡荡的。她有大把时间,想做点有意义的事。她想分享她丈夫的生活,对她丈夫来说,贝塔斯曼就是生活的全部意义。她先征求丈夫的意见,他的反应令她出乎意外。他只说了句:"试试看吧。"认识他的人都知道这已经是莫大的肯定了。

利兹是个自律性很强的人,每天起早贪黑,一天到晚忙个不停。她最崇拜的人就是她丈夫。"他的榜样力量和与他的每次谈话对于我就是学校和大学课程。我不停地向他学习。他和我讲了公司的成立、他面对的问题及他是如何解决问题的。我仔细倾听着。他还和我讲了他的员工、他的领导风格,我也仔细倾听着。他谈政治、国家、社会,表达着他的观点,分析着、评论着,我还是倾听着。他还谈论伦理道德,我也在听……我这些年像一块海绵,拼命地吸收他传授给我的知识。我也在学习批判式的思维。"

关于他们夫妻的关系她写道："我丈夫和我总是聊天谈心。每天喝咖啡时我们会聊半个小时,如果有可能,晚上坐在炉火旁聊一到两个小时。这是我们的固定相处时间,也是我们的一种仪式。我们谈论一整天发生的事,别人的经历、对公司里发生的事情的看法和建议,讨论最新的经济、社会问题。我们一直都心有灵犀:早上谈重要的问题,晚上谈些简单和中立的问题。这是一个避免失眠的好方法。"在书中可以读到利兹·摩恩在家里接待戈尔巴乔夫夫妇,还有和当时的联邦总统罗曼·赫尔措格、英国女王伊丽莎白一起吃饭的场景。但是她也说:"一家人一直都是踏踏实实的。那种浮华的有钱人的生活,不工作、没有责任感不是我们想要的。"

因为她在公司的时间越来越多,在家的时间就越来越少,这让孩子们一开始流了不少眼泪。赖因哈德和孩子们解释说工作对她和公司很重要之后,妈妈上班对孩子们就再也不是问题了。

在书中她表达了对离婚率上升的担忧。她认为这对夫妻双方、孩子,对整个社会是一个危险的发展趋势。"孩子需要有责任感的父母,为他们提供有保障的未来。只有在家,孩子才能获得爱、安全感、照顾、方向和榜样,可以形成他们需要的价值观,学会独立判断和决定,树立对自己和别人的责任感。"

她提醒"不要低估家庭的价值",因为家庭是"组成公共事业的细胞"。"它会给我们保护和安全感。它给予我们爱,教会我们如何爱……家庭是人获取力量的源泉。

我和我的家庭成员一直都是这么看的。我一直努力地增强家庭内部的团结。"

该书在2001年出版时，居特斯洛的报纸大篇幅赞扬了它。公众的关注是自然的，毕竟这本书让我们了解到利兹·摩恩自己的生活和他们夫妻俩的生活。那些对利兹·赖因哈德知之甚少的居特斯洛居民肯定在读这本书的时候没少掉眼泪。但是熟人和亲戚却说，书里一半的内容都与事实不符。早就退休的赖因哈德的弟弟西格贝特，去总部领了一本，他称这本书是"童话"。他和他的家人说，因为他们之前读了报纸上的介绍，觉得没有比这个称谓更合适的了。

根据书里的描述，利兹17岁时认识了丈夫，自此两人成了一对，两人共育有三个孩子。为什么她要这样叙述呢？赖因哈德的兄弟姐妹都在琢磨，而居特斯洛的人都知道当时她没和赖因哈德住在一起。所有人都知道两人婚后也是分开住的，她住在居特斯洛，而他住在施泰因哈根的庭院里，为什么她把自己的家庭生活描述得像一个乐园？为什么她如此详尽地描述自己的生活，却对自己的第一次婚姻和赖因哈德的第一次婚姻只字不提？

这本书就放在总部的前厅里，利兹的办公室就在那里。出版时间和摆放的位置绝不是随便决定的。书出版不久，她就进入监事委员会和管理公司。利兹通过这本书成了公众人物。之前没有人认识他，现在却经常被人提起。每个人都能明白：利兹和她的丈夫的价值观是一致的。她把自己融入赖因哈德家族的传统里，把丈夫的祖母看成偶像。她希望对外能代表公司。"我丈夫很看重我能为公司的对外影响力做出自己的贡献。……这是我们夫妻俩的分工。我丈夫认为,我在团结人方面很有天赋,所以他把这部分工作交给了我。"

2001年2月,利兹骄傲地在公司内部杂志里宣布,《爱会敞开心扉》的第一版四天内就卖光了。2001年的总销量已经达到18000本。实际的发行量远比这个低,2003年中期精装版发行量才12000份。毕竟,一本普通的书能有这个销售量已经不错了。利兹认为广告必须要做得大:出版社寄来了彩色的广告画和其他宣传材料。《世界报》周末版用半页来推介该书的节选内容。公司的对外宣传办公室为利兹在电视台制造了参加脱口秀和接受采访的机会。推介会不能在居特斯洛这样的小地方,应该在首都的高雅的环境里。联邦总统的夫人和曾经的女联邦总统莉塔·苏斯穆特都被请来参加活动,引起了媒体的高度关注。这样的待遇和宣传力度一般只给出版社里最好的作者。

出版社负责居特斯洛及周边书店的宣传,把书摆放在最显眼的地方。销售不佳时,出版社就把虚假的数字报给利兹,她拿着这个数据让媒体做宣传,这样才有了所谓18000本的假销售量。但当她收到账单时,她很生气。她斥责道,卖书挣的钱会给中风基金会,而基金会收到的汇款也太少了。她的员工不得不跟她解释,出售价格是不会全部付给作者的。这位工作人员一定觉得很诧异,他为什么要给这位世界最大出版社的所有人、集团监事会成员解释这些她理应知道的事。

17.我们必须迈出这一步！

决定上市

1999年10月，米德霍夫得知，他的朋友史蒂文·盖斯正在和网络服务提供商"美国在线"谋划合作。盖斯想利用企业的高交易值收购诸如CompuServe和网景领航员这样的竞争对手，还想和一家传统的媒体企业合并。如果贝塔斯曼自愿与美国在线合作，那么在欧洲就有了一个共同的网络服务供应商。盖斯向米德霍夫抛出橄榄枝，米德霍夫随即报告给了居特斯洛的总部。赖因哈德拒绝了，理由是：美国在线交易值太高，贝塔斯曼会被它吃掉。

2000年1月米德霍夫正在度假，史蒂文·盖斯宣布了美国历史上最大规模的公司联姻：美国在线和媒体界的老大"时代华纳"合并了。外界都认为这是强强联合，但是以

"美国在线"的名义注册股市，盖斯又成了合并后的董事会主席。这两点就足以说明，美国在线实际上把时代华纳吞并了。接着的几天里，米德霍夫听到的都是：没有上市的贝塔斯曼股份公司在全球商业大潮中已经跟不上时代的步伐，因为这种规格的合并都是要通过交换股份来实现的。

两大巨头合并后，贝塔斯曼只能自己安慰自己。员工们都说，集团没有必要上市，现在这样就挺好。米德霍夫说，他们的合并不会对贝塔斯曼的销售额造成什么影响，只是说明了一点，即集团未来的业务重心将转移到网络上。他说："我不认为贝塔斯曼会失去美国在线的股份。美国在线也没有说起这事。"而且在快速发展期转变经营策略是没有意义的。其实米德霍夫在暗示，作为贝塔斯曼的董事会主席，他不能再继续担任美国在线的监事了，因为贝塔斯曼是时代华纳的竞争对手，是无权监管时代华纳的。这是竞争法规定的。

3月，贝塔斯曼宣布卖出美国在线欧洲分公司的股份并将完全退出网络业务。一边是庆祝和美国在线分道扬镳，一边是失落沮丧的情绪在蔓延。原因是：1994年贝塔斯曼花了5000万马克买了美国在线5%的股份，六年后5%股份价值30亿马克。如果和美国在线合作，利润将更加可观：1995年以来，贝塔斯曼给美国在线投入了卜亿马克，如果合作，现在这笔钱可能会变成135亿或165亿马克，这意味着贝塔斯曼的原始资本一下子翻了三倍。

2000年夏，近80岁的赖因哈德做出了他毕生事业中最重要的一个决定：贝塔斯曼要上市。赖因哈德虽是一位成功的企业家，但他对经营一家上市公司毫无经验。他一直反对上市，但到此时为止，股市交易带给集团的只有好处。米德霍夫入股美国在线带来了十几亿的收益。儿子克里斯朵夫的门户网站公司Lycos在欧洲上市后，许多人寄予它很大希望，认为它肯定会成为下一个"美国在线式的奇迹"，所以纷纷购买其股票。几百万的股票收益弥补了开始的亏损。现在贝塔斯曼要在不亏损的情况下利用股票赚更多的钱。

2000年初，米德霍夫第一次将他的宏伟蓝图上报了赖因哈德：他要通过交换股权买下RTL电视台，他终于可以像他美国的竞争者那样操作了。一次共进晚餐时，米德霍夫向赖因哈德提起了阿尔伯特·弗雷里。如果弗雷里准备卖出他在RTL的股份，要不要出手？在此之前，米德霍夫和英国企业皮尔逊合并，借此增加了对RTL的控制。7月，贝塔斯曼和皮尔逊把拥有22个电视台、18个电台和制作公司的RTL集团在伦敦股市注册上市。这样一来，贝塔斯曼的一部分股份也随之上市。但米德霍夫还不满意，贝塔斯曼要买下整个RTL。米德霍夫毫不松懈，反复尝试说服弗雷里出售他的股权。他清楚必须给弗雷里一个有足够诱惑力的筹码。"让他入股贝塔斯曼"这个条件应该不错吧？弗雷里听后很感兴趣，但他要的更多。要想了解弗雷里的想法，我们要先了解一下这位比利时的金融家。

阿尔伯特·弗雷里来自比利时瓦隆大省的一个贫困家庭，1926年出生于钢铁小城查雷洛依，比赖因哈德小五岁。小时候母亲总是命令他："关灯！我们可不像人家罗斯柴尔德家族（欧洲久负盛名的金融家族）那么有钱。"战后他接管了母亲的五金店，卖钉子、铁链子和废铁，和炼钢厂的联系很多。因为他觉得做钢材生意能赚钱,所以买进了大批钢材。他运气不错。因为朝鲜战争和东西两大阵营的形成,冷战时期世界范围内钢材短缺,他把钢卖到古巴、中国、波兰、俄罗斯,很快他开上了梅赛德斯敞篷车,吃上了生蚝。

1954年28岁时,弗雷里有了第一家钢厂,20年后这个地区所有的高炉都是他的。说到这位粗俗的企业家,人们都爱讲他的一件趣事:一次,他的工人罢工,不让他离开集会现场。他立即解开裤子说:"我尿急,你们不让我走,我现在就尿在墙上。"罢工人群马上给他让出了通道。在钢铁危机到来之前他赚了不少钱。危机到来时,他把钢厂卖给了国家,把钱投在了不同的公司里。1981年他掌握了布鲁塞尔·朗贝集团三分之一的股份。这是比利时最大的上市集团。之后,布鲁塞尔·朗贝集团又涉足石油行业、保险业和银行业。弗雷里称自己是"专业股东",他一直和加拿大人保罗·德马雷合作,两人关系亲密,业界都称他们是"双胞胎"董事会。这家控股公司只有20人。20年来弗雷里资产的领导权,即集团核心业务,都由一个荷兰基金会掌控。这样一来,弗雷里就可以不用缴税就把控股公司传给他的后代。和赖因哈德一样,他也开始筹划接班人的事。他的小儿子1991年死于一场车祸。大儿子曾说会和父亲一起退休。对于弗雷里来说,未来不容乐观。

弗雷里是一个脾气暴躁的人,经常冲员工大吼大叫。早上7点半就会坐在办公桌前打电话。即使是周日早上,员工也要随时待命接听他的电话。走出房间必须关灯,在旅馆也一样。如果忘了,他会折返回去关灯。如果来不及返回，他会让他的秘书去关灯。除了随手关灯，其他童年的记忆他都忘了，他已经和罗斯柴尔德家族一样富有，甚至偶尔可以住在这个家族留下的庄园里享受一下生活。

人们估算他的私人财产已达16亿美元，他被看成是比利时最富有的人。他喜欢美食和好酒，有自己的酒庄"波尔多的白马庄"。他轮换住在比利时、巴黎和南法。1994年比利时皇帝赐予他"男爵"的爵位。当弗雷里重组控股集团并卖出部分股份时，有人斥责他在变卖国有资产，之后他搬去了法国。通过买入RTL旗下的Audiofina，这位曾经靠倒卖钢材发家的生意人和炼钢厂老板成功转型成为媒体大亨。

弗雷里是靠股市发家的，他要对他的股东们负责，所以他不能拿RTL的上市股份和一个没上市的股份进行交换。只有贝塔斯曼给出极诱惑的条件或者贝塔斯曼宣布上市，他才会同意交换股权。最后米德霍夫和弗雷里达成了交换条件：弗雷里把他RTL的30%的股份给贝塔斯曼，加上之前已持有的37%的股份，贝塔斯曼已掌握了RTL大部分股份。作为回报，弗雷里获得了贝塔斯曼25%的股份。到现在为止交易终于完成。但这笔交易的特殊之处在于，贝塔斯曼许诺弗雷里，从2005年起他就可以把他的股份上市。为什么是2005年呢？因为到这时，赖因哈德卖给布赛留斯的10%的股份，又将完全回到贝塔斯曼手中。弗雷里同意交易的一个条件就是：为贝塔斯曼上市奠定基础。

2000年10月，托马斯·米德霍夫和西格弗里德·路德从总部办公室奔赴基金会，手里握着与布鲁塞尔贝朗的交易报告。赖因哈德喜欢简练但准确的描述。报告中说弗雷里注重"能创造新的可能性的解决方案",毕竟他是金融家,对于没上市的股份不感兴趣。与贝塔斯曼不同,RTL股份只能在股市上交易。米德霍夫和路德都认为集团必须迈出这一步,涉险上市。他们后来和记者说,当时他们也不太肯定赖因哈德是否会同意。

出乎意料的是,赖因哈德觉得这笔交易合理且非常有前景。据说他马上问道:"我们下一步该做什么?"为什么赖因哈德这么快就答应了?可能他认为,集团曾经的主要业务图书业务前景渺茫,电视将代替图书的功能,为集团带来更多利润。即使要交出25%的股份,而且这25%未来会上市,这笔交易仍然是正确的。赖因哈德看了一遍资料,问了几个问题——如:这会给老股东带来什么影响后,就点头同意了。米德霍夫和西格弗里德·路德简直不敢相信:"我俩像两个得了好成绩的小学生站在那里,一边相互对视着,一边心想,这怎么可能呢?"

弗雷里把RTL30%的股份给了贝塔斯曼,拿到了贝塔斯曼25%的股份后,布鲁塞尔贝朗的股票大幅升值。《股市行情报》说:"这位比利时人显然是最大赢家。"实际上这25%比那30%要值钱,毕竟25%的股份让弗雷里除了继续拥有RTL的股份,再加上兰登书屋、古纳亚尔、贝塔斯曼唱片公司、欧唯特及一系列子公司的25%的股份。算一算可能会觉得赖因哈德是不是疯了,因为他好像把公司送了人,但支持者却认为,从这笔交易可以看出,接管电视台是多么迫切。高额的交换份额很快就被RTL的巨额利润弥补了。赖因哈德指出,这次交易开拓了更大的战略机遇并给年轻一代人充分的空间。"不然他们就跑了。"他知道米德霍夫接到了竞争者承诺的优厚待遇，而且他一直想领导一家上市公司。

按照RTL当时的股市行情，这笔交易价值44亿欧元，却换来25%的贝塔斯曼，相当于176亿欧元的公司价值，比一年的销售额少，比保守估计也少。那么赖因哈德为什么会同意呢？按理来说，就算以后能赚钱他也不会动心的。这笔交易一直是个谜。

实际上，赖因哈德经过更全面的考量，从集团角度出发同意了这个"昂贵的上市"。2001年2月，对此他说道："鉴于集团在过去几年的发展，我越来越觉得来自外界的监管对我们有好处。"当米德霍夫和路德极力说服他上市时，他就发现，分析家和媒体会更加仔细地"监督"他们的运作，这才是真正说服他的地方。贝塔斯曼正朝着他制定的15%的利润率（投资收益）发展，在他死后，股市会代替他接管对集团的监督。他看不出有什么不好。为了不让弗雷里拥有决策权，赖因哈德虽然给了他25.1%的资产，但对于少数否决权起决定性作用的0.1%的股份却没有决策权，赖因哈德仍牢牢掌控着决策权。赖因哈德同意弗雷里派两个亲信进入监事会的提议，因为这可以更好监控集团的运作。

对于赖因哈德，上市看起来几乎是笔完美的买卖，因为他其实一直没打算把自己的那部分股份上市。他想试水股市，尝尝甜头，同时还不会损失什么。被崇拜他的人称为"开明资本家"的赖因哈德也成功的玩了一把股市。

18."我的毕生心血"

创办基金会

居特斯洛的市政厅被深蓝色丝绒窗帘装点一新,集团活动组织部的女服务生们站在大门口负责把八百位客人引领到他们的座位上。这次活动是为了庆祝贝塔斯曼基金会成立25周年。2002年3月13日这一天,与其说是基金会的庆典,不如说是为赖因哈德·摩恩举办的庆祝活动,《时代周刊》早在1998年就将他评为"世纪企业家",这次活动是为了向这位基金会创始人致敬。这个称号对于赖因哈德来说就像其他人的职业称谓那么理所当然。联邦总统约翰内斯·劳在他的致辞中说道:"您给我们出主意,我们接受您的建议。我们以这样的方式彼此表示敬意。"

联邦总统年轻时差一点就去贝塔斯曼工作了,战后他在乌珀塔尔的几家新教出版社做销售，开着一辆车在全国到处跑，为出版社的新书做宣传。当时，海因里希·摩恩想把他招入麾下，邀请他到居特斯洛，给了他不错的待遇。因为母亲的缘故，劳不想离开乌珀塔尔，而且对他来说诱惑不大，因为去除交通费等额外开销，他还不如之前挣得多。海因里希·摩恩说给不了他更多的，但却可以给他一个优惠条件：他每年可以免费定制一套西装，由贝塔斯曼支付这笔钱。劳又算了一次，西装改变不了他的收入，所以他还是拒绝了赖因哈德。在庆典上两个人对往事的回忆是不一样的：劳说当时给他的工资太少，赖因哈德一边使眼色一边说，他们当时特别想把劳挖过来。

舞台上五个高耸的墙柱代表了基金会的五大职能领域：教育、就业、健康、民主和国际问题。三百名员工负责两百个项目，例如协助在波兰、埃及修复博物馆；审查关于教育和健康领域的改革方案；为就业联合会提供支持。基金会的长期工作还包括为欧盟委员会轮值主席上任前作为期一周的培训准备。曾经的董事会主席冈特·蒂伦说，基金会是想"拥有一定的影响力，但不是直接参与政治"。法学教授乔尔·弗莱斯曼和美国杜克大学基金会专家赞扬贝塔斯曼基金会在全球范围内的影响力，它为其他基金会做了很好的榜样，这些完全归功于赖因哈德·摩恩，在建立基金会领域他就是一个"天才"。基金会早就明确了自己的定位：现在基金会的首要任务不再是维系公司的运营，但是在初创时期，对于基金会而言，企业和社会政治同等重要。赖因哈德也曾经明确表示，建立基金会首先是保障集团的运作。

赖因哈德·摩恩描述他建立基金会的动机时说：有的人爱喝啤酒，有的人爱晒太阳，而我喜欢思考。25年后他的基金会成了德国最大的运作型基金会，"运作型"不仅指基金会拿钱资助项目，而且还要监管项目。自1977年以来，基金会已经捐助了3亿5千万欧元，这都是贝塔斯曼股份公司挣的钱。

劳在致辞中问他："贝塔斯曼股份公司的人难道不担心吗？""如果基金会的所有教育项目都成功的话，那么人们就不会坐在电视机前看电视和听音乐了，而贝塔斯曼就是靠这些挣钱的呀。"这个矛盾一直没有被消除。基金会想拥有影响力，甚至在一定程度上对政治施加影响。"但是把个人的钱投入公共事业里，而且自己决定投入的领域，是有别于政治的。政治是由公民选出来的代表所做的民主的工作。"劳强调说。这听起来像是对于集团扩大影响力的一种警告。

因为集团的权力很大，对于有些人来说，基金会并不是重要部门。批评者谴责基金会参与制定有关基金会的法律规定。难道这不是纯粹的为自己的生意游说吗？还有人斥责说：赖因哈德对于基金会工作的设想与民主议会的理念背道而驰，因为基金会参与的政治是选民无法参与的，甚至部分参与是用钱来进行的。而且这部分钱如果不是基金会的话是要上税的。但是基金会却不这么认为，他们强调基金会的公益性，他们是通过自己的工作来支持国家。

赖因哈德将基金会看成自己毕生的事业，贝塔斯曼基金会只是一个开始，之后又建立了德国第一家城市基金会。他借鉴了美国的模式,也是他借贝塔斯曼基金会一直倡导的理念:一个城市的公民用捐款来支持一个城市的公共项目。他把为此所付出的一切视为一种使命,这完全符合摩恩家族的传统,但有些批评者讽刺地把基金会称作是"摩恩邪教"。

集团和基金会之间的界限经常是模糊的,比如两者在柏林都有代办处,基金会和股份公司的员工使用同一个停车场和邮箱,在同一个食堂吃饭,这是分割不清的外部标志。两者在有些方面互相渗透得更加明显,对于一家公益机构来说,这很容易引发质疑。许多企业会把自己的基金会和公司的经营运作严格进行区分,尤其是在美国。毕竟集团的大部分收入要流到基金会账户,而基金会在税收方面享受优惠。基金会每给出一个欧元,第二个欧元就不用上税。

目前贝塔斯曼已经成了一个大型的政治机构。可能从联邦政治层面上讲,居特斯洛扮演的还只是配角,但是它却是高层政客重要的开会地点。在这里,格哈德·施罗德、埃德蒙特·施托伊伯在竞选期间互相排挤,就为了在贝塔斯曼地下室论坛中当着贝塔斯曼的领导层讲演,而利兹和经理们就坐在第一排。目前贝塔斯曼已经非常强大,拥有许多媒体,没有任何一位政客会拒绝基金会或集团的邀请。

《法兰克福汇报》称基金会的员工是"秘密的总理参谋":2000年他们创建了"总理论坛",由总理、部长、州长、议会党团主席参加的每年一次的会议。此对话是基金会影响政治讨论的一个实例。通过基金会,集团与各党派的政客建立了联系：有些政客是基金会、管理委员会和咨询委员会的成员，主持基金会的活动，做报告，收入可观。比如：施罗德总理曾在基金会的会议上做过关于媒体能力的报告，并接见了利兹，和她交流关于妇女就业的问题。丽塔·瑞斯穆特是董事会管理委员会的成员，将基金会的研究结果写入移民法，在图书颁奖会上介绍利兹的书《爱会敞开心扉》。德国二台的台长迪特尔·斯托尔特是管理委员会的顾问，据说如果集团的宣传部对电台的节目提出异议的话，他会向贝塔斯曼的对外宣传办公室取经。

1977年3月14日基金会成立，这一天赖因哈德终于获得了官方的批准函，两年来基金会一直没有进行实质性的工作。1979年1月汉斯-迪特尔·韦格成了基金会的经理，同时也是基金会的第一位员工，他当时在法兰克福汇报上看到了招聘启事。当时他应聘的岗位是一个建设中的经济科学研究所。然后他被录用，在居特斯洛办公楼的一个办公室里上班，和公司共用一个秘书。那时基金会没有什么资产，赖因哈德只为基金会注入10万马克的资金，韦格回忆说：每笔支出他都要给赖因哈德签字。

基金会的第一个项目是和居特斯洛市政府共建图书馆，赖因哈德想借此说明国家可以更有效地组织它的服务机构：这一想法实现了，与其他城市相比，居特斯洛的许多市民成了图书馆的会员，据说今天每两个市民中就有一个是图书馆的会员。第二个项目和赖因哈德曾就读的中学"新教基金会文理中学"有关，起初赖因哈德设计了一个关于学校领导和组织的项目，后来却决定做一个促进多媒体课堂的项目。1984年第一个项目完成时，赖因哈德对经理说："我们现在可以招员工了。"从此基金会不断扩大。

沃斯诺尔担任基金会主席时，预算首次达到了一亿马克，员工人数增长至210人。赖因哈德提出了新的工作重心。1999年12月他宣布："未来我们将投入更多的力量和资金，去实现那些让社会变得更好的项目。"沃斯诺尔加强了媒体方面的工作，他认为对一个媒体集团来说是理所当然的。批评家经常指出：不应将基金会和集团的利益相混淆。2000年由基金会举办的有关通信管理办法的会议就是个很好的例子。这不是一个普通的会议，基金会把所有参与改革的人都召集在了一起：州长、国家电视台台长、德国媒体集团老总，还有科研人员。如此高级别的论坛在其他地方可是没有的。基金会委托调研团队为会议的讨论提供内容材料，并且规定了讨论的范畴和题目。对于基金会来说，这次会议本身是一个很棘手的事情，因为基金会的老板就是德国最大媒体集团的所有人，那么集团肯定是简化电台电信监管的最大受益者。集团和基金会人员上的共享也在此次会议中暴露无遗。会议第一晚，基金会在集团内部的酒店设宴款待宾客，沃斯诺尔在酒会开幕致辞中说他只是司仪，但在晚宴开始前，他还是说了几句和媒体政策相关的话。在影射之前的讨论时他说道，在别人抨击我们时，我没有听到私人电台的声音，基金会没有遭到外界的攻击，只是集团内部的几个领导受到了指责。显然沃斯诺尔也不能严格区分他作为集团监事会主席和"独立基金会"董事会主席的双重角色。

在每年一度的"卡尔·贝塔斯曼奖"的庆典上的情况

也很相似。1984年设立的这个奖项主要是为了奖励创新型的理念。1998年，美国关于因特网自我监管的倡议及加拿大电台电信监管局获得了这一奖项。获奖人的选择也明显迎合了国内的政治。因为加拿大政府就像贝塔斯曼的经理们和受基金会委托的评委们一样，只做德国政府希望他们做的事。网络自我调节方面同样如此，董事会主席米德霍夫宣布，集团放弃付费电视台"Premiere"，将事业重心放到网络业务上，尽快把付费电视转接到网络上。

基金会和集团的密不可分重点体现在领导层上，因为基金会的主席几乎全部由之前集团的董事会主席来担任。60岁退休后他们可以继续在基金会工作。沃斯诺尔时期一人多职的情况最为突出：他不仅是基金会的领导，还是监事会和管理公司的领导。但基金会绝不是收留退休人员的收容所，而是为集团培养人才的基地。蒂姆·阿莫尔德曾经是沃斯诺尔的助理，后来成为基金会的发言人，然后米德霍夫把他调到自己部门。冈特·蒂伦离开印刷部成为基金会主席，后来还取代了米德霍夫成为董事会主席，这时人们就更加相信，基金会才是集团的重要部门。

慕尼黑电影商人雷欧·基希曾给联邦总理赫尔穆特·科尔捐钱，而且他是政府登记在册的顾问，科尔还随时为他在布鲁塞尔忙前忙后，因此受到质疑和指摘。而贝塔斯曼把一位布鲁塞尔的欧盟议员纳为员工却没有引来任何反对之声。埃尔玛·波达克是基民盟在欧洲议会的议员，也是贝塔斯曼驻比利时分公司的官方经理，多年来他一直是公司董事会欧洲部的负责人。如果记者问及此事，波达克一般会说他会把两份工作精确地区分开。有关贝塔斯曼的问题他永远保持中立。但他的工作合同里却注明，要以委托人的利益为先。出版商汉斯·哈伯特·封·阿尔尼姆称这种情况为"对政客行贿"。

不是所有员工都认为这种利益交织是理所应当的。米德霍夫虽然是基金会委员会的一员，但他从不参加基金会的会议，他不想与之产生联系。内部人员说：因为这不符合他的美国式的思维方式。他担心在集团上市时，这一点将成为外界重点指责的地方。他甚至问过赖因哈德要不要把基金会更名为"赖因哈德·摩恩基金会"，因为基金会是他的毕生心血，但赖因哈德拒绝了。

现在冈特·蒂伦是基金会主席。冈特·蒂伦就职时提出要提高基金会的工作效率，减少项目数量，把已有项目办得更好，所以他上台后一切比较平静。据内部人士称，冈特·蒂伦首要目标是打击米德霍夫。在基金会里他有利兹和舒尔特-希伦两个同盟。接下来发生的一切可以被看成是基金会力压集团董事会的一次政变。

19. "现在就让你们看看，你们在给谁干活！"

家庭成员重新成为企业高层

2000年末，赖因哈德开始撰写他的第三本书《企业的社会责任》，内容上还是关于"如何保障企业的未来"这个问题。他偶尔会和米德霍夫谈起此事，但2002年春这个问题变得更加迫切需要解决。赖因哈德刚做了胯部手术，经历了两次中风。给人的感觉是：米德霍夫担心，一旦赖因哈德·摩恩离世，他生前精心设计出的继承规定会让自己在之后的五年没有决策权。他必须和利兹、监事会主席格尔德·舒尔特-希伦共同协商解决公司的事情。

在米德霍夫看来，利兹是一个只会花钱不会赚钱的人。舒尔特-希伦虽然为旗下的杂志出版社古纳亚尔赚了十几亿，但他在如何让一家上市的电视和网络集团立于不败之地方面没有什么经验。米德霍夫的亲信说过，利兹·摩恩和舒尔特-希伦都和他合不来，绝对不是能和他并肩实现宏伟蓝图的合适人选。舒尔特-希伦不是他的最大障碍，他之所以成为监事会主席，是因为赖因哈德当时想赶紧找个人接替沃斯诺尔，如果他俩有分歧，赖因哈德一定会向着他。但是，他如何面对权力越来越大的利兹呢？他想让赖因哈德承诺：利兹永远不会成为监督他工作的管理公司的主席。

米德霍夫还在思考一个问题。他的前任们让贝塔斯曼入股了美国音乐品牌"松巴"，并和"松巴"的老总克莱夫·考尔德商定好，如果他同意，未来某个时间贝塔斯曼可以完全买下它，收购价已经写在协议里了。当时松巴因为签下了布兰妮等歌星赚了不少，所以当时定的收购价是30亿美金。就像米德霍夫对《法兰克福汇报》说的那样，为了买下松巴，贝塔斯曼不得不贷款。而18个月后，贝塔斯曼的负债额会超过规定值，评级公司会给贝塔斯曼降级。那么，怎么才能在上市前避免降级呢？

内部人士透露，米德霍夫去找赖因哈德时，在纸条上记下三点内容。据《明镜周刊》报道，他写的是"对企业首次公开发行股票给予理解""弄清楚家庭的角色"和"一旦达不成共识怎么办？"，关键词是"培养接班人"。米德霍夫建议赖因哈德，用股份支付松巴，就像他后来跟《法兰克福汇报》说的那样。松巴的老总克莱夫·考尔德可以拿到10%的股份，但没有决策权，内部人士说，赖因哈德听到这个建议时很吃惊，说了句："噢？你是这么想的。那我的股份就只剩66%了，然后呢？"赖因哈德应该是担心家族的资产不经意间会越来越少，米德霍夫的权力会越来越大。考尔德以后将他没有决策权的股份换成有决策权的也说不定，那么贝塔斯曼的家庭传统就将毁于一旦。虽然米德霍夫试图安慰赖因哈德，告诉他对此他早有防备，但赖因哈德依然感到不安。米德霍夫甚至威胁说，如果不这样做，贝塔斯曼会倒退成从前那个地方传媒公司。如果赖因哈德希望自己离开，他将自愿离职并在2003年夏天前安排好接班人。赖因哈德当时什么都没说，他不习惯和下属面对面针锋相对。

2002年6月，舒尔特-希伦在监事会的一次会议中向董事会展示了未来工作的重心。米德霍夫觉得这是搞突然袭击，提出了抗议，因为在此之前，无论是沃斯诺尔还是赖因哈德都是先和董事会主席商量好，再在会议上公布。会议结束后他召集董事们开会，却故意没有通知一个人：冈特·蒂伦——印刷部门和工业企业部门的负责人，人们都叫他"欧唯特"，2001年10月他又从赖因哈德手里接管了基金会和管理公司的领导权。

蒂伦和米德霍夫早就认识，但彼此没有好感。他们之间的矛盾大家都心知肚明。以前蒂伦在印刷部门是米德霍夫的上司。他根本看不上这位年轻的经理，他不明白，沃斯诺尔怎么把这么个万金油弄到董事会里来，现在这个看起来就像个助理的年轻人竟和他同桌而坐。沃斯诺尔还总是挤兑蒂伦，说印刷厂当年在他的领导下运行比现在好得多。这是一种侮辱，而且他总是当着米德霍夫的面挤对他。蒂伦选择不理会，把精力投入自家生意里。访客总看见他坐在一张空桌子前，远程遥控他妻子的香肠厂。董事会开会时蒂伦很少发表意见,沃斯诺尔也不给他发言的机会。

米德霍夫一点也不掩饰对蒂伦的不屑:他是唯一一个叫他外号的人。蒂伦也对米德霍夫为贝塔斯曼赚了十几亿的"美国在线"项目不屑一顾,说米德霍夫"全凭运气"。为了气蒂伦,米德霍夫说他在"欧唯特"的项目中没捞到一点好处,还公开炫耀自己在"美国在线"项目中除了年收入430万欧元,额外捞了2000万欧元的回扣。

蒂伦也总是找机会拿米德霍夫爱出风头找乐子,比如:米德霍夫为了《法兰克福汇报》的一篇报道,坐在纽约时代广场上的贝塔斯曼塔上;还有一次为了一篇报道装扮成宇宙飞船的船长。米德霍夫大概也清楚,蒂伦认为这些宣传都是多余的,并把这个观点灌输给了利兹•摩恩。他知道蒂伦是花园酒店顾问委员会成员,他俩私底下的关系很好。他还知道,蒂伦和舒尔特-希伦是大学同学又是旧交,舒尔特-希伦同样看不上米德霍夫那一套。

这次舒尔特-希伦的做法令董事会吃惊不已,所有董事会一致认为他这样做有些过分,应该教训教训他。米德霍夫征求大家的意见时,负责音乐部门的董事罗尔夫•施密特•霍尔茨建议给舒尔特-希伦写封信。米德霍夫同意了,但他自己不想写,他不想让董事会和监事会之间的矛盾加深。董事会一致认为由路德写这封信很合适,但不用签字。米德霍夫把信寄了出去,之后跟董事们说:"现在就让你们看看,你们在给哪家公司工作,是给一个全球集团还是一家家族企业?"

7月中旬,米德霍夫越来越强烈地感觉到,监事会会将他董事会主席的任期延长至2008年。接下来的几天他启动了一个大行动，即撤去舒尔特-希伦监事会主席的职务。舒尔特-希伦必须走，因为他反对米德霍夫所做的一切。比如米德霍夫认为进入中国电台是个机会，他却反对。舒尔特-希伦听到了风声，知道米德霍夫在赖因哈德那里说他的坏话。他也去找了赖因哈德。根据《明镜周刊》的报道，舒尔特-希伦指责米德霍夫花了集团太多钱，销售额却不理想，比如用25.1%的股份换了RTL30%的股份，三年内花了180亿欧元，销售额只有将近70亿。舒尔特-希伦觉得这笔买卖太不划算了。

在准备去北京、上海、香港谈建立贝塔斯曼中国分部事宜前，米德霍夫必须搞清楚舒尔特-希伦的角色。这件事对他太重要了，他决定从美国西海岸飞回居特斯洛，再乘集团飞机飞往赖因哈德度假的马略卡岛。如果利兹在场，他不好和赖因哈德谈判。关于松马的事，赖因哈德还欠他一个答复。之前，赖因哈德和利兹·摩恩没有明确拒绝他提出的让麦肯锡的前经理赫伯特·亨茨勒替代舒尔特-希伦的建议，这让米德霍夫信心满满。他甚至认为已经胜券在握了，他离开别墅时还深信自己一定能说服赖因哈德。当米德霍夫22点出现在机场时，飞行员心里的一块石头终于落了地了。他们可以准时起飞，夜里降落居特斯洛，明早还要飞往马略卡岛。当他得知蒂伦和西格弗里德·路德转天早晨被叫到地中海隐秘的公司总部时，他并没有多想。

路德身材瘦削，身高189厘米，体重75公斤，是位耐力运动员。他是位老员工。1944年出生在萨克森，后学习法律和企业经济，拿到了法律博士。他在勒沃库森的拜耳药厂的税务部工作过一段时间，1974年跳槽到贝塔斯曼，担任税务部经理，那时他30岁。沃斯诺尔想提拔他当总会计师时，赖因哈德不是很看好他，因为路德没有什么创造力。沃斯诺尔却坚持要任命他，因为他需要一个掌控全局，有原则的人。为了把他安排在公司财务主管的位置上，沃斯诺尔想出了一个复杂的管理结构：除了监控董事会的监事会，再组建一个"监事会"，由科学家和专家组成，全部由路德管理，也就是说，路德有自己的监事会。他尽职尽责，获得了赖因哈德的信任。1990年他被提拔进入了董事会。

如果赖因哈德自己有财务方面的问题，也会向路德咨询。只有沃斯诺尔可以直接联系赖因哈德，一般路德不会绕过沃斯诺尔直接联系赖因哈德。这一点赖因哈德也很喜欢。通过路德的帮助，赖因哈德发明了一套监管机制，借助这些机制他就可以把遗产传给自己后人，而不会被外人拿走。后来路德被委以重任成为赖因哈德的遗产执行人。

路德的办公室就在米德霍夫办公室的旁边，他俩人共同说服赖因哈德让公司上市。路德不停抱怨米德霍夫做事太急，米德霍夫却把这看成是二人合作愉快的标志。他们一个急，一个缓，性格互补。私下里两人经常聚在一起玩斯卡特纸牌。

路德已经习惯做一名随叫随到的低调下属。当同样是董事会成员的蒂伦告诉他赖因哈德想找他谈话时，他也是随时等待召唤。他俩都认识赖因哈德的度假别墅。至于他们和赖因哈德到底谈了什么，别人根本不知道。估计又把前几个星期斥责过米德霍夫的话说了一遍，比如：他的计划没有经过深思熟虑，可能会花掉贝塔斯曼太多的钱。蒂伦认为米德霍夫把贝塔斯曼变成了一个拥有上百个股东的集团，而且未来他自己也想拥有公司的股份。这会让他的权力无限增大。至少蒂伦在朋友圈子里是这么说的。

蒂伦对米德霍夫的厌恶，赖因哈德一点都不惊讶。如果单是他一个人这么说，赖因哈德是不会信的，关键是路德怎么想。其实路德不用背叛米德霍夫，他只需要和赖因哈德说，不用卖家庭股份照样可以经营好公司，就足够了。

这可能跟赖因哈德对上市的反感有关。他虽然支持上市，而且说："我希望有来自资本市场的压力。"《明镜周刊》报道说："每次只要谈到上市，赖因哈德和利兹好像就有些不高兴。对米德霍夫来说这是一种妥协，集团拿出25%的股份用于上市。这只是康庄大道的起点。但对赖因哈德来说，这却是一条路的尽头。"

7月22日是周一，米德霍夫回到了德国。周二、周三他在柏林选拔赖因哈德·摩恩奖学金的候选人。此时距离他离开贝塔斯曼已经开始倒计时了。7月25日晚他接到了一个电话，得知有人在针对他搞阴谋。米德霍夫很惊讶，马上给利兹打了电话。两人在电话里收获甚微，约好了转天在他办公室里接着谈。之后他就得知赖因哈德选择不再聘用他了。利兹告诉他这个坏消息时，只是淡淡地说了句："托马斯，一切都结束了。"他们一起乘坐汽车来到花园酒店，这里是监事会人事处开会的地方。之前是米德霍夫召集的会议，为了商量与董事会合作的相关事宜。但他却在会议上提交了自己的辞呈。下午管理公司就此事开了会。周日消息就传开了：冈特·蒂伦将接替米德霍夫成为董事会主席，路德给他当副手。据《明镜周刊》报道：米德霍夫表达了对摩恩家族的感谢，也表示对那些背后算计他的董事们深感失望，但是他没有提及他们的名字。

赖因哈德没有向米德霍夫解释他做出这个决定的原因，之后他再也没跟米德霍夫说过话。米德霍夫想在和睦的氛围中离开，在之后的一次电视采访中对赖因哈德还大加赞赏；度完假他还邀请赖因哈德一家共进晚餐，赖因哈德称病拒绝了，利兹一个人前去赴的宴。

如今冈特·蒂伦成了贝塔斯曼的领导者。在此之前他一直很低调。他负责的"欧唯特Arvato"是集团最不起眼的部门。Arvato是一个缩写，是由拉丁语的"*Ars*（艺术）"一词的头两个字母"ar"，"Variation（变化）"一词的头两个字母"va"，"Technik（技术）"一词的首字母"t"和"Organisation（组织）"一词的首字母"o"组成。贝塔斯曼的80000员工中有33000人在欧唯特工作。欧洲最大的印刷公司、CD制作工厂，图书出版业务和德国最大的电话服务中心都属于欧唯特。

恐怕没人知道，德国80%的手机，不管是E-plus、Vodafone还是T-Mobile的手机都是贝塔斯曼提供的。如果您的手机坏了，也会送到居特斯洛修理。恐怕也没人知道，德国铁路的会员卡、汉莎的飞行常客奖励计划的优惠卡、德国美极酱油烹饪俱乐部的优惠卡都是贝塔斯曼制作的。又有谁知道格林保险、安联保险及微软的文件都是贝塔斯曼处理的？蒂伦的手下员工都知道不能议论公司的合作伙伴。德国联邦铁路和汉莎想把自己的服务外包给贝塔斯曼但对外却说是自家完成的。继RTL和古纳亚尔之后，欧唯特每年为集团贡献的利润也相当可观。

蒂伦上任后一个星期原本就应该卸任的，因为这位利兹的密友已经60岁了。按照贝塔斯曼的铁律，一旦60岁就必须离开实际的业务范畴。但这一次，这个规定作废了。

蒂伦开始解散米德霍夫的嫡系并撤销了他之前的许多决定。路德安分地做他的副职，但却是集团真正的领导。蒂伦想留住贝塔斯曼-斯普林格，路德反对；蒂伦想买"华纳图书"，路德又反对；蒂伦接受采访，路德和银行谈判。不过这种局面还能维持多久呢？

赶走米德霍夫受益最大的是利兹，突然间她成了头版头条。之前人们根本没觉察到，自2001年以来她在公司的势力大幅提升。之前她只负责自己建立的中风基金会和基金会的健康政策并担任主席。2001年，她成功进入监事会。她的助理喜欢称利兹为贝塔斯曼的外交部部长。如今她成了集团的权力中心，报纸上甚至说她是贝塔斯曼的女老板。米德霍夫离开两天后，她就从蒂伦那里接管了管理公司并成为主席，这个职位关系到整个集团重大事宜的决策权。

"贝塔斯曼学到了许多新东西"

2002年10月，图书展前夕，贝塔斯曼再次成为报纸头条，因为历史委员会向公众公布了其调查报告。2000年公布中期报告时就引起了极大的关注。约阿希姆·维内尔特在《周报》中写道："现在一家典型的德国公司要向公众展示它典型的德国历史了。它不比其他的公司好,也不比其他公司差,只是更善于经商罢了。"

历史学家们的工作并非一帆风顺,但是他们的工作条件一直很优越。钱从来不是问题。1998年组建时计划总共需要两年时间,但实际用了四年。四位历史学家雇了十个助手,在欧洲50个档案馆搜集文献。他们还采访了摩恩家族的见证人。他们很清楚,有关公司的传说早已深入人心。有一点是明确的,这些历史学家的工作并不是为了迎合谁。赫尔什·费舍尔斥责他们是贝塔斯曼的遮羞布,海因里希·摩恩和赖因哈德·摩恩的员工们却担心,历史学家们会把他们曾经的老板说成是纳粹分子。

曾经的员工海德维格·利勃采特,从1950年就在宣传和档案部门工作,多次采访中她这样描述她之前的老板:海因里希·摩恩"是一个正直的人,信仰基督教,聪明而勇敢。……您肯定已经发现了。但是他们总是抨击他,说他是纳粹的支持者"。海德维格·利勃采特和许多当时的员工想法一致:他们认为贝塔斯曼不是因为支持纳粹而恰恰因为抵抗纳粹才发展壮大的。他们从未质疑过那些美丽的传说,历史学家在中期报告中指出,出版社战后之所以发展如此之快是因为之前囤积了大量纸张,之后,赖因哈德在第二次证人证词中驳斥了这一说法。

历史学家们向公众公布研究结果三周前,赖因哈德·摩恩收到了唯一的一份纸质版的报告,共1400页。报告后来缩印成800页,其中600页都是列出的出版物。赖因哈德显然没有太多时间读这个报告,因为9月24日在居特斯洛与历史学家们见面时,他给人的印象是他只读了概述部分和几个章节。虽然他说他了解到了许多之前不知道的事，但没举出任何具体的例子。然后他用自己的方式对研究成果做了总结：两大驱动力决定了第三帝国时期的贝塔斯曼——威克斯福特对销售的兴趣和父亲精神层面上的兴趣。

赖因哈德说，他是因为战俘的经历和自己的思考才开始信仰民主思想。现在他惊讶地看到，他的父亲早就坚决地把责任下放给了员工。他自己也没意识到他一直承袭了这个传统。他对历史委员会的工作给出了积极的评价："贝塔斯曼学到了许多新东西。"他还说，这样的工作产生了效果，这很重要。所以要多和记者、学者交流。贝塔斯曼计划召开讨论会并和其他企业交流经验。基金会也要更多的研究自己公司的历史。

报告还没有公布于世，赖因哈德就已经给出了自己对研究的解读，不过与历史学家的解读并没有多大关联：对他来说，有一条红线贯穿了贝塔斯曼的成长史，即公司前辈对公民社会的贡献。这关乎个人和国家的关系。赖因哈德结合2002年贝塔斯曼的情况指出，贝塔斯曼必须强调家庭传统。他认为米德霍夫太自私，他的想法也无法得到实现。

2002年10月7日，历史委员会在慕尼黑公布了研究成果。委员会认真仔细地完成了工作并在他们研究的报告中明确地得出结论：贝塔斯曼绝对不是反抗纳粹的出版社。董事会主席蒂伦甚至对费舍尔的贡献赞赏有加并道歉说："我对之前描述里存在的错误深感遗憾，对我们没有仔细对待历史遗产而感到抱歉。"贝塔斯曼无条件接受公布出的研究结果。

新闻发布会转天，媒体强调说，贝塔斯曼是第一家勇于面对历史的德国企业。在报纸上可以读到，贝塔斯曼在第三帝国时期特别善于经营。总体来说贝塔斯曼对研究结果是满意的。贝塔斯曼的合同作者丹尼尔·戈尔德哈根在企业内部杂志里将企业的这种做法称作是"示范性的"，"贝塔斯曼正在一条正确且值得称赞的路上前进。"但是，贝塔斯曼是不是应该问问自己：这就可以了吗？"是不是应该再多做些事呢？"

但也有批评的声音。研究报告公布后第四天，一篇《华尔街报》的报道揭露，有一份很重要的，能证明"反抗纳粹出版社"这种说法和赖因哈德之间直接关系的文件却没有被史学家们公开。这份文件涉及一封信和几份1947年4月9日的文件，这些文件是赖因哈德为了拿到杂志出版执照而上交给英国占领军的。赖因哈德的父亲在文件中把贝塔斯曼描述成抵抗纳粹的堡垒并称，出版社是因为出版宗教类书籍被关闭的。信封上的寄信人是大写的两个字母"RM"，即赖因哈德·摩恩的首字母，他父亲海因里希·摩恩签的字。委员会虽然详细地描述了海因里希和他的律师弗里茨·穆勒是如何表述反抗纳粹这个传说的，及赖因哈德如何和执照颁发部门的人讨价还价的。他们还引用了许多与战争相关的文件书籍附在信件后面。但是他们断言这个传奇和赖因哈德之间没有直接联系，但是显然这封信似乎可以说明它们之间是有直接联系的。绍尔·弗里德兰德马上出面维护委员会的工作："我们委员会的任务和内容是，就像书名表达的一样，弄清楚第三帝国时期的贝塔斯曼。而在第三帝国时期，赖因哈德并没有在父亲的企业里扮演重要的角色。1946年初，当他从两年的监禁中返回居特斯洛时，出版社反抗纳粹的传奇故事已经广为流传了。事实上我们的研究范畴从第三帝国前的100多年就开始了，一直延续至1950年。"

其他的批评之声也随之而来。比如有人指责说，研究报告虽然材料丰富，但缺少总结性的评判。出版研究界学者西格弗里德·洛卡蒂斯批评道："这本书比概述里那些谨慎的，用被动句式代替直接指明罪责的表述要更有意思，更适于阅读。"而且"作者指责评论家是点燃炸药的罪魁祸首"这事甚是令人伤心。

出版专家遗憾地说："历史委员会没能独立自信地对待费舍尔的指责，其实他们应该感谢他，是他为他们提供了调查研究的机会。"贝塔斯曼只把概述部分译成了英语，这就可以解释为什么美国对这本书的反响相对平和得多了。

根据南德报的说法，赫尔什·费舍尔因为揭露了此事而做出了难以磨灭的功绩，他比洛卡蒂斯更具批判性。当一位记者请求他为委员会的调查写献词时，他写道："独立的史学家们向赖因哈德学到的远比从他们大学老师和其他知识来源学到的都多。在贝塔斯曼这件事上，最能说明的是，金钱和财富最终起了决定性的作用。"这位独立史学家是这样理解的：关于1947年，赖因哈德如何在杜塞尔多夫看到了那些重要的、令人担忧的资料，然后迅速把它们销毁的相关内容，在研究报告最后一页的总结中根本找不到。

转折点

面对历史委员会,赖因哈德解释说,未来家庭要扮演更重要的角色。多年来他一直给经理们许多自由空间,而且坚持家庭不要参与集团的运作,因为家族无法维持公司的发展。但此时转折点出现了。

2003年春,赖因哈德在基金会介绍他撰写的第三本书。推介会搞得像国家大事一样,整个董事会和监事会都聚齐了,赖因哈德当着所有宾客的面宣布了他的接班人——利兹。报纸称此次活动是"居特斯洛女皇"的登基大典。

在此之前,一篇赖因哈德写的发表在《世界报》周末版的文章引起了轰动。文章中他和几个经理做了了结并突出了家庭的意义。"经理人很危险,他们总是优先考虑自己的目标。一次次的失望教会了贝塔斯曼,经理人对于企业目标的理解和企业家是不同的。我确信,世界范围内的大规模公司倒闭肯定与此相关。"从这个"系统故障"中贝塔斯曼吸取了教训,他要把决策权重新交给家人。家人不必领导核心业务,但必须贯彻企业的"人道主义"精神。所以他对管理公司做了相应的重组,加强了家庭的权力。此外,他希望几个孩子未来会影响企业的决策。经理的虚荣心和家庭的意义这两个主题他事后也写进了书里。

在2002年出版的特刊中,赖因哈德发现了两者之间的共性:"虚荣的经理大多数不是称职的父亲,也不是好的婚姻伴侣,对他们来说这可能没什么,但他们的家庭就值得同情了。"

赖因哈德的经理人们肯定不会喜欢他的新书，但别的读者也不喜欢。《法兰克福汇报》给予的评价是毁灭性的："这本书根本没有新的思想。读起来就是在受罪，不仅因为它说教式的口吻，而且其中许多判断过于苛求，完全没有任何自我反思和批评。还有许多半生不熟的概念，前后不一致的思想归纳让阅读变得费劲。"经理们可能在自家的出版物里读到了这些令人解气的评论。《法兰克福汇报》认为只有一点还是值得肯定的：在书里他并没有和沃斯诺尔和米德霍夫算总账。实际上他对"虚荣"的看法早在15年前出版的第一本书里就阐述过了。

监事会主席舒尔特-希伦在新书出版庆典上就坐在头排，仔细地倾听赖因哈德用训诫的口吻批评经理们的虚荣和缺乏创意的，他边听还边做笔记。赖因哈德讲完话去了食堂，他妻子在基金会前厅和客人们交谈，董事会主席蒂伦不得不忙着辟谣，因为虽然赖因哈德对股市没有好感，并不代表家属和集团已经私下打消了上市的念头。一切还按照计划进行。

此外，蒂伦觉得有必要两天后在一封致全体员工的信中明确，集团其实是由董事会，而不是某个家族领导的，因为赖因哈德向他承诺了这一点。蒂伦表现得有些局促不安，因为有人猜测，被开除的经理沃斯诺尔和米德霍夫挑动记者针对公司。另外，舒尔特-希伦承诺，公司档案科会撰写经理们的功绩。一时间，历史研究变得重要了。居特斯洛的总部又恢复了平静。同一天舒尔特-希伦接受了《明镜周刊》题为《勇气还在》的采访并表示，贝塔斯曼内部有些东西已经无法控制了，其实他是在说他自己。

一位出席新书推介会的人说，赖因哈德给他们"上课"的时候，舒尔特-希伦内心五味杂陈，在接受《明镜周刊》的采访时，他马上针对赖因哈德的话提出了自己的见解。他警告说，家族过多参与集团运营并不能减少错误决定的风险。舒尔特-希伦从企业的未来出发，指出"集团的未来是与执行者的能力和聪明才智分不开的。"字里行间都在暗指自己："如果最有能力的人不敢再表达他凭专业素质和良心想要说的，公司会损失很多。"其实他的意思是：没有了舒尔特-希伦这位敢于公开指责自己上司的人，贝塔斯曼将损失很多。舒尔特-希伦想争取主动，在被秘密夺权前采取行动。如果在那次《明镜周刊》采访后他被解雇了或是失去了贝塔斯曼监事会主席的位置，那么贝塔斯曼和赖因哈德就要担心更多的负面新闻。《德国金融时报》认为这次采访是"给62岁的利兹·摩恩投的不信任票"。

虽然舒尔特-希伦在赶走米德霍夫的行动中扮演了一个很会做人的配角，但作为手握企业领导权的监事会主席，他的所说所做让赖因哈德甚是担心。采访之前，利兹和舒尔特-希伦应该是大吵了一架。一张报纸大肆宣扬了这件事情。其实舒尔特-希伦并没有报纸上说的勇敢，他在打算接受采访之前，把自己要说的话传真给了赖因哈德，并在一个小时后给他打个电话。赖因哈德当时说："我能理解。我觉得写得挺好的。"背景里他也听到了利兹·摩恩说："我觉得挺好。"然后舒尔特-希伦说："哦，那太好了。这还是那个曾经的我喜欢的贝塔斯曼。"

但是没过多久，他就跟集团的新领导利兹吵了起来。导火索是贝塔斯曼管理公司的新规定。实际上管理公司就像联合国的安理会，都是用论据说明自己在争端中的立场。但如果硬碰硬，还是权力决定一切。在安理会里有五个常任理事国，而在贝塔斯曼只有一人有否决权，只有他一人领导集团、做决定或阻止决定：赖因哈德·摩恩。得知此事后，他没有直接干预，解释贝塔斯曼"权利"核心的问题：他让他妻子出面。利兹必须做出让步。所谓的让步是：利兹不会像赖因哈德那样管理监事会和集团。利兹未来不会有否决权，但整个家族拥有一票否决权。因为如果没有家族的三张票，管理公司未来将不能做重要决策。管理公司的章程被修改的是：利兹自己不能，而是和她的孩子们一起管理公司。而变更之前只规定了多数否决少数，也就是说家族意志如果占少数也会被否决。

权力冲突的导火索是赖因哈德宣布未来他不会再违背家族的意愿来安排领导层的职位。集团高管们，尤其是监事会主席舒尔特-希伦非常担心。赖因哈德多年来之所以得到经理们的信任，是因为他作为曾经的公司主管展现出的经验和成功。而利兹根本不具备这些资质，但她却要决定监事会的一切。监事会主席虽然是被选出来的，但如果利兹坚持贯彻自己的想法，她就向无限权力迈出了关键的一步。这恰恰是几个经理们担心的。所以他们想知道利兹未来在集团的权利以及她未来的权限范围。

1999年，赖因哈德向媒体介绍管理公司时，称它是集团的指路明灯，可以维持集团的连续性。管理公司里除了家庭成员、董事会主席还有监事会主席。它不是决定日常工作的，而是对集团重要事项做出决策的，比如接纳新的股东、出售股份。根据受访人的说法，自1999年以来，管理公司一直都是在和谐的氛围里做出决策的，因为只有确实重要的决策才会在管理公司里讨论决定。它就是一个聊聊天的圆桌会议，未来的沙盘模型，因为所有重要问题还是赖因哈德自己决定的。

就像在联合国讨论伊拉克战争问题一样，在贝塔斯曼，那个过去几年一直富有争议却一直悬而未决的问题就是：在准备上市的过程中是否应该把集团的股份以股票形式出售。这个问题也导致了米德霍夫的离职。

2003年赖因哈德对《时代周刊》说："如果有人说赖因哈德改变了他的观点，我只能说，希望如此吧！新的生活环境需要新的解决方案……我曾经说过，家庭不可能直接管理集团，今天我仍然这么认为，但我找到了另一条路，家族来维护集团里的人文立场。家族没说要领导集团，因为有董事会和其他决策部门。但家族成员可以说，集团要保持它的立场。……所以我的家庭在管理公司有参与权，但绝不会从事任何行政工作，绝不。如果集团里的其他人有其他想法，那就要改变公司的规定了。此外我还说过，我妻子将接替我成为集团的发言人。我在遗嘱中规定了，她可以决定她的下一任。以这种方式家庭拥有了一票否决权。"

利兹掌权

利兹现在成了集团的领导人：她和"女王"们、主席们共进晚餐。她是罗马俱乐部唯一的女性成员，她也是比尔·克林顿访问柏林时与他会面的人。据说，克林顿在会面时说"她就是贝塔斯曼的女管家。"目前克林顿已和贝塔斯曼签了合同。随着公众影响力不断提升，她开始插手集团的工作。效果很明显，她管辖的部门全员大换血。有人背后指责她，说她赶走了几位女员工就是因为她们着装不体面，这显然不可能成为解雇人的理由。谣言的核心是：她的标准往往很简单，但又让人琢磨不透，无论如何她巧妙地把大大小小的麻烦都除掉了。

其中一个麻烦就是曼弗雷德·哈尼施费格尔。二十多年来，他一直是集团的发言人。很多重要的记者都和他以"你"相称，他时常给他们透露赖因哈德的想法。他就是要让人们认为他能和赖因哈德·摩恩说上话。实际上，赖因哈德早就不想见他了。哈尼施费格尔一直努力地让人们相信他和赖因哈德关系很好，他经常引用赖因哈德说的话，好像他们每星期都见面一样。而且他经常写一些他自己编造出来的赖因哈德说的话。2001年6月，《时代周刊》采访了赖因哈德，并在之前的报道中写道，赖因哈德并不想上市。哈尼施费格尔很生气，写了几句话让人给赖因哈德看，然后用赖因哈德的腔调通过德新社公布消息说：赖因哈德非常支持上市。

哈尼施费格尔以为自己是幕后操纵者，他经常说："是我造就了米德霍夫。"也许他自己是这么认为的。反正利兹相信他有能力成为那个幕后指使者，也恰恰因为这个，他断送了自己在贝塔斯曼的前程。最终终结他事业的是他想去大城市的梦想。他毛遂自荐去柏林负责那里的代表处。贝塔斯曼希望首都的代表处能代表公司的实力,所以要把坐落在"菩提树下大街"的司令官邸保留外部样式的前提下翻建成公司的代办处。哈尼施费格尔应该提交一份改建计划书,但他迟迟拿不出方案。他最终拿出的方案令居特斯洛的所有人大吃一惊:哈尼施费格尔提出要建第二个厨房,为了在开会时不用把饭从一楼的厨房送到楼上,因为这将花掉四分半钟的时间,不符合贝塔斯曼的档次。在这样一个顶级宾馆里饭菜应该上快。不仅第二个厨房超出了预算,哈尼施费格尔还建议给代表处安排20至25位员工,居特斯洛总部认为太多了。

也许哈尼施费格尔在改建计划中选错了重点。利兹根本不想听其他人对会议中心的设计和安排指手画脚。利兹对自己装饰布置并领导的居特斯洛的花园酒店特别骄傲。摩恩家族是想让远道而来的贵宾在居特斯洛这个小镇也能享受星级酒店的舒适待遇才建了花园酒店。酒店一直都是贝塔斯曼大型庆典的举办地,尤其是利兹组织举办的庆典,不管是玫瑰舞会,还是"新声音"歌唱比赛,或是年终业绩新闻发布会前夜的媒体餐会。目前,此类大型活动越来越多地转移到柏林举行。2003年11月,贝塔斯曼的重要人物来到柏林参加代表处的开业大典。仪式中提到,未来社会活动的中心将是柏林。哈尼施费格尔也是这么认为的,但他没能在开业庆典上和总理握手问候,他根本没有出现在贝塔斯曼一行人中。

当米德霍夫被利兹淘汰出局时,他也拉上了哈尼施费格尔给他垫背,但哈尼施费格尔是米德霍夫嫡系中第一个落马的。内部人士说,利兹·摩恩特别不喜欢他,因为他和米德霍夫交情好。利兹和蒂伦的势力增强迫使米德霍夫不得不牺牲掉哈尼施费格尔，米德霍夫本想把他安排在德国二台，但没做到。不过他已经算幸运的了，要是在蒂伦手下，他肯定拿不到米德霍夫给他的赔偿金。

2003年下旬，利兹终于展示出她的权利，又解决了两个大麻烦，或者说，削弱了他们的权力：路德和舒尔特-希伦。遗产执行人和负责金融财务的董事路德反对蒂伦的经营理念，就像他曾经反对米德霍夫的计划一样。路德想减少负债，而蒂伦需要钱来实现自己的计划。他如何才能解决这个问题呢？最直接的做法就是告诉利兹他和路德有矛盾。蒂伦获得第一轮的成功。十月份赖因哈德默默地解除了路德遗产执行人的职位。这样蒂伦就有了更多的自由空间。当他把贝塔斯曼音乐公司和索尼合并时，路德只是形式上参加了合并谈判。利兹同样能从削弱路德势力中得到好处，因为路德主张赖因哈德·摩恩的六个孩子，不管是谁生的，应受到同等的对待。这显然不是利兹想要的。

10月，路德被免去遗产执行人的职务时，所有参与人都对原因守口如瓶。公司内部既没人证实也没人否认。路德原本应该按照赖因哈德的指示，在他死后三年成为管理公司的一员，行使表决权，执行其遗嘱。如果路德不再属于管理公司，他也就不能行使任何权利了。

如果你问谁将成为路德之后的下一位遗产执行人，你会看到惊讶的表情。为什么要有下一位呢？集团内部流传的关于路德被免职之后的解决办法是：一切安排妥当，不再需要路德了。但是一位遗产执行人如何在委托人还活着的时候就完成了自己的使命，谁也说不清。

11月，利兹和蒂伦共同进行的第二场战役开始了：月初，据说为了避免利益冲突，蒂伦从舒尔特-希伦手中接管了古纳亚尔监事会主席的职位。如果失去了古纳亚尔，舒尔特-希伦在集团里就没有任何势力了。两周后，当舒尔特-希伦质疑与索尼合并的意义时，蒂伦暗地里得到了两位股东的支持。舒尔特-希伦被迫辞职。

直到此时，贝塔斯曼的员工才搞清楚，利兹和蒂伦最终统治了集团。她巧妙地把三位经理相继赶出了集团，他们在20世纪80年代、90年代给集团带来了几十亿的利润，所以他们认为自己是无懈可击的。他们是沃斯诺尔、米德霍夫和舒尔特-希伦。他们三位都低估了这个女人。她很精明，用一个人挤走另一个人，而他们竟毫无觉察，他们一直认为自己可以掌控全局。而利兹笑到了最后。有关集团经营的事她可以仰仗她的亲信冈特·蒂伦。

当集团的新闻发言人安德烈亚斯·亨克在赖因哈德的新书发布会上被问到下本书的题目是什么时，他开玩笑说：《女企业家》。书的作者肯定是利兹。

谁将成为董事会主席？

哈特穆特·奥斯特洛夫斯基和他的手下很生气，因为《商务报》欺骗了他们。几个在采访中看似不重要的问题却在2003年6月11日的报道中被编成了故事。报纸到底写了些什么？报道中说：奥斯特洛夫斯基是贝塔斯曼最有能力的经理，他很随和，很会和人打交道，没有任何恶习。

他喜欢站在董事会主席冈特·蒂伦的影子里，但很快他就要从影子里走出来了。最后这句尤其让奥斯特洛夫斯基恼怒。而且报道中还写着，奥斯特洛夫斯基在居特斯洛人脉很广，是冈特·蒂伦的接班人之一。

这篇文章中有太多赞美之词。奥斯特洛夫斯基担心，这篇题为《在聚光灯的暗处》的报道会被人解读成他极力想站在聚光灯下。有这种想法的人在贝塔斯曼是不能被委以重任的，赖因哈德就曾批评过经理们的虚荣心。奥斯特洛夫斯基最不想让人觉得他虚荣。在奥斯特洛夫斯基的请求下，新闻发言人急忙把所有媒体的采访和见面会都推掉了。

董事会里的其他人也可能成为蒂伦的接班人。谁还有可能呢？皮特·奥尔森？如果是他，他将是董事会里第一位美国人。他的一个优势是其他贝塔斯曼人不具备的，即国际性。他能说英语、德语和俄语，爱读书，来自芝加哥，拥有哈佛的本科毕业证。他去纽约前在总部工作过，所以他很了解居特斯洛。还有贝恩德·昆德伦，作为古纳亚尔的老板，他领导着贝塔斯曼很赚钱的部门。他在图书俱乐部工作过，也了解电视行业，因为之前在电视台"Premiere"工作过。格哈德·蔡勒也有可能是接班人。这个奥地利人和RTL集团共同领导着集团在德国、也是全欧洲最赚钱的部门——RTL。但是谁知道利兹挑选下一位董事会主席的标准是什么？对于奥尔森，国际化和执行力恰恰有可能成为反对他的理由。

利兹会决定此事，大家之所以担心是因为没有人清楚她的游戏规则和衡量标准。但是大家都知道，她的标准和蒂伦的不太一样。只要蒂伦在，他就会贯彻自己的想法。因为利兹和蒂伦在与舒尔特-希伦和路德的两两对抗中胜出，所以极有可能蒂伦会推荐哈特穆特·奥斯特洛夫斯基接替他。奥斯特洛夫斯基曾在欧唯特做过他的手下，在工作中也是他一手调教出来的。

奥斯特洛夫斯基的批评者认为，他不具备领导一个集团的能力。实际上，蒂伦很像缩水的赖因哈德，奥斯特洛夫斯基就像缩了水的蒂伦。支持他的人说，他是所有候选人中最踏实肯干的，来自比勒费尔德。此外，奥斯特洛夫斯基是公司董事里最没名气的，这在贝塔斯曼却突然成了一个加分点。因为他将会给利兹带来最少的麻烦和威胁，而且他会欣然接受利兹和她孩子势力不断强大的事实。

20.克里斯朵夫不会是我的接班人

全球集团又重新变回家族企业？

2002年6月，利兹把玫瑰慈善酒会的举办地从居特斯洛搬到了柏林，因为她希望能在柏林找到更多的捐款人。谁要想在这个用红蜡烛和四万枝红玫瑰装饰的大厅获得一个座位，就必须给利兹建立的德国中风基金会捐几百欧元。宾客们在舞池中、吧台旁歌舞升平、推杯换盏，乌多·林登贝尔格、卡特琳娜·维特、歌莉娅·冯·图恩、塔克西斯、萨宾娜·克里斯琴森、罗伯托·布兰科和比登科普夫一家就在其中，明星客人是萨丽·贝西。利兹说："舞会体现了一个积极向上、生机勃勃的社会及我们对社会承担的社会责任。"

贝塔斯曼的所有董事会成员都出席了，甚至有几位董事特意从美国飞回来。出席这种场合是件很荣幸的事，贝塔斯曼的重要人物及想成为集团重要人物的人都必须参加。利兹和她的女儿布里吉特负责接待及致辞。她们二人是德国中风基金会的负责人。舞会开始前利兹和儿子克里斯朵夫共舞一曲。但赖因哈德·摩恩没有露面。

利兹和她的两个孩子组成了集团决策三人组。最近，自从公司回归家族的怀抱后，三人开始领导贝塔斯曼走向未来。三个人都在贝塔斯曼工作，都是贝塔斯曼管理公司的成员，都有表决权，所以未来对公司的运作他们肯定会参与意见。集团里早就传开了：克里斯朵夫会进入董事会，布里吉特领导基金会，利兹掌控监事会。三人一起监督管理公司。就算没有赖因哈德的一票否决权，集团的管理公司也牢牢握在家族手中。

布里吉特与别人握手时让人感觉有些强势。无疑她要展示出她的权威和执行力。三十岁前她一直备受哮喘的折磨，青少年时她经常感觉虚弱，因为哮喘，她不能参加体育活动，医生通常会建议她不要让自己过于劳累，要多休息。不知从什么时候起，她开始尝试打网球和骑马。她在基尔工作时，迷上了水上运动，她考了帆船驾驶证和摩托艇驾驶证，玩高尔夫。搬到纽约后，每天早上仍然坚持游泳一个小时。她后来去了瑞士，最后又回到居特斯洛，一直坚持游泳。在自律这方面，她丝毫不输给父亲。现在她和男朋友生活在居特斯洛附近的农场里，养了许多动物。她非常享受田园生活，养成早睡早起的习惯。

她是和公司一起成长的，"在家里我们总聊公司的事。不管是身在亚洲还是别的地方，公司是我们家庭生活的一部分。"她大学主攻政治、艺术史和日耳曼文学，后来攻读了政治学博士学位。博士毕业后她在基尔的世界经济研究所工作了一年，然后在纽约的兰登书屋和麦肯锡公司工作了三年。最后接受了Pixelpark的职位去了瑞士。父母对她说，她应该自己决定在哪工作，"不一定非在贝塔斯曼工作。我父亲总是说：关键是你要找到自己的路。"在Pixelpark工作时，她还修了经济学，离开Pixelpark后，她很想进入公司的管理层，把自己的想法付诸实施。

在纽约和瑞士工作时，她几乎每天都和母亲通话，她是三个孩子中和母亲关系最好的。她们经常谈论要建一个中风基金会的事。她当时坚信自己一定会进入商界并领导一个公司。有一天母亲问她："你从没想过要在基金会工作吗？听好了。我现在的事情太多了。集团里、基金会里一堆事。我还要兼顾中风基金会，我真的顾不过来了。"不过，布里吉特会接管中风基金会吗？

当时，她在应聘贝塔斯曼-施普林格专业出版社。与其他申请人一样，她也要参加面试。出版社老板、阿克斯·施普林格出版社的董事会主席于尔根·里希特早就提出要废除公司内部的一切裙带关系。不管是经理还是集团领导，他们的熟人和亲戚不能享有任何优待。所以他告诉布里吉特，她必须经受住考验。

最后，布里吉特选择了基金会。"对我来说真是一个困难的抉择，这其实与我之前的职业规划完全不同。现在我承认，这个决定是正确的。基金会就是我的公司。"她说得没错。在美国时她就知道，公益基金会管理起来相当不容易，是块硬骨头。她的目标是将基金会做成盈利部门,就像集团的其他部门一样。但是她面临两大挑战:一、推进社会问题;二、建立公司。

她到底能在基金会干多久她并不知道。"我知道我不可能永远待在这里。"但她也没给自己设定期限。她将永远和基金会交织在一起"即使二三十年后我去做其他工作"。其他人也可以管理基金会。"但我会尝试待在基金会的董事会,作为督导陪伴着公司。"她不仅领导中凤基金会,还有贝塔斯曼基金会里的卫生健康事业。被问到"是否想过有一天会领导贝塔斯曼集团?"时,她委婉地答道:"你是说董事会主席吗?女人这个身份就是一种特权。当然每个人一生中都有美好的愿望。外界肯定有人在编故事。我一直觉得人们关注这些事还是挺有意思的。我们一般都是一笑置之。"她提到的愿望与儿童和医学有关。她其实一直想成为儿科大夫。她没有忘记过自己的梦想。如果她自己有孩子,而且有许多时间,她会利用业余时间攻读医学。"但只是出于兴趣,我不会真正行医。谁都不会放弃自己的梦想。"布里吉特早晚有一天会领导贝塔斯曼基金会。她母亲已经是监事会的成员。现在就差克利斯朵夫•摩恩了。他会是下一任董事会主席吗?

如果想描述一个作为普通人的克里斯朵夫,首先想到的是,他开了一辆奥迪A8。虽然不能说它与这位亿万富翁儿子的身份不符,但时不时他要为这辆座驾辩护一下。他向《经理杂志》的一位记者坦言:在一次回乡的旅行中,他的一位好友出车祸死了。之后他就决定买最安全的车。"要想安全,肯定发动机不能太大,不然一不小心车就会开得太快。"

如果想定义一下作为企业管理者的克里斯朵夫·摩恩，首先就会想到他因为网络服务公司Lycos而损失了几百万。克里斯朵夫先在明斯特学习市场营销。在美国贝塔斯曼旗下的班坦图书和双日戴尔出版社实习后，他在纽约和香港的贝塔斯曼音乐公司工作过，还在麦肯锡的咨询公司干过，那里是贝塔斯曼培养后备力量的基地。在纽约她认识了后来的妻子朔布娜，一位来自新德里的数学家。两人婚后于1996年搬到居特斯洛。在米德霍夫的新媒体部两人接受了让一家有潜力的网络公司上市的任务。克里斯朵夫和Lycos一起建了一家欧洲的合资公司，他也成为新成立的"欧洲Lycos"的董事会主席。

他自己投入了百万资金，占有公司11%股份。自2001年上市以来，欧洲Lycos共损失约4亿欧元，克里斯朵夫也损失了许多钱。贝塔斯曼并没有因为Lycos而损失什么，因为上市赚的钱很快弥补了损失。

在网络热潮中，Lycos在居特斯洛似乎很受欢迎，这个公司好像钱多得可以送人。有传言说，你只需要和出租车司机说"把账记在Lycos上"，就可以在晚上免费从酒馆打车回家。Lycos上市时，许多人都希望公司能赚大钱，但新市场坍塌后，至少对于大多数股东来说，钱打了水漂。

根据自己的数据统计，Lycos拥有欧洲访问率最高、增长最快的网络产品，比如：Lycos搜索器、火球、热搜、浪花等网站；鼎轩建筑公司的网站和不同的网络社交平台如：天使之火、Love@Lycos和西尔维斯特都属于Lycos。Lycos的总部设在荷兰。克里斯朵夫和900名员工中的大部分却在居特斯洛的卡尔·贝塔斯曼大街工作，离集团总部只有10分钟的车程。

克里斯朵夫认为自己的公司在朝着正确的方向发展，因为2002年底季度收益第一次在税前达到15亿欧元。克里斯朵夫说，自从公司专门为欧洲设计网络服务产品以来，公司的效益大幅提高。柏林的《网络报》说："许多已有产品和不属于核心业务的产品都被淘汰了，克里斯朵夫可以给自己更多时间来达到预期的利润区间。"到2008年，他想用所谓的优质服务、恋爱聊天网和如短信邮件服务，达到1亿欧元的销售额。长期的销售收益率要达到10%至15%。不过目前Lycos还是在赔钱。

克里斯朵夫说："在贝塔斯曼我什么都没做。""什么都没做"对于一位集团管理公司成员来说，听起来有些低调了。自2001年1月以来，他就是贝塔斯曼管理公司的成员，而管理公司至少在名义上决定集团和基金会所有重要事项。克里斯朵夫说，在管理公司的工作不会占用他太多时间。"每年只有几天是在管理公司工作。"他在这里的主要任务是"保持贝塔斯曼的公司文化"。为什么偏偏是他被指派到管理公司并获得了这么一个好职位呢？他认为这要归功于他在管理经营方面的经验。"管理公司必须对集团的工作重心做出判断。所以，如果自己在这家公司就职，就更容易做出判断。"

在贝塔斯曼，克里斯朵夫的未来并非很确定。如果与Lycos的合作失败，他在集团内的事业就会终结。Lycos成了对这位未来贝塔斯曼接班人管理经营能力的试金石。几个董事很希望看到他深陷于网络生意，根本不想把他从

Lycos这个百万泥沼里捞出来,因为他们知道,如果替他解了围,他会抢走他们其中一个人的位置。

在集团,克利斯朵夫并非是没有争议的。许多和他共过事的人都批评他过于克制低调。克里斯朵夫评价自己的领导风格是民主透明的,但他的几位员工认为他缺少存在感和表现力。"我认识的经理没有一个像克里斯朵夫一样不爱管事。"Lycos子公司的经理说"他不爱做决定"。他把对"管理"的理解内化到他已经忘记自己要做决定了。一位认识他几年的经理人称他是一位没有变的高中毕业生。许多人怀疑他是否真的适合成为董事会主席,他缺乏必要的执行力,而且他太过诚实,没办法应付那些阴谋。

不过,有些人低估了他。克里斯朵夫很清楚应该如何利用自己的名字。在国外,他理所当然地会见小联邦州的州长和大公司的领导。他们可能对Lycos的公司老总不感兴趣,但对贝塔斯曼的继承人却很关注。克里斯朵夫肯定知道外界对他的偏见:"因为我的名字我不是董事会主席,泰拉·吕克斯当时推荐了我,他们对我很满意。如果股东不信任我,我早就离开了。他们信任我的经营模式,Lycos可没钱白白给我花,贝塔斯曼同样也没钱让我乱花。"

如果和克利斯朵夫说在摩恩的六个孩子中他是最有可能领导贝塔斯曼的,他会大笑,然后说:"是有这样的猜测,我不知道猜测从何而来。"

当60岁的蒂伦接替米德霍夫上位后,许多人都暗中猜测为什么贝塔斯曼的铁律会在他身上被打破。许多员工都认为蒂伦在为赖因哈德即将上位的儿子占位置。蒂伦自己于2003年7月接受《纽约时报》采访时说："克里斯朵夫不会是我的接班人,这一点是肯定的。"2003年12月他在接受《商务报》的采访时说："如果你想领导贝塔斯曼这么大的集团,你必须有经验。因为一位董事会主席的任期大约为两届,那么我的接班人很可能在50岁上下。"

好像蒂伦还要在董事会主席的位置上坚持一段时间。2004年1月,他的合同延长至2007年。按照赖因哈德的规定,如果克里斯朵夫没有经过5年的董事会考验,就不能接替蒂伦。不过利兹和赖因哈德·摩恩在过去几年打破了许多规定,看起来一切皆有可能。

21.我根本不存在

被遗忘的贝塔斯曼

比勒费尔德的贝塔斯曼先生

"去贝塔斯曼!"比勒费尔德火车站的出租车司机点头示意客人,好像他知道目的地。但司机又问了一句"是去读书社吗?还是去居特斯洛?""去比勒费尔德的贝塔斯曼!"司机有些糊涂了。"是去出版书的那个吗?""是。""那您还是去居特斯洛?""不是,我是去比勒费尔德的贝塔斯曼出版社!""噢,出版社也在比勒费尔德?我只知道市中心的读书社。现在叫读书俱乐部。""不是,我不去那儿,我去比勒费尔德爱诗大街4号。""知道了,您是去企业园的贝塔斯曼公司,你要早说去贝塔斯曼公司,我就知道你指的是哪儿了。"

就像出租车司机说的，提到比勒费尔德出版社时一般都会省略"贝塔斯曼公司"这个称谓。这家公司不出版小说，所以公众几乎不知道它是一家出版社。"W.贝塔斯曼"出版专业书籍，最被人熟知的是这家公司为联邦工作局印制的"职业手册"。这家公司的特点是：公司所有人和经理的姓氏和公司名称一致，都是"贝塔斯曼"。这家由卡尔·贝塔斯曼的两个儿子于1864年创建的出版社"W.贝塔斯曼"，至今仍然由贝塔斯曼的后人经营。

C.贝塔斯曼已经成为拥有8万员工的世界闻名的媒体集团，而这个"W.贝塔斯曼"出版社是拥有100名员工的小企业。100名员工按说不少，但与媒体集团所在地区相比，这根本不值一提。由于两家公司名字相似，居特斯洛的媒体集团使比勒费尔德的姐妹出版社黯然失色了。

但是去走访一下W.贝塔斯曼出版社还是很有趣的，因为我们可以大概推想出，如果海因里希·摩恩不是一位如此有经验、机智敏锐的企业家，如果他没有像弗里茨·威克斯福特这样的销售天才，如果赖因哈德·摩恩在战后没有继续延续他的成功的话，那么C.贝塔斯曼今天就是比勒费尔德公司的样子。为什么一个是全球性集团，一个却没有扩大规模呢？这个问题W.贝塔斯曼的总经理阿恩特·贝塔斯曼一点也不在意。集团就集团吧，45岁的阿恩特·贝塔斯曼庆幸自己不用经营这个庞然大物。

大集团的光环给这家小公司带来的压力是很难避免的。有一次阿恩特·贝塔斯曼在柏林的一家宾馆准备退房，前台的女服务员听说他的名字后，就睁大眼睛问道："你是贝塔斯曼先生？"他回答："是的。""你就是贝塔斯曼的老总？"他又简短但诚实地回答："是的。"那位女服务员惊讶地张着嘴站在那里。阿恩特·贝塔斯曼猜到了她惊讶的原因。但是解释来龙去脉对他来说太麻烦了。他对自己说："《圣经》里写着不能撒谎，但没规定必须什么都说。"

贝塔斯曼家族留下来的，现在还有位于奥斯纳布吕克的一处老房子。家谱记载的家族历史要追溯到17世纪。全世界的家族后人有一百多位。每两年，整个家族的人都会聚一次，他们都是家族俱乐部的成员。赖因哈德·摩恩也是俱乐部成员，但没去过家族聚会，甚至那次家族聚会选择去参观居特斯洛的大公司，他也没参加。

阿恩特·贝塔斯曼早就习惯了被人认错。人们通常先根据自己对贝塔斯曼集团的印象和了解对他表达崇敬之情，或由于崇敬礼貌地和他保持一定距离。之后通过对话对他有所了解后，通常会问这样一个问题："您和贝塔斯曼集团有什么联系吗？"阿恩特·贝塔斯曼听到这个问题时往往很难估计提问者的意图：比如他们是想知道两个公司在市场定位方面的不同，还是觉得他的公司太小？或是他们对贝塔斯曼基金会的印象颇佳？他会实事求是地回答："集团是集团，我们是我们。"这样的答复会让许多人感到轻松，因为他们会忘记那个大集团。一般人们面对中小企业会比面对大集团感觉轻松。"那些喜欢和集团老总赖因哈德先生谈话的大人物，我很少碰到。"在他的工作中偶尔也会和某些部长有联系，"解释起来很简单，如果别人认为这很重要，那就是他自己的问题了。"

两家公司之间的距离只有不到30公里，但两家公司没有什么交集：比勒费尔德的出版社出版了一本名为《德国最杰出雇主》的书，当时一名居特斯洛的员工也出席了此书的见面会，因为贝塔斯曼在书中作为杰出雇主之一被介绍。在见面会上，比勒尔德的出版社不得不声明他们不是在为居特斯洛的贝塔斯曼集团做广告，两家公司没有联系。

集团里许多年轻员工因为居特斯洛城市太小，都住在比勒费尔德。也有一些人，住在居特斯洛，在比勒费尔德消遣娱乐、购物。但许多人没有料到，集团创始人之一在比勒费尔德办了一家出版社，而且这家叫贝塔斯曼的出版社仍然存在。家族早就分家了，两个公司早在祖父在世的时候就断了联系。比勒费尔德的公司说："贝塔斯曼集团是我们的顾客。"仅此而已，"他们从我们这里买员工培训的书。他们只是许多培训企业中的一个。"但他们不知道可以从集团买些什么。两公司的联系也仅限于偶尔澄清一些误会。公司负责宣传的发言人说："我们会收到来自居特斯洛的询价，我们会交给相关部门处理。"阿恩特·贝塔斯曼说："在居特斯洛，贝塔斯曼是一个旗下有众多公司的大集团的名称，他和我们公司没什么关联。大学毕业后，阿恩特·贝塔斯曼想去贝塔斯曼集团工作，他去应聘了。贝塔斯曼集团让他来面试，他应该是被分到柏林的印刷厂。他们不是因为我的名字才让我去面试的。我也不是因为自己的名字才去应聘的。"他参加了两次面试，一次在居特斯洛，一次在柏林，两次面试很顺利，但最后他没去柏林，因为另一个职位看起来更吸引他。最后他就在爸爸的出版社工作了。后来当他得知面试他的那个人也已经不在公司了，他就觉得没去贝塔斯曼是正确的选择。大集团都是这样，人员往来调动频繁。

集团上层肯定知道两个企业家的渊源。一次冈特·蒂伦在东威斯特法伦举行的独立经营人工作联合会上遇到了阿恩特·贝塔斯曼。"有些上层领导肯定知道我们是两家公司，但90%的贝塔斯曼员工不知道。他们一开始都会认为"W.贝塔斯曼"肯定是我们集团的分公司，或者曾经是我们旗下的公司，但后来不属于我们了。"有时C.贝塔斯曼集团的员工来公司会认为他是来集团旗下的一家分公司。

与居特斯洛的集团相比，比勒费尔德的出版社只在德国有业务。"当然作为一家公司我们要发展，其实公司的规模一直很稳定，未来也不会有什么大变化。"与之前的核心业务不同，现在不再是印制表格。"现在这类业务很少了，几乎不做了。"电脑数据处理使公共事务对表格的需求大幅降低，现在我们出版专业杂志，还有国际政治方面的杂志。"公司一直努力立足于市场，我们的唯一优势就是，要比对手学得快。在专业领域我们是有一定的名气的，至少作为品牌有了一席之地。"在公司里家族传统对阿恩特·贝塔斯曼来说"是次要的"。对待贝塔斯曼集团他很冷静，时不时就有曾经在居特斯洛任职的人来公司应聘。从他们那里他听说："集团那边和其他地方也没什么两样……赖因哈德·摩恩很注重个人的责任。但因为缺少一个具有独特魅力的核心人物，使得一切有些黯然失色。"

如果有人问赖因哈德是否偶尔会和贝塔斯曼先生说

话，有一次他的回答是，可能会把他和一位叫弗莱德·贝塔斯曼的歌手弄混了。对贝塔斯曼家族他只字未提。其他人可能认为赖因哈德和贝塔斯曼是一回事。对于阿恩特·贝塔斯曼这是两个世界。他们生活在他们的世界，我们生活在我们的世界。人们不可能永远碰不到，但也不会主动去联系对方。有一次他在一次公共场合见过赖因哈德·摩恩，活动结束后他走了过去，介绍了自己。赖因哈德·摩恩说了声"你好！再见！"就匆匆忙忙地走了。

玛格达勒娜·摩恩

玛格达勒娜，也就是赖因哈德的前妻，和出版社创建人卡尔·贝塔斯曼的情况一样，贝塔斯曼集团里没有一张她的照片。以前别人对她知之甚少，她没觉得怎样，她不喜欢抛头露面。但今天，她觉得自己故意被人从集团的记忆中抹去了。如果翻看出版社的出版物，就会感觉，好像赖因哈德从未和她结过婚。虽然战后她就住在那个大家庭里，和孩子的爷爷奶奶还有丈夫的兄弟姐妹住在一起，但历史委员会的人却没有采访过她。赖因哈德去杜塞尔多夫的执照局时，她还陪他一同去了。历史委员会的人和摩恩家的每个人都谈过话，就是没和她谈过。

只有那些在集团干了好多年的老员工才记得她。1957年《明镜周刊》发表了一张她的照片，这张照片是她和赖因哈德去火车站接他刚从战俘营释放回来的弟弟西格贝特时照的。三个人都很高兴，在开怀大笑，西格贝特拥抱了他俩。当时他们刚结婚。玛格达勒娜认为利兹想把关于她的回忆统统抹掉。据说她很注意不让赖因哈德和玛格达勒娜的照片刊登出来。每当前妻谈到赖因哈德的现任妻子时，她一直用"摩恩太太"这个称谓。她不愿提她的名字。利兹的书就摆在上方，但她从未读过。其实她不想评价那本书里的东西，比如为什么有些事没在书里提到。许多人包括利兹对她来说有点让人捉摸不透。如果有人让人捉摸不透，再加上有很多钱和权力就会让人感到害怕。她说，如果她公布一些事，那位"摩恩太太"可能会把她告上法庭或拿走她的生活费和赡养费。

根据她自己的说法，她和赖因哈德的兄弟姐妹关系很亲密。他们互相请客、聚会，一起过生日。她仍被看成是摩恩家族的成员，而且很自豪仍能保留夫姓。但是现在只有两个摩恩家族：一个是赖因哈德的兄弟姐妹及他们的配偶和子女；另一个是赖因哈德和利兹及他们的孩子，布里吉特和克里斯朵夫。

当玛格达勒娜谈起贝塔斯曼时，总爱用"我们"。如果谈到一个不熟悉的子公司时，她会问："这家公司是我们的吗？"她仔细地关注贝塔斯曼集团发生的一切，读报纸的相关报道，和员工谈话。当年招收沃斯诺尔时她也参与了意见。她不能理解，赖因哈德30年后会突然间就把他给解雇了。在这件事上他太缺少人性了，虽然赖因哈德总是把人性挂在嘴边。

往事依然历历在目：玛格达勒娜住着郊区的别墅，就是之前她和赖因哈德一同住的房子。她前夫曾在这里为员工举办晚会。旁边是迈尔霍夫，她长大的地方，那里有别墅、树木、小溪和动物，那是她的故乡。她说，与赖因哈德分开后许多朋友劝她搬到慕尼黑去，因为那里有几个熟人。"但慕尼黑不是我的故乡。我太过留恋这个小地方了，迈尔霍夫就是我的根。老房子被拆的时候，我特别伤心。如果房子不是被拆了，我绝不会搬走。我从没想过离开那里。"她从没觉得那儿拥挤，反正她经常去旅行，而且她定期去斜尔特岛度假。

赖因哈德自从搬走后就再没看过她，也没和她说过一句话。2002年赖因哈德哥哥西格贝特的葬礼上是他们最后一次见面。在教堂里他俩隔着几排座位，一句话也没聊，也没打招呼。

她一生都想弄明白到底发生了什么，为什么丈夫突然间再也不和她说话了。他们之间的矛盾可能永远都无法消除了。"他对别人有很高的道德要求，就是不要求自己。他让别人喝水，自己喝的是酒。"

回首过去，她也看到了离婚带来的积极的一面。在婚姻中她一直都躲在丈夫后面，离婚后她终于可以做她喜欢做的事了，旅行，想如何思考就如何思考。现在她觉得自己很自由。实际上，在所有被贝塔斯曼和赖因哈德规划和改变了生活的人中，她给人的印象是不惧怕贝塔斯曼权力，说话很直率。几年来经历的低谷让她变得坚强。"这个经历使我收获良多，我很感恩。那些经历虽然可怕，但是我学到了许多并成功地从低谷中走了出来。"那种被人当作空气带给她的痛苦伴随了她很久，有时那种痛还会出现。那种感觉刻骨铭心，甚至她会问："见到我微笑您一定很吃惊吧？"还没听到回答，她又补充道，"其实我就是个根本不存在的人。"

安德烈亚斯·摩恩

谁在网上输入安德烈亚斯·摩恩的名字，就能搜到"丹妮拉"这个名字。她1982年出生，160cm高，三围84-63-78。照片上的她正要脱去牛仔裤，露出肌肤，可以看到她没穿内裤，在一张床单上伸着懒腰；还能搜到"纳丁"的照片，她冲着镜头卖弄风骚，抚摸着自己的头发，她生于1982年，176cm，三围83-70-80；还有莫娜微笑着坐在花园长椅上，她深色的长发丝缎般散落在肩膀上，她出生于1980年，179cm，三围89-67-96；杰西卡冲着镜头笑，生于1976年，170cm，三围75-62-79。

摄影师把一支玫瑰放到杰西卡的裸露的臂部上，照片是从后面拍的，是黑白的。安德烈亚斯喜欢这种题材。这些也是他画的油画的题材。他为什么喜欢这些，理由很简单：他是一位裸体模特摄影师。他网页的名字叫"模特艺术"。他的网站上有"艺术""文学"，当然还有上面提到的模特，那些漂亮年轻的姑娘。

在自己的网页上，利兹和赖因哈德的小儿子安德烈亚斯对自己生活的描述很简单。他用第三人称写道："在居特斯洛的城市文理中学高中毕业后，在《新威斯特法伦报》实习了四个月，接下来他又在美国缅因州的布劳恩印刷厂实习了两个月，在纽约的贝塔斯曼作为出版部的经理实习了一年。"

安德烈亚斯上了十个学期的法学和经济学。同时他还是欧洲环境保护小组的发言人，他还在明斯特组织了一个很有名气的会议。至于与贝塔斯曼的关系他没提，与父亲和母亲的关系他也没提。

对于居特斯洛的居民和贝塔斯曼的员工来说，安德烈亚斯是个谜。就像他父母的前妻和前夫一样，在贝塔斯曼的美好世界里也没有他的位置。2001年，他在居特斯洛办了一次读书会，大约100多人来到了市图书馆参加活动。由于人太多，有几个人不得不站着。对于所有人来说，在公共场合看到摩恩家族里这个不讨人喜欢的小儿子，亲眼看到他，听他读书，是一件很令人激动的事，人们有幸看到了摩恩家族的"问题小孩"。

除了那些模特，网上的搜索结果里还列出了一个同名同姓的消防员，安德烈亚斯给他写过一封邮件："你好，同名兄弟！我很喜欢你的网页。我给你推荐我的书《关于和平的文章》，是法兰克福的哈格赫尔辛出版社出版的书。如果你愿意，可以找我。安德烈亚斯。"除此以外，还有他在不知名的小出版社出版的几本书，那些小出版社是交钱就给出版的那种。世界最大出版商的儿子真的会花钱出书吗？他这本100页的书花了4000欧元。

他为什么要花钱在别的地方出版呢？为了摆脱他的父亲？还是因为他父亲讨厌他、不愿帮他？

安德烈亚斯是家族里最具创造性的一位：他的兄弟姐妹和同父异母的兄妹都是掌握一定理工科技能的管理者，还有一位是心理学家。安德烈亚斯是一位对媒体感兴趣的艺术家。在他的一本小说中第一主人公是《汉堡晚报》的编辑。

小的时候，他曾经有段时间左边身体瘫痪，走不了路，只能坐在轮椅上，几周后才逐渐康复。他母亲利兹在解释创建中风基金会的初衷时说道："因为经常去医院，全家人开始接触并关注中风患者。"

他为什么会得偏瘫至今也解释不清。她姐姐布里吉特说:"我们也不知道当时是中风还是别的病。医生当时说,不会留后遗症,恢复得很好。但是我弟弟到现在还是没有完全康复。他还是不能正常行走,走起路来一瘸一拐的,手也举不好,还是留了一些后遗症。"这不是安德烈亚斯唯一要对抗的病痛:还不到10岁时,他就被确诊患了一种罕见的眼疾。他回忆说:"那是一段痛苦的令人恐惧的时光。我必须远离体育活动,比如足球、手球,大部分时间都在看病。学习也只是凑凑合合。后来葡萄膜炎(中层眼角膜炎症)成了我日常生活的一部分。"

1997年他写道:"现在我戴眼镜,光线不好时看不太清。一般情况下,我不像以前那么害怕了。虽然患病十五年,但庆幸的是我没有失明,也没有视觉障碍。因为患葡萄膜炎,少年时代我的生活很单调乏味。总体来说,病情没有加重,我保住了自己的视力,这让我感恩,无比幸福。眼疾除了带给我困扰和不适,还让我感受到了生活的其他方面,如果不是患者,我根本发现不了这么多色彩,我可以深切地感觉到康复后景色的美和多姿多彩。"

"我学会了关注小的事情,意识到生活是多么有意义。痛苦的感受深深影响了我……回顾过去的二十年,眼疾在我的记忆里并不是那么重要。我的记忆是清晰的,感觉最深刻的是我的朋友、家庭、爱好、学校、大学文化和风景。眼疾也没有给我的学业和工作带来什么负面影响。今年是1997年,我在纽约的一家出版社的财务部工作。"

后来他的母亲利兹把儿子写的这篇报道发表到了贝塔

斯曼基金会的一个出版物中。

他给这篇报道起了个名字叫《曾经》，在这本很薄的小册子里，他把自己的命运描写得很幸福。对于安德烈亚斯来说，他的病最后好像有个圆满的大结局。甚至因为他的病，他母亲创建了两个基金会，帮助了许多患者。利兹在她的书里写道，安德烈亚斯的病已经痊愈。是的，他的眼疾确实算是治愈了。

但是他患有精神分裂症这事却被隐瞒起来了。他说，因为这个病他父母与他保持距离。他的家庭把他"藏起来了"。在居特斯洛有许多关于他的传言，比如很长一段时间领导层就流传，赖因哈德禁止他来居特斯洛。但这肯定是假的，因为安德烈亚斯现在就住在居特斯洛。即使那些跟摩恩家走得比较近的经理们也几乎不知道摩恩小儿子的事。他们清楚，最好不要谈论他。他们只是私下里说他病了。而且据说，安德烈亚斯写了一篇关于她父母的文章，在公证处放着，集团高层私底下都这么传。后来安德烈亚斯公开否认了这事。

就像其他大人物的儿子一样，安德烈亚斯·摩恩也逃不开父辈光环投射在下一辈身上的影子。他觉得父亲排斥他，却又被父亲所吸引。有时他故意做一些事，为了断绝与父母的联系，但同时他又不顾一切地想得到父母的认可。比如，在和父亲的一次谈话后他写了一篇关于就业政策的文章。

对于外界来说，他是媒体帝国的继承人之一，这使得他获得了一些关注：他曾经把一篇文章寄给弗里德·施普林格，文中他表达了他略带稚气的观点：媒体界的大人物如赫尔穆特·托马、乌里希·维克特或是莎宾娜·克里斯蒂安森应该学习纽约的迈克尔·布隆伯格或意大利的西尔维奥·贝卢斯科尼从政。施普林格把文章推荐给了《世界报》，报纸刊登了这篇文章，副标题明确指出文章出自"贝塔斯曼家族的安德烈亚斯·摩恩"。

被问到对他母亲的书的看法，他会说不太喜欢，因为一半的内容都是假的。他只举了一个例子：他母亲在书中写道，孩子不应该欺骗父母。在安德烈亚斯的心中，他早就想问："为什么父母可以骗自己的孩子？"毕竟12岁时他才知道，他一直叫爸爸的人并不是他的亲生父亲。

大学期间为了治疗眼疾，他经常待在塞舌尔岛或是加勒比海岛上的加勒比海豪华酒店里。一个年轻人整天坐在酒店里是很无聊的，况且在这种豪华酒店里又碰不到家乡人。他当时的女朋友很想来陪他，但是父母太吝啬不愿给她出钱，他说道。所以这位亿万富翁的儿子只得坐在酒店里，做他父亲认为他应该做的事：勤奋学习。他完成了一篇法学专业的论文。

1997年他和姐姐布里吉特去了纽约。对于他来说，这是一次远途的异国之行，当然不只是距离上的遥远。在此之前他在精神病院的值班室和一家超市工作过。在纽约，老板彼得·奥尔森让他在班坦图书公司的财务部工作，他参与了班坦图书公司和兰登书屋合并计划书的拟定工作。他在大学学的就是经济和法律，所以这份工作对他是对口的。在纽约他与妻子和孩子住在韦斯特切斯特城区。每天需乘坐一个小时的火车去曼哈顿，晚上下班再返回住处。他妻子在曼哈顿参加了一个摄影班。周末一家人去佛蒙特玩。无论如何在纽约的时光对于这对夫妻都不是什么幸福时光：虽然他有工作，也走出了父亲的阴影，但是这份工作太累，让他身心俱疲，他整天待在办公室里埋头苦干。后来当他妻子患上了哮喘后，夫妻俩再也不想待下去了，就回到了汉堡。

在汉堡他感觉像一个陌生人，那里没有家的感觉。和妻子离婚后他搬回居特斯洛。只有要见儿子尤纳斯时，他才去汉堡。他还有个一岁的儿子在比勒费尔德，一周见一次。他画了许多画，卖过四五张，不过单靠艺术无法生存。但是他不必为生活发愁，和其他孩子一样，他分得了财产。海德堡大学的退休精神科教授海因茨·哈夫纳强调说："理论上精神分裂症和心脏病、中风是一样的。他的神秘源于人们对它的错误解读和不了解。"

就像几年前人们对心肌梗死的不了解一样，精神分裂症成了禁忌话题。利兹打破了关于中风的禁忌，所以她的贡献是巨大的。但是对待她儿子的精神分裂症，她的反应却完全相反，她一直把它当作禁忌不愿人提及。

安德烈亚斯没有因此埋怨他父母，至少他没有表达过埋怨。他说，在精神分裂症这件事上，谁应该负责、为什么会得这种病一直是家人关心的核心问题。对此他谈了很多，就好像不是在说自己的病一样。据说因为母亲和"所谓的爸爸"朔尔兹的离婚，安德烈亚斯心理承受了远比其他兄弟姐妹更大的心理负担。他很想和朔尔兹爸爸生活，至今与他保持联系。

2003年12月1日在《华尔街报》上刊登了一则报道，贝塔斯曼的员工在集团内部的杂志中读到时都很惊讶。报告里描述了利兹如何为扩大自己的势力而将之前的经理一个一个踢出集团。如果单纯讲这件事，集团总部没有人会感到吃惊。员工们之所以感到震惊，因为这是第一次报道了摩恩家内部的生活。

信息来源绝对可靠。安德烈亚斯讲述道：他直到12岁时才知道赖因哈德是他父亲。安德烈亚斯一直思考该不该将他的故事公布于众。一次，一位巴黎的记者打电话问他关于家族的一些传闻，当时他回答道："无可奉告！"一位柏林的记者想问他关于《世界报》的那篇文章时，他起初答应了，回来又拒绝了。其实他对媒体界还是抱有好感的。接受心理治疗时他学会了要讲真话，讲他家的故事。内心深处他还是很拒绝他的家庭的，他一度考虑要放弃"摩恩"这个姓氏，用他前妻的姓。他决定不向他的孩子隐瞒自己的童年和家庭，这离向公众公开真相也就一小步了。所以当《华尔街时报》的马修·卡尼迟尼希11月打电话给他问及他父母的关系时，安德烈亚斯不想再沉默了。

被踢出局的曾经的集团骄子们离开贝塔斯曼后的生活如何呢？

科恩莱希诺

曼弗雷德·科恩莱希诺被赶出集团后无须为生计发愁，他获得了不错的补偿。每年仍可得到一百万马克。这样他就衣食无忧地通过自学成了诊疗师，而且治愈了壁炉修理工的坐骨神经痛和他60岁女邻居的胯骨。通过电视他一举成名。在西德电台的迪特玛·施恩海尔主持的脱口秀中，他用针灸针扎了特鲁多·赫尔，一位来自科隆的讽刺小品演员的鼻子，还治愈了她的感冒。节目播出过程中，3000个观众来电使热线陷入瘫痪，他们都想知道他的住址。节目播出后，他每天都收到300封信，科恩莱希诺一夜之间火遍德国，一位媒体界的企业家摇身一变成了明星。

许多病人不顾病痛翻越他位于慕尼黑格伦沃尔德诊所的围栏，疯狂按门铃就是为了提前得到医治，因为他曾经给足球先生贝肯鲍尔看过病。《图片报》说，很多名人认为，被他看过病是身份的象征。很快科恩莱希诺就雇了三个医生并出版了他的第一本畅销书《可操控的奇迹》。他不断在电视上露面，为报纸写连载，接受媒体采访，继续写书。据《明镜周刊》报道：全德国都在研究他的针法和由他发明的臭氧疗法（把氧气注入腿动脉）。他对一个所谓的"经理节食疗法"和葡萄酒的健康功效大加评论；他承诺了一个没有癌症的生活；在国内外开了许多诊所。出诊都得坐直升机。

他似乎忘记了贝塔斯曼，不过，贝塔斯曼也忘记了他。在庆祝公司成立150周年的纪念出版物中根本没提及他的名字。相反，施普林格出版社和《图片报》成了他的好朋友。不知从何时起，他突然沉寂了下来。这位健康的使者患了癌症，前列腺癌早期，可以手术治疗。但他拒绝了手术，因为手术会让他失去性功能。他想继续和妻子艾尔克享受夫妻之欢。他决定用自己的方法对抗病魔：积极面对生活，每天骑行20公里，为自己包下格伦沃尔德的学校游泳池，每天游上1000米。2002年4月病情突然恶化，必须紧急入院治疗，但很快医院就让他回家了，因为治疗也无济于事了。八年后病魔战胜了他。科恩莱希诺死于4月10日，享年76岁。他的第三任妻子艾尔克，曾是他的秘书，比他小33岁，据说在他死后获得了4000万欧元的遗产。

曼弗雷德·费舍尔

曼弗雷德·费舍尔是第一位接任赖因哈德·摩恩退休后的董事会主席。1983年离职后，有人猜测他去了施普林格出版社。但后来证实并非如此。他先在霍夫曼&卡姆佩出版社为汉堡出版商托马斯·甘司奇干了一段时间的顾问，然后担任了博登湖畔飞机制造商多尼尔的董事会主席。但公司继承人不想继续聘他，而且双方达不成一致意见，还闹上了法庭。后来，他生活在慕尼黑，入股了一个电影制作公司。那时他说："我希望我干的工作和我的生活能令我满意。幸福不敢说，对我来说，这个词太高了，我够不着。家庭和睦，事业有成就行了。总是失败，或无所事事这是最可怕的。"1991年经历了一场大病后，他就只想享受生活了。当时他在马略卡岛上买下了紧挨着摩恩和沃斯诺尔家别墅的一处房子。被解雇后，费舍尔不想在摩恩旁边度假了，但是他的孩子们喜欢阿尔库蒂亚的港湾，他也就保留了度假别墅。

为了不用经常看见摩恩，他把第二处房产安在了美国亚利桑那州的凤凰城，每年一半的时间在那里度过。因为气候宜人和高档的高尔夫场，这里深受有钱人的青睐，费舍尔也喜欢高尔夫。而且这里最大的优势是远离居特斯洛。不管是在慕尼黑还是在凤凰城,他都去大学旁听星相学和摄影。心情好的日子他会觉得没有压力、公众、权力的生活同样使人快乐。他会讲一些之前在贝塔斯曼的小故事,会心一笑。心情不好的日子,对贝塔斯曼的回忆就挥之不去了,他会因为科恩莱希诺这样的人都没被记入庆祝公司150年成立的纪念册中而大发雷霆,这就像写德国历史不提阿登纳一样。费舍尔认为这不是好的企业文化。

采访过他、听过他骂贝塔斯曼的记者都明显感受到他的愤恨和心酸。他说过,如果在今天他对许多事的处理会不一样,也包括与赖因哈德的相处方式。与科恩莱希诺相比,他离开贝塔斯曼后的生活就远不那么精彩了。科恩莱希诺去世后三天,费舍尔也于2002年4月13日去世了,他的悼词也不如科恩莱希诺的精彩。

马克·沃斯诺尔

根据贝塔斯曼的铁律,马克·沃斯诺尔因为年龄原因不能继续担任董事会主席。和赖因哈德的一次争吵后他丢掉了基金会董事长的职位。赖因哈德曾承诺,沃斯诺尔可以永久居住在他居特斯洛的豪华住宅里,不过和赖因哈德·摩恩分道扬镳后他主动搬了出来,搬去了慕尼黑。他曾住过的房子现在人去楼空,一边的邻居是他的前妻,另一边住着利兹·摩恩。据说,利兹想把它卖给其他经理人,但显然没人愿意和利兹做邻居。现在房子一欧元就可以租住,至少节省点维护费。

无所事事不是沃斯诺尔的作风。他弟弟跳槽到柏林一家公司的董事会后,他也跟着弟弟进入了公司的监事会。而且他还是花旗银行驻德国的总代表。居特斯洛的报纸对他忠心耿耿，就算是一个慕尼黑大学颁给他的很小的荣誉，也会被报道出来。2003年末，贝塔斯曼突然联系到他，他先是去参观了自己的之前办公室，12月，他出席了贝塔斯曼在柏林举行的国际管理者大会并向他曾经的员工发言。蒂伦还和自己之前的上司打招呼："欢迎回到贝塔斯曼大家庭。"据说赖因哈德和沃斯诺尔之间再无联系。

托马斯·米德霍夫

托马斯·米德霍夫一直认为自己的人生早已有了明确的规划：他会领导贝塔斯曼的董事会直到60岁，然后再去监事会，他在一次采访中很自信地说。但并非如此。他被解雇了，2002年离开时也带走了曾经在他办公室窗户上闪着光的字母"T"。被辞职后他马上宣布要召开记者招待会，宣布未来的打算。内部人士认为这是他在婉转地警告赖因哈德，如果后者不兑现尚未签字的董事会主席的延聘合同里的承诺数额或是散布其他的谣言，他就会在记者招待会上公开。后来他取消了记者招待会，大概是取得了他满意的条件。

后来很长时间都没有他的消息。他和妻子、孩子、父母、马匹住在比勒费尔德和居特斯洛之间的一处农庄里。他经常和他的建筑师妻子去南法旅游，顺便监督他们在那里的新家的建筑进度。之后有人说他和美国在线时代华纳商量入职的事，但是他的好朋友史蒂夫·盖斯都另谋高就了。最后他接受了一家投资银行给出的条件，成为合伙人之一，去了伦敦。这家银行主要是买卖大公司的股份，比如古驰、莱卡，米德霍夫负责欧洲的业务。当时50岁的米德霍夫说："这是我梦寐以求的职业，我过去10个月一直把它看成我未来的职业。"

入职的过程并不是一帆风顺的。双方准备谈判前，就见了20次面。因为他在这家投资银行有股份，所以反对者认为，他用几百万马克买了个工作。他最后选择了投资银行再正常不过了，因为和美国在线的成果合作后，他就把贝塔斯曼也当作投资银行那样来管理了。熟人说，他迫不及待想重新管理一家公司的运作。他与媒体业仍保持着紧密的联系：《纽约时报》的出版商小阿瑟·索尔兹伯格委任他进入自己的监事会以加强自己公司的国际业务。米德霍夫欣然接受了邀请。

离职的高管不能断绝与集团的联系，通过银行账户继续保留与集团的关系，这是贝塔斯曼的特点之一。按照合同，米德霍夫被辞退后仍可以支配贝塔斯曼提供的一个司机和一个秘书。

即使后来他接受了伦敦的职位，按理说不能再享受这种待遇，但他仍然付钱让贝塔斯曼的司机送自己去机场。某种意义上，他还保持着和贝塔斯曼的联系，即使是那个曾经和他非常亲密、在他离职后不再与他来往的人。他曾对《世界报》说："当然有些事会让人很失望，恰恰那些我为他们两肋插刀、支持他们投资的人，连眼都不眨一下，就和我断绝了联系，这就是我憎恶的职场上的冷酷。"正因为贝塔斯曼一直都倡导人性至上，这就更让他难过。刚离开时，他在接受《法兰克福汇报》采访时，把他和赖因哈德的关系描述成"父子关系"："我希望我和赖因哈德以及摩恩家的关系能像以前一样那样亲密。"接受乌里希·维克特的采访时他赞扬赖因哈德和利兹·摩恩是两位优秀的大人物。但是在朋友圈子里，他说他俩是自己骗自己的可怜人。他后来还告诉他的朋友，赖因哈德断绝了和他的一切联系。

2003年深秋，贝塔斯曼和米德霍夫双双陷入尴尬的境地：一时间必须一致对外。事情的起因是一笔数目可观的钱。米德霍夫在位时的两个员工声称，当时米德霍夫承诺给他俩分红，但始终没有兑现，于是把米德霍夫告上了法庭。其中一个员工，炎·亨利克·布特内尔要求分得美国在线的利润，理由是他介绍米德霍夫认识了史蒂芬·盖斯，是他给牵的线才有了后来的合作。除此之外，米德霍夫承诺让他当自己的接班人。炎·亨利克·布特内尔和安德烈亚斯·冯·普劳特尼茨共同要求贝塔斯曼支付35亿欧元。因为他们在圣芭芭拉运行他们的网络基金，所以他们要求在加利福尼亚开庭。

虽然米德霍夫驳回了所有指控，但他必须飞往加利福尼亚并连续数日作为证人在听证席上作证。曾经的员工在法庭上指证米德霍夫出尔反尔后，贝塔斯曼面临高额赔偿，米德霍夫也陷入信任危机。陪审团决定两位原告部分控告合法，要求贝塔斯曼支付2亿5000万赔偿金。这比赖因哈德为奖励米德霍夫拿下和美国在线的合作支付给他的2000万奖金可多得多。2004年1月末，法官证实了陪审团的判决，米德霍夫不用支付赔偿金，但贝塔斯曼必须支付2亿零900万欧元。

赖因哈德·摩恩晚年孤寂

这是一座被树木和灌木丛掩映的庄园,建在平原之上,位于离居特斯洛不远的小镇施坦因哈根。自从与玛格达勒娜离婚后,赖因哈德就一直住在这儿。一位女管家和她的母亲住在庄园里,她负责照顾赖因哈德的饮食起居。如果女管家出门了,他就一个人住在这里。

第二次中风后,他在利兹那里住了四周,利兹住在城里。其他时间他们都是分开住的。他会给她打电话,去看望她。他的老朋友古斯塔夫·艾勒特说,利兹在书里写的,所谓的"他每晚和太太喝葡萄酒聊天儿"都是假的。甚至他想去看看赖因哈德都不太容易,利兹总是想方设法破坏他们的友谊。打电话联系也很难,如果他打给赖因哈德时,恰巧利兹也在,她肯定会说:"赖因哈德不方便接电话。"

约翰内斯和艾勒特的女儿结的婚,共育有四个孩子。赖因哈德过80大寿时,艾勒特送给他镶着框的约翰内斯一家的照片。艾勒特把同样的照片挂在自己家里,每每对着照片看,心里都美滋滋的。他特别喜欢自己的外孙子,照片上他握着小拳头特别可爱。后来他问赖因哈德照片挂起来没有,赖因哈德突然记起那些照片,他忘了拆开,不知道放在哪个角落了。

约翰内斯家离赖因哈德的庄园不远,走路就能到。很喜欢徒步的赖因哈德却从没去看过儿孙们。约翰内斯和他的两个姐姐几乎都不愿再与他联系。如果孙子们去看他,他要不就不在家,要不就没时间见他们。艾勒特已经记不清是怎么回事了。约翰内斯因为父亲刻意远离自己很生气。同事们都认为约翰内斯是一个很好接触而且很有礼貌的人，还是个好父亲，但是经常会心情失落。他虽然不是怪癖之人，但是个安静理智的人，有很强的分析力，在这一点上很像他父亲。

历史委员会的调研采访让赖因哈德和他的兄弟姐妹忆起了他们的童年、青年时代和父母。2002年1月哥哥西格贝特去世时，赖因哈德抬着棺墓到墓地，一路上哭得很伤心。玛格达勒娜和古斯塔夫·艾勒特说，最后兄弟俩的关系很生疏。赖因哈德显然和妹妹乌苏拉更亲近。很长时间他和她相处不来，他认为她的想法不切实际。不过当岁数大了，两人就经常凑在一起谈父母和家庭。他和妹妹安娜格雷特聊过他们的大哥汉斯·海因里希，他问她：为什么大哥一辈子没能做出什么成绩？妹妹回答道：他们聪明绝顶的大哥绝不可能像他一样把贝塔斯曼经营得如此好。这个答案对他来说是个安慰。

摩恩每天会去办公室，在他的打理得整整齐齐的办公桌前工作到16：30，午饭时间他会和秘书去总部地下室的食堂。食堂的员工按照他的喜好制定了菜单。饭后，他会睡上20分钟，为此在他办公室旁边专门安排了一间休息室。平常他靠散步和骑自行车来保持精力充沛。他读两份报纸：《新威斯特法伦报》和《世界报》。他偶尔读读书，但不喜欢看电视。

80大寿时他收到了一本纪念出版物，题为《企业家-基金会创始人-市民》。大约600位当地的政客、商人、联合会成员在居特斯洛的城市图书馆齐聚一堂为他庆祝寿诞，同时见证图书展开幕。此次图书展共展出80本书，由

80年中的每一年出版的一本书组成,而此时赖因哈德正在马略卡岛上度假。"很遗憾他不能参加公司内部及以外的庆祝活动了。"女市长在书展开幕式上替他表示道歉。他经常缺席自己的授奖仪式,有时人们甚至感觉在纪念一位逝者。即使出席了活动,他也有可能突然起身离席。社会交际真的不是摩恩的强项。

在集团里只有有权力的人才能跟他说上话。有了他的批示,一般事情都好办。董事会主席蒂伦不去找他,一般让利兹替他带话。平时和他交流的人很有限:办公室里是他的秘书,在家里是利兹替他找的女管家,之前她为利兹工作。通过她利兹可以了解丈夫的生活状况。除此以外还有一位房管和司机。四个员工和利兹,这就是赖因哈德的晚年生活。

后　记

　　2000年，当赖因哈德·摩恩回顾自己的毕生心血——贝塔斯曼集团时，他向史学家们说："德国没有任何一家公司像贝塔斯曼一样，将企业文化贯彻得这么好，尤其是对于像我们这么一家与共同交际相关的媒体集团。美国的大企业也做不到。"在父亲留下的烂摊子上赖因哈德建起了一个国际性大集团，赢得了一代人的尊重。"所有人都敬重他，他的权力建立在财产、成就和祖辈留下的传统之上。"雷内·汉克在《法兰克福汇报》中写道。
　　从一家地方小书店发展成为世界集团，贝塔斯曼不断发展壮大，是因为赖因哈德用他一直倡导的指挥原则给管理层的经理们充分的施展才华的空间：弗里茨·威克斯福特把读书会这个发明和战前的工作联系在一起，让贝塔斯曼变大。曼弗雷德·科恩莱希诺在20世纪五六十年代在公司里建立了内部秩序，使得赖因哈德能在70年代向国外拓展。曼弗雷德·费舍尔提高了古纳亚尔的利润，虽然他做董事会主席的时间不长，没能有太大的建树。马克·沃斯诺尔最终勇敢闯入至今还是贝塔斯曼赖以生存的电视行业。

马克·沃斯诺尔1998年从公司的运营中退出后，转折开始了。之后集团的故事就是一部权力的斗争史，从这时起家族成员开始和经理们争夺集团统治权。权力之争一直延续至今。其实事情的核心是——就像米德霍夫曾经说的那样——如何管理贝塔斯曼？应该像管理一家国际集团那样，还是像管理一家地方企业一样？

米德霍夫想把20世纪五十年代的黄金理论照搬到股市和因特网时代，像管理投资银行那样管理贝塔斯曼。在他的领导下，贝塔斯曼戴上了一个面具——"米德霍夫的面具"。通过上市，他几乎为贝塔斯曼建立了另一套新的内部秩序。借此他改变了存在了几十年的权力结构——最后却让自己被东家解雇。

米德霍夫谢幕后，利兹成了聚光灯的焦点。突然间大家才明白，原来解雇沃斯诺尔时她就扮演了重要的角色。在权力之争中她巩固了自己的势力，在不知不觉中一步步成了赖因哈德·摩恩。对外她继续他的规则和价值观，但集团内部很多员工抱怨那些之前的摩恩的价值观在慢慢消失。

《法兰克福汇报》写道："利兹的权力是借来的，也就是通过结婚得来的。"利兹尽其所能树立自己作为集团领导的威信。丈夫退居幕后，她站在台前。有一点必须承认：从她的角度看，她很成功。在管理公司她说了算，拥有表决权；在基金会还是她说了算，而且拥有多数股份。

另外，她还是监理会成员，可以监督集团的具体运作。我们可以猜测，与在国际性集团扮演一个不重要的配角相比，她更愿意在一家地方企业里拥有绝对领导权。所以她选择把蒂伦这样一个安于现状的人留在身边，也不愿和威克斯福特、沃斯诺尔、米德霍夫和赖因哈德这样想占领新市场的人合作。

在贝塔斯曼，早在赖因哈德和米德霍夫共事的时候，愿望和现实之间就是有距离的。但是两人共同取得的巨大成绩遮盖了矛盾。今天，集团的扩张速度减慢，或者已经不再扩张。贝塔斯曼不再是世界知名经济类高校的大学生们最青睐的雇主了。在这样的年代，矛盾会凸显出来。米德霍夫的接班人很辛苦地巩固集团的地位。在利兹的领导下，集团的未来显得有些捉摸不定，人们不知道她是根据哪些标准领导的。对外她说，她只是宏观监管。但经理们说，实际上，她定期会做出重要的决策。

集团的未来取决于一件事——上市。这关乎权力的问题。摩恩家族可以选择通过上市交出部分权力，或者继续掌控集团权利，然后损失掉重要的股份。无论结果怎样，集团都会变小，贝塔斯曼会从全球集团变回地方的企业。员工最担心的就是这一点：为了阻止外部势力的干扰，贝塔斯曼会把RTL交还给阿尔伯特·弗雷里，这样的话，贝塔斯曼只能以古纳亚尔、印刷部门和服务业务生存，图书出版几乎没有增长空间。

和阿尔伯特·弗雷里签订的协议规定，2005年他可以把自己的股份拿来上市或是出售。摩恩虽有预先出售权，但在不出售集团其他股份的情况下，却没有足够的钱买回这部分股份。随着上市的期限逐渐逼近，摩恩家族对上市的恐惧就愈加强烈：经济界纷纷猜测，他们请求阿尔伯特·弗雷里推迟上市的时间。无论想还是不想，赖因哈德都要为贝塔斯曼上市做准备，不然，阿尔伯特·弗雷里可以撤回出售RTL的决定，那样贝塔斯曼将会失去集团最赚钱的业务。

据说赖因哈德自己已经无法对集团的经营施加任何影响。员工和亲信对于他是否还能对他集团高层的决策有宏观的把控意见不一。赖因哈德委派他妻子维护集团的价值观，而集团的经理们和观察家们都认为，利兹·摩恩只对集团是否掌控在家族手中感兴趣，这恰恰违背了赖因哈德几年前提出的价值观，即将集团的传承置于家庭利益之上。自从赖因哈德决定重新由家庭领导集团后，重心就发生了倾斜：集团不可能永远保持现有的形式，但即使在赖因哈德死后它也要在家族的监管下。赖因哈德制定的雄心勃勃的接班人体系彻底失败了。

关于贝塔斯曼，最重要的遗产就是保持集团的信誉。贝塔斯曼还在，但反抗纳粹的传说和人性化集团的传说已经破灭。随着价值观的改变，贝塔斯曼的信誉也面临风险：利兹接受了一份并不轻松的遗产。

看上去贝塔斯曼好像正在变成一个普通家族领导的普通集团。对于其他家族和企业，也许这稀松平常，但对于一直追求卓越的贝塔斯曼和摩恩家族来说，接受这个现实的确有些不平常。

信息来源

在贝塔斯曼的集团档案里,重要的采访记录和一部分对时代见证人的采访,可以看,但不能复印。重要采访,比如和赖因哈德·摩恩的两次对话,我一个字一个字地誊抄下来。许多关于贝塔斯曼和摩恩家族的信息来自历史委员会撰写的《第三帝国的贝塔斯曼》。加之贝塔斯曼自己出版的编年史和纪念出版物。赖因哈德·摩恩接受了许多访问,从中只能部分了解他的私人生活。另外,几年前他强调"贝塔斯曼不是个人的事业"。

我从集团纪念册系列中了解到家族和公司以前的历史。有关第三帝国的历史主要依据采访、历史委员会的出版物以及那个时期的档案。战后公司的扩建的描述是根据员工们出版了的和没出版的记录以及媒体报道。

如果我引用了出版了的和已知的来源,我的解读就会偏离贝塔斯曼集团的解释。责任下放模式就是个例子:贝塔斯曼和赖因哈德·摩恩认为这源自摩恩在美国的调研及自己的经验。历史委员会则认为，早在他父亲海因里希·摩恩时期就已经引入了这种机制。为什么他偏偏选择了这个机制，历史学家没有给出解释。采访了时代证人、了解了整个事件的过程后，就能知道，海因里希·摩恩不是出于领导技巧的考虑发明了这种管理机制，而是他的病逼得他不得已而为之。

和赖因哈德的少年好友古斯塔夫·艾勒夫、他第一任妻子玛格达勒娜、他小儿子安德烈亚斯的对话让我了解了他50年的生活。在此之前，三个人都没有接受过公开采访。为了避免错误和不准确的地方，我和重要的采访对象反复确认他们的信息，我把我做的最重要的采访按照章节列在了附录里。

由于惧怕贝塔斯曼的势力，只有少数人愿意公开谈论摩恩家族。而且，金钱在赖因哈德·摩恩的系统里是重要的元素，很多人的忠诚已经被收买或是将会被收买。所以对内部人士的采访要非常隐秘。如果可能的话，我会检查他们所说的内容。对那些在贝塔斯曼工作、冒着丢掉工作的危险公开和我谈话的人，我会承诺绝对保密。

对贝塔斯曼势力的恐惧甚至还延伸到了家族成员：有些家庭成员虽然愿意谈赖因哈德和家族的事，但却不愿将他们的名字印在书里。另一方面，贝塔斯曼集团内的兴趣和摩恩家族的谨慎小心形成了对比。贝塔斯曼的员工经常会秘密地在一些问题上给我启发和提示。最迫切的请求和警告，让我小心司法攻击，也同样来自贝塔斯曼集团内部，就好像员工们对独立的调查和描述有着很大的兴趣。

选出的书籍，报刊文章，发言，纪念出版物

贝塔斯曼股份公司：《领导和服务。赖因哈德·摩恩的传记说明》，1981

《赖因哈德·摩恩65岁了。如书里写的一样的企业家》《明星周刊》特辑，29.6.1986

赖因哈德·摩恩 – 70，生日照片，生活照，榜样，C.贝塔斯曼，慕尼黑，1991

米德霍夫，托马斯/舒特-希伦，盖尔德/蒂伦，冈特（编写）：赖因哈德·摩恩。企业家，基金会创始人，公民，贝塔斯曼基金会出版社，居特斯洛，2001

摩恩，赖因哈德：《伙伴关系带来的成功》，西德勒出版社（贝塔斯曼），柏林，1986

摩恩，赖因哈德：人性至上，贝塔斯曼基金会出版社，居特斯洛，2000

摩恩，赖因哈德：企业家的社会责任，C.贝塔斯曼，

慕尼黑，2003

摩恩，赖因哈德：《马克·沃斯诺尔—在一个充满伙伴关系的企业承担了30年的领导责任》，《马克·沃斯诺尔和贝塔斯曼》，贝塔斯曼图书股份公司，慕尼黑，1998

摩恩，赖因哈德：《政治错误领导的后果》，法兰克福评论报，28.29.5.1997

摩恩，赖因哈德：秩序竞争下的德国，贝塔斯曼基金会出版社，居特斯洛，1997

摩恩，赖因哈德：《如何应对全球竞争》，法兰克福评论报，9.11.1998

摩恩，赖因哈德：经理人生活中的虚荣心，贝塔斯曼基金会出版社，居特斯洛，2002

摩恩，利兹：爱会敞开心扉，C.贝塔斯曼，慕尼黑，2001

摩恩，利兹：《投身公共事业的决定》，贝塔斯曼基金会出版社，居特斯洛，大约2002

摩恩，安德烈亚斯：《曾经》，认知和克服葡萄膜炎，贝塔斯曼基金会出版社，居特斯洛，1997

摩恩，安德烈亚斯：关于和平的文章，哈根赫尔辛出版社，法兰克福，1999

摩恩，安德烈亚斯：烛光里的橄榄和葡萄酒，K.费舍尔出版社，亚琛，2001

摩恩，安德烈亚斯：对当前就业市场的简短描述，卡琳费舍尔出版社，亚琛，2001

摩恩，安德烈亚斯：管窥合作型生活世界，福柯出版社，法兰克福，2003

摩恩，安德烈亚斯：生活在白日梦中。安德烈亚斯·埃马努埃尔·摩恩的诗，未出版的私人装订本，2003

贝塔斯曼股份公司领导人才的代表（编）：伙伴式管理。探究贝塔斯曼的人性化管理，C.贝塔斯曼，慕尼黑，1996

对赖因哈德·摩恩的采访

《作者是出版商的伙伴》,新威斯特法伦报,18.10.1969

《居特斯洛的安静男人》,北德意志广播电台,24.4.1974

《我不会从银幕上消失!》,贝塔斯曼报 134,特刊,11.2.1981

《出版社可以贯彻方向》,明镜周刊,22/1983

《德国人:赖因哈德·摩恩与君特·高斯对话》,德国西部广播电台,1986

《世纪的时代证人:赖因哈德·摩恩》,德国电视二台,1992

《前几年的疯狂收购是战略失误》,德国周日汇报,10.1.1992

《我们没钱了,真好》,明星周报 27/96 采访赖因

哈德·摩恩，柏林报，15.6.1996

《60岁就结束了？》，经理杂志，6/1997

《高效和人性》，工会月刊，1.3.1999

《走自己的路》，经理杂志，8/1999

《没有什么是永远合适的》，新威斯特法伦报，28.9.2000

《为什么不呢？》，世界报周日版，25.2.2001

《快速和统治》，经理杂志，4/2001

《有时会上当受骗》，时代周刊，14.6.2001

《我比别人对的时候多》，世界报周日版，24.6.2001

电视采访赖因哈德·摩恩，迈拾贝格，新闻台，7.12.2000

赖因哈德·摩恩80大寿之际接受电视采访，凤凰台，20.6.2001

《家庭很难贯彻什么？》，时代周刊，31.7.2003

对利兹·摩恩的采访

《财富？人只有尽可能快地帮助别人才是富有的》，世界报周日版，28.3.1993

《缺少追求新目标的勇气》，柏林日报，16.10.1993

《我为什么要帮助别人》，节日杂志，21.9.1995

《利兹·摩恩：我改变生活的那天》，图片报，25.10.1996

法兰克福汇报杂志：问卷调查／利兹·摩恩，13.3.1998

特隆克，丽萨：《我的动力是充实的生活》，节日杂志，28.1.1999

《救人于疾苦的人》，经理杂志，1/1999

安娜·霍夫曼：《在权利和爱情的王国里》，时事杂志，10.6.2000

《B．遇见利兹·摩恩》，德国西部广播电台，

26.1.2001
《贝塔斯曼支持新话剧》，钟报，5.5.2001
《像外长一样》，焦点杂志，18.6.2001
《将美与善结合》，柏林报，8.6.2002
电视采访利兹•摩恩，迈拾贝格，新闻台，15.2.2003
《我能把人团结起来》，法兰克福评论报，23.3.2002
采访利兹•摩恩，商务报，9.12.2002
《我只是负责监督》，世界报周日版，7.9.2003
《贝塔斯曼归这个女人调遣》，彩色报，15.12.2004

对家人的采访
安德烈亚斯•摩恩：与作者对话，9.7.2003，27.8.2003，8.10.2003，1.12.2003，5.12.2003，25.12.2003
布里吉特•摩恩：与作者对话，26.5.2003
克里斯多夫•摩恩：与作者对话，19.7.2001，20.3.2003
玛格达勒娜•摩恩：与作者对话，9.7.2003，10.7.2003，27.8.2003，8.10.2003，1.12.2003
乌苏拉•荣韩诺，娘家姓摩恩：与作者对话，1.12.2003

每章的参考文献

第一、二章

《贝塔斯曼股份公司：历史性的几十年》，贝塔斯曼对外宣传办公室，1993

《贝塔斯曼股份公司概况》，贝塔斯曼对外宣传办公室，没标注时间

《W·贝塔斯曼出版社 历史与展望》，W·贝塔斯曼出版社，比勒费尔德，www.wbv，de

巴芬达姆，迪克：《贝塔斯曼150年：创始人和他们的时代》，贝塔斯曼信件，1984.11

巴芬达姆，迪克：贝塔斯曼，摩恩，塞佩尔。三个家族——一个企业，C.贝塔斯曼，慕尼黑，1986

佛莱塔，沃纳（编），居特斯洛城市历史，比勒费尔

德地区历史出版社，2001

弗里德兰德，绍尔/弗莱，诺伯特/兰多夫，图卢兹/威特曼，赖因哈德：第三帝国时期的贝塔斯曼，C.贝塔斯曼，慕尼黑，2002

肯波夫斯基，瓦尔特：《命运赋予我黑面包和自由……》——家族、贝塔斯曼和摩恩的编年史：1835—1985——贝塔斯曼150年，C.贝塔斯曼，居特斯洛，1935

摩恩，约翰内斯：C.贝塔斯曼，莱比锡，1921 W.贝塔斯曼出版社：企业介绍 W·贝塔斯曼出版社，比勒费尔德

第三至八章

伯绍德，西奥多：《小贝塔斯曼传记。与弗里茨·威克斯福特一起》，居特斯洛，1966，未发表书稿

C.贝塔斯曼（作者：赖因哈德·摩恩和海因里希·摩恩）：与菲利克斯的信件往来，ICU出版审查；1947年4/5月

艾勒特，古斯塔夫：与作者对话，9.10.2003，2.12.2003

弗里德兰德，绍尔/弗莱，诺伯特/兰多夫，图卢兹/威特曼，赖因哈德：第三帝国时期的贝塔斯曼，C.贝塔斯曼，慕尼黑，2002

居克，罗兰德：百万图书，贝塔斯曼专业书籍出版社，居特斯洛，1968

荣韩诺，乌苏拉（娘家姓摩恩）：与作者对话，

1.12.2003

肯波夫斯基，瓦尔特：《命运赋予我黑面包和自由……》，C.贝塔斯曼，居特斯洛，1935

摩恩，海因里希/摩恩，赖因哈德/费舍尔，乌苏拉（娘家姓摩恩）/威克斯福特，弗里茨：德国军市政府问卷（去纳粹化，不同版本）1946/47

摩恩，海因里希/摩恩，赖因哈德/费舍尔，乌苏拉（娘家姓摩恩）/威克斯福特，弗里茨：《出版社的政治困境和利润增加的原因》，《C·贝塔斯曼出版社的发展史》，《1933—1945战争类书籍占出版图书总数比例》，写给菲利克斯先生的信，信息监管，9.4.1947

摩恩，赖因哈德：《致我的员工》，辞旧迎新之际的讲话，2.1.1947

摩恩，赖因哈德：1.与历史委员会进行的时代证人对话，12.3.1999

摩恩，赖因哈德：2.时代证人对话，12.12.2000

摩恩，赖因哈德：写给阿格纳斯·摩恩（母亲），玛莉亚娜·摩恩（哥哥西格贝特的妻子），古斯塔夫·艾勒特的信1942至1946年

文多夫，鲁道夫：《赖因哈德·摩恩和他的家》：《回忆。第二个三十年。私人生活》，居特斯洛，1996，未出版私人印刷

文多夫，鲁道夫：与作者谈话，9.10.2003

历史委员会与时代证人如公司老员工的对话：1999.3.12 与克里斯多夫勒女士；1999.5.6与汉娜·凯特；1999.6.15与吕迪亚·特鲁斯；1999.9.21与埃里希·

高尔德贝克及夫人；1999.11.10与汉娜•凯特，汉娜•申克，玛格达勒娜•莱策，吕迪亚•特鲁斯和埃尔斯•宏克；2001.10.18与吉瑟拉•佛拉和罗拉•迈尔；2001.6.21与赫尔德维希•利博采特

第九至十一章

《关于书友会的一切》，贝塔斯曼对外宣传办公室，没标注日期的草稿，大约1975

贝塔斯曼股份公司：《阿格纳斯•摩恩逝世》，对外宣传文章，1978.11.7

贝塔斯曼股份公司：《曾经的老板娘阿格纳斯•摩恩逝世，享年90岁》，贝塔斯曼报，1978。12

比辛格，曼弗雷德：《做政治杂志的困难》，居特斯洛贝塔斯曼集团发言稿

卡尔•贝塔斯曼基金会：建立证书，1954.4.15

《荣誉市民赖因哈德•摩恩静悄悄地结婚了》，钟报，1982.11.23

《贝塔斯曼出版社的艺术性的交织》，法兰克福汇报，1961.8.31

居克，罗兰德：百万图书，贝塔斯曼专业书籍出版社，居特斯洛，1968

古纳亚尔：公司大纪元，汉堡图书营销研究所：工作报告1961/1962，汉堡

约尔格斯，米歇尔：亚历克斯•施普林格事件，李斯特，慕尼黑，1995

科恩莱希诺，曼弗雷德：与北莱茵州政府，就弗里茨·威克斯福特获表彰一事与议员雷内·巴尔兹的来往信件，1957至1962年

罗迈尔，黑诺：亚历克斯·施普林格——一个德国帝国，出版社编辑部，柏林，1992

摩恩，安德烈亚斯：《〈爱会敞开心扉〉一书中寻找真相的态度》，与利兹·摩恩的通信，2003

摩恩，玛格达勒娜：与作者的对话，9.7.2000，10.9.2000，27.8.2000，8.10.2000和1.12.2000

摩恩，赖因哈德：阿日欧拉唱片公司40年，庆祝出版物致辞，1996

摩恩，赖因哈德：庆祝卡尔贝塔斯曼基金会建成致辞，发言稿，1954.4.15

摩恩，西格贝特：庆祝卡尔贝塔斯曼基金会建成致辞，发言稿，1954.4.15

穆辛格：曼弗雷德·科恩莱希诺，2002.7.1

施耐德，沃尔夫：古纳亚尔的故事，皮佩出版社，慕尼黑，2002 施莱贝，赫尔曼：亨利.那南：三种生活，C.贝塔斯曼，慕尼黑，1999

《全部信息》，明镜周刊，1970.3.9

《贩卖图书顾客》，明镜周刊，1957.7.24

《〈规模太大〉，〈是否该害怕？〉》，明镜周刊1981.7

《桑拿里的文件》，明镜周刊，1966.4.18

文多夫，鲁道夫：《回忆。我在贝塔斯曼的日子》，未出版私人印刷，居特斯洛，1997

《老总结婚》，威斯特法伦报，1982.11.23

《摩恩家的新婚典礼》，威斯特法伦报，1982.11.23

第十二、十三章

贝伦斯，艾恩斯特：《不幸中的幸运》，南德报，1983.7.7

比辛格，曼弗雷德：希特勒的星光时刻，拉什&吕灵出版社，汉堡，1984

交易所报：《图书贸易的命运也是我们要经历的》，采访曼弗雷德·费舍尔，1982.9.17

《对费舍尔离开贝塔斯曼的反应》，交易所报，1982.12.3

布林克奥夫，皮特：《赖因哈德·摩恩交出了贝塔斯曼的指挥棒》，新威斯特法伦报，1981.2.12

《如果摩恩走了，会怎样？》，采访赖因哈德·摩恩，图书市场，1979.9

《通过集团实现自己的世界观》，图书报道 1981.2.12

《我们必须把几年前的大块头先消化掉》，采访曼弗雷德·费舍尔图书报道，1982.6.4

多尔，海蒂：《晴天霹雳》，时代周刊，1982.11

多尔，海蒂：《美国的学徒时光》，时代周刊，1980.6.20

《贝塔斯曼暂时规定斋戒》，法兰克福汇报，1982.3.12

《赖因哈德·摩恩把贝塔斯曼的命运交到年轻人手中》，法兰克福汇报，1981.2.12

《违反意愿的宗族制》，法兰克福评论报，1981.2.11

高斯，君特：《关于赖因哈德·摩恩这个人》，西德广播电台，1986工业杂志：采访赖因哈德.摩恩，1978，威斯特法伦报部分再印刷，1978.4.11

凯摩，海因茨-君特：《重回高层》，时代周刊，1981.2.12

库柏，埃里希：明星周刊事件及其后果，具体文学出版社，汉堡，1983

迈尔，克劳斯-海因里希：《摩恩走了又留下了》，南德报，1981.5.29

舒兹，汉斯.罗塔：《自己动手。赖因哈德换到监事会》，交易所报，1981.2.13

《即使怀疑》，明镜周刊，1982.11.29

内部文献：《贝塔斯曼：赖因哈德·摩恩，根据季节转行的人》，1981.2.12

《居特斯洛的美好世界》，经济周报，1981.12.3

第十四、十五章

安德鲁斯，埃德蒙德 L.：《韩赛尔与格雷特有限公司》，纽约时报，1998.3.24

阿蒙克研究所：www.armonkinstitute.org

阿诺德，蒂姆：《时间顺序直到任命独立历史委员会的》，与赫尔什·费舍尔的往来信件，1999.4.15

奥斯特，西格弗里德/瓦普乐，娜塔莉亚：《贝塔斯

曼出版纳粹文学》，3sat电视台，1998.11.13

巴芬达姆，迪克：罗斯福的战争，赫尔比出版社，慕尼黑，2002，（在1988年第二版基础上）

巴芬达姆，迪克：《被纳粹政府禁止、没收或指摘、压迫的<呐喊者>的书目及C•贝塔斯曼出版社1933-1944出版的书目》，对外宣传办公室列表，1988.12.8

贝塔斯曼股份公司：《马克•沃斯诺尔的生活》，1988.10.14

贝塔斯曼股份公司：《贝塔斯曼股份公司关于第三帝国时期出版社历史的声明》，宣传声明，1998.12.15

贝塔斯曼图书股份公司：马克•沃斯诺尔和贝塔斯曼公司，慕尼黑，1998

卡瓦哈尔，多林：《德国媒体巨头要花1.4万亿美元买下兰登书屋》，纽约时报，1998.3.24

克劳森，克里斯蒂娜：《胜者永远是胜者》，明星周刊特刊，1998.10.14

《约翰内斯•摩恩》，钟报，1992.9.11

艾尔芬拜茵，斯蒂芬：《最年轻的全球玩家》，柏林报，1998.6.12

艾斯林根，德特勒夫：《眼泪不会说谎》，南德报，1998.11.2

菲施勒，赫谢尔/弗里德曼，约翰：《贝塔斯曼的纳粹过去》，国家，1998.12.28

菲施勒，赫谢尔/弗里德曼，约翰：《贝塔斯曼的修正主义者》，国家，1999.11.8

菲施勒，赫谢尔：《光明的未来－黑暗的过去》，世界周报，1998.10.29

菲施勒，赫谢尔：《为什么要调查，调查是如何进展的？》，未发表调查记录，2003.1

菲施勒，赫谢尔：和作者的对话，1998-2003，31.1.2003和1.2.2003

弗里兹，贡希尔德/高乐 理查德：《危机中群龙无首》，时代周刊，1983.7.8

哥特林，乔希：《如何读贝塔斯曼的兰登书屋的古籍书？》，洛杉矶时报，1999.1.24

加尔斯，杰夫/索希尔，瑞：《全新的篇章》，新闻周刊，1998.4.6

格鲁贝格，妮娜：《使劲砸，赢了》，时代周刊，1998.7.16

哈尔丁，詹姆士：《拉紧特殊关系》，金融时报，2000.2.25

哈尼施菲格，曼弗雷德：写给德国一台台长皮特·沃斯的信，1998.11.26

赫尔墨，沃尔夫冈：《请永远加奶泡》，法兰克福汇报，1998.11.2

赫特莱茵，本哈特：《马克，什么样的马你都能驾驭》，威斯特法伦报，1998.10.31

赫特莱茵，本哈特：《沃斯诺尔交接给米德霍夫》，威斯特法伦报，1998.10.31

雅各布森，亚历山大：《我感谢上帝》，新威斯特法伦报，1998.9.24

约翰，瓦伦：《为什么纽豪斯把兰登书屋卖给了贝塔斯曼？》纽约观察报，1998.3.30

约翰森，丹尼尔：《贝塔斯曼的春天》，纽约，1998.4.27

容克布鲁特，鲁迪格：《在这个帝国里太阳永远不会落下》，明星周刊特刊，1998.10.14

吉斯，克里斯多夫：《严格是爱得更好形式》，柏林报，1997.7.5

科尔，赫尔穆特：致辞，1998.6

莱斯勒-基普，瓦尔特：致辞，1998.6.10

丽丽安塔，福尔克：《某些问题》，法兰克福汇报，1998.12.21

丽丽安塔，福尔克：《针对纳粹嫌疑的危机公关危机》，epd，1999.3.5

路德，西格弗里德：《马克.沃斯诺尔，集团和总部》，马克·沃斯诺尔和贝塔斯曼公司，贝塔斯曼图书股份公司，慕尼黑，1998

迈尔，卢兹：《加奶昔》，日报，1998.11.2

门施，克里斯蒂安：《和德国二台组成第五阵营》，世界周报，1998.12.17

门施，克里斯蒂安：《保密到底，抹杀，犹豫》，世界周报，1999.3.11

米德霍夫，托马斯：《打造通往21世纪的跨大洋和跨文化桥梁：一家跨国媒体集团的责任》，发言稿，1998.6.10

米德霍夫，托马斯：《企业文化和领导企业的延

续》，马克·沃斯诺尔和贝塔斯曼公司，贝塔斯曼图书股份公司，慕尼黑，1998

米德霍夫，托马斯：《因为翻阅纸质书有种美妙的感觉》，世界报，1998.11.24

米德霍夫，托马斯：《我们只需要圆滑的想掌控一切的人吗？》，时代周刊，2001.1.25

米德霍夫，托马斯：与作者对话，1998.6.9

《二百万马克赔偿金》，新威斯特法伦报，1979.11.26

《廉价出售》，纽约时报，1998.3.25

珀曼，斯泰西：《贝塔斯曼的书》，时代，1998.4.6

赖利，帕特里克 M./施泰因莫辞，格雷格：《贝塔斯曼要买兰登书屋》，华尔街报，1998.3.24

洛尔，沃尔夫冈：《马略卡岛最漂亮的地方》，明星周刊特刊，1998.10.14

施恩菲尔德，莫妮卡：《马克，你就是个好汉》，威斯特法伦报，1998.10.31

舒勒，托马斯：《大，更大，贝塔斯曼》，北德意志广播电台，1998.5

舒勒，托马斯：《贝塔斯曼的好德国人》，南德报，1998.6.15

舒勒，托马斯：《外国的贝塔斯曼经理人们》，格立莫年报，马尔，1996/97

舒勒，托马斯：《分享快乐》，柏林报，1999.5.27

舒勒，托马斯：《可疑分子的卡特尔》（德国二台台长迪特·斯托尔特的声明），柏林报，1999.5.31

舒勒，托马斯：《共识比分歧多》，柏林报，1999.7.21

舒勒，托马斯：《真实的故事》，柏林报，1999.3.15

舒尔特-希伦，盖尔德：《宽容，自由，充满活力》，明星周刊特刊，1998.10.14

史密斯，蒂尼塔：《贝塔斯曼计划调查纳粹时期自己的角色》，纽约时报，1998.12.16

《很难战胜》，明镜周刊，52/1996

《乌里.齐格勒到底在干什么？》，明星周刊特刊

《贝塔斯曼：马克•沃斯诺尔60岁了》，（没出售），1998.10.14

托马，丹尼埃拉：绝对轰动，霍夫曼&坎佩出版社，汉堡，2001

托马，赫尔穆特：与作者的对话，2001

特雷普，吉安/菲施勒，赫谢尔：《一个人在船上的时间长》（迪克•巴芬达姆如何把康拉德•库要带到明星周刊），周报，1999.10.7

图里，皮特：《可以信赖的托马斯》，网络商贸，35/2001

沃斯，皮特：给贝塔斯曼对外宣传办公室主管曼弗雷德•哈尼施菲格的信，1998.12.2

《约翰内斯•摩恩，日历有限公司的老总》，威斯特法伦报，1995.4.29 沃斯诺尔，马克：与作者对话，2003.10.30

第十六章

《没有压力我是不会走的》,资本,1999.12.1

博德,克劳斯:《摩恩印刷厂》,经理杂志,2000.7

弗莱施豪尔,炎:《要么胜利要么去西伯利亚》明镜周刊,1999.7.26

赫尔墨,沃尔夫冈:《令人惊讶的告别》法兰克福汇报,2000.5.20

科奇,拉尔夫/舒勒,托马斯:《天鹅湖边的喧嚣》,2000.5.20/21

摩恩,赖因哈德:《马克·沃斯诺尔在和谐的气氛中离开了贝塔斯曼》,集团公告,2000.5.19

《〈特别的感觉〉,接班基金会创始人》,新威斯特法伦报,1998.12.10

《32年后告别》,新威斯特法伦报,2000.5.20

《爱情宣言》,新威斯特法伦报,2001.1.13

《贝塔斯曼的人事变动》,新威斯特法伦报,2000.10.31

《我们不想再合作》,新威斯特法伦报,2000.9.29

施马伦,罗塔尔:《告别居特斯洛》,新威斯特法伦报,2000.9.1

施马伦,罗塔尔:《贝塔斯曼决定放弃》,新威斯特法伦报,2000.5.20

施马伦,罗塔尔:《摩恩对公司做出调整》,新威斯特法伦报,2000.9.28

施马伦,罗塔尔:《一切都不如从前了》,新威斯特

法伦报，2001.1.15

施马伦，罗塔尔：《贝塔斯曼基金会，你要去向何方？》，新威斯特法伦报，2000.9.4

《利兹·摩恩很会包装自己》，威斯特法伦报，2001.2.16

第十七章

阿贝斯卡，布鲁诺：《阿尔伯特·弗雷利。男爵需要人求他》，快报，巴黎；被证券报重印，2001.8.16

贝克，瓦尔特：《价格真高》，交易所报，2001.2.7

比列夫斯基，丹：《下一个水平》，华尔街报，2001.10.1

《贝塔斯曼把股市大门撞开了》，交易所报，2001.2.6

《赖因哈德·摩恩80岁了》，交易所报，2001.6.27

布瑞维奇，尤里夫：《快速多面手》，南德报，2001.8.13

凯瑞尤，约翰：《阿尔伯特·弗雷利的帝国》，华尔街报，被每日镜报重印，2001.3.12

豪斯，乌维. 计：《现代宗族制》，时代周刊，25/2001

席乐布莱希特，麦德伦：《为什么不呢？》世界报周日版，2001.2.25

雅各布，汉斯-乌尔跟；施泰因尕尔特，嘉宝：《居特斯洛的革命》，明镜周刊，23/2001

约尔格斯，米歇尔：《贝塔斯曼行动》，资本，2001.10.31

路德，西格弗里德：与作者对话，2000.4

摩恩，赖因哈德：《唯一的机会》，贝塔斯曼报，5/2001

《从周一起就是另一个企业》，新威斯特法伦报，2001.2.6

《托马斯·米德霍夫让情形变得紧张》，新威斯特法伦报，2001.2.6

赖纳，凯-辛里奇：《无法想象》，周报，2001.2.9

舒勒，托马斯：《进入新世界》，时代周刊，2000.5.25

瓦格纳，洛伦茨：《加一点专制》，德国金融时报，2001.5.21

第十八章

《一个人建立基金会》，西德广播电台

贝塔斯曼基金会（编）：电视需要责任，第一部，贝塔斯曼基金会出版社，居特斯洛，1995

贝塔斯曼基金会：《25年贝塔斯曼基金会改革成就》，贝塔斯曼基金会，居特斯洛，2002

伯雷士，康乃馨：《埃尔玛·布洛克》，南德报，2003.5.31

多纳伊，克劳斯·封：《赖因哈德·摩恩》，菲斯特，约阿希姆：伟大的基金会创始人，西德勒，柏林，1997

《信息社会的版权没有争议……布鲁塞尔议员》，法

兰克福汇报，1999.3.29

汉娜，伯恩哈德：《问题是他的长生不老药》，新威斯特法伦报，2001.6.29

汉娜，伯恩哈德：《独一无二是个问题》，新威斯特法伦报，2002.3.12

汉娜，伯恩哈德：《"摩恩邪教"的改革工厂》，新威斯特法伦报，2002.3.5

汉娜，伯恩哈德：《颁给民主党的奖》，新威斯特法伦报，2001.9.13

汉娜，伯恩哈德：《前提是信任》，新威斯特法伦报，2002.3.9/10

卡曼，乌维：《雄鹰》，epd，1999.6.4

凯默，海恩斯-君特：《钱不是很重要》，时代周刊，1985.3.1

克洛普夫，英奇：《秘密的总理顾问》，法兰克福汇报，2002.3.10

雷恩戴克，汉斯：《善于抓住机会的人》，南德报，2001.6.29

摩恩，赖因哈德：《利用外国的经验》，《电视需要责任》

摩恩，赖因哈德：《确保电视的责任》，卡尔贝塔斯曼奖庆祝活动致辞 1994，《电视需要责任》

摩恩，赖因哈德：《运作型基金会的目标》，贝塔斯曼基金会出版社，居特斯洛，1996

穆辛格：《布洛克，埃尔玛》，1999.11.15

《劳向基金会创始人摩恩致敬》，新威斯特法伦报，

2002.3.14

《劳尊重摩恩的建议》，新威斯特法伦报，2002.3.14

《继续增长》，新威斯特法伦报，1999.12.16

珀斯提奈特，阿克塞尔：《无处不在的宗族制》，商务报，2001.6.28

劳，约翰内斯：总统关于汽车询问的回答，2003.10

里希特，安德烈亚斯/梅恩，克里斯蒂安：《建立基金会和企业接班人——一个融合的解决方案》，贝塔斯曼基金会，居特斯洛，2003.10.30

李尔-海泽，赫伯特：《赖因哈德·摩恩或：威斯特法伦式的经济巨头》，李尔-海泽：众神的黄昏，西德勒出版社，柏林，1995

沙伊特豪尔，英格丽特：《社会高级工程师》，法兰克福评论报，2001.6.29

施马伦，罗塔尔：《城市里最重要的儿子》，新威斯特法伦报，2001.6.29

施马伦，罗塔尔：《天鹅湖畔的点子工厂》，新威斯特法伦报，2002.1.15

施马伦，罗塔尔：《唯一的办公室是个生殖细胞》，新威斯特法伦报，2002.3.6

施马伦，罗塔尔：《开始吧》，新威斯特法伦报，2002.3.13

施马伦，罗塔尔：《理想不应是虚幻的》，新威斯特法伦报，1997.7.8

舒勒，托马斯：《从雄鹰到汤鸡》，柏林报，1999.6.3

西蒙，赫尔曼：《世纪企业家》，时代周刊，

1998.12.30

《精准分割》，明镜周刊，1997.9.22

居特斯洛市图书馆：《80本书——庆祝赖因哈德·摩恩80大寿》，2001.6

内部文章：《银库空虚将教会我们思考》，2002.3.15

托曼，约尔格：《等，直到疼》，法兰克福汇报，1999.6.4

威瑟，托马斯：《多个头脑思考》，法兰克福评论报，1997.12.23

封.阿尼姆，汉斯：《德国制度化的政治无责任感及政治腐败》，2001.11

第十九章

奥格施泰因，弗郎西斯卡：《文学武装》，南德报，2002.10.8

巴尔，君特：《别写那封信》焦点，2003.11.24

贝内迪克特，鲁本：《贝塔斯曼隐瞒第三帝国时期自己角色的细节》，网络报，2002.10.12

《作贝塔斯曼！》，贝塔斯曼报2001.12

《真相显而易见》，采访丹尼尔·戈德哈根，贝塔斯曼报，12/2002

博德，克劳斯：《冈特·蒂伦》，经理杂志，5/2002

布瑞维奇，尤里夫：《应该如何继续？》，南德报，2003.2.13

克拉克，托马斯：《数字代替魔术》，德国金融时

报，2003.3.24

费舍勒，赫施：《调查涉及哪些圈子？》未出版的文章，3/2003

费兹，托马斯：《不是原版的关门指令》，未出版的对赫施·费舍勒的采访，5/2000

《利兹和诡计》，焦点，2002.8.5

《贝塔斯曼争论，有些人说公司状况时好时坏》，法兰克福汇报，2002.4.2

《三对一》，法兰克福汇报，2002.7.30

弗里德兰德，绍尔：《已建立的传奇》，柏林报，读者来信，2002.10.19

格林，大卫：《我与贝塔斯曼的斗争》，耶路撒冷报，2001.7.2

哈曼/霍伊泽尔：《领导意味着庇护》，时代周刊，32/2002

韩菲尔德，米歇尔：《回家》，法兰克福汇报，2002.7.31

韩菲尔德，米歇尔：《你们需要成就还是爱情或者其他什么？》，法兰克福汇报，2003.2.13

汉克，赖纳：《贝塔斯曼的管理高层的魔咒》，法兰克福汇报周日版，2003.11.23

汉克，赖纳：《完美的女学生》，法兰克福汇报周日版，2002.8.4

霍伊泽尔，乌维·让：《我任命了我的妻子》，时代周刊，8/2003

历史委员会：与赖因哈德·摩恩进行的时代证人对

话，1999.3.12和2000.12.12

雅各布，汉斯-于尔根/莱恩德克，汉斯：《居特斯洛的女皇》，南德报，2003.2.8/9

雅各布，汉斯-于尔根/莱恩德克，汉斯：《系统失败》，南德报，2003.2.12

卡尼施尼格，马修：《为贝塔斯曼的灵魂而战》，华尔街报，2002.7.30

卡尼施尼格，马修：《贝塔斯曼的战争时期历史省略摩恩的角色》，华尔街报，2002.10.11

卡尼施尼格，马修：《贝塔斯曼承认它的纳粹角色》，华尔街报，2002.10.8

卡尼施尼格，马修：《德国贝塔斯曼来清理与纳粹的联系—好的，几乎》/《给出版商800页的报告忽略了摩恩先生对同盟国撒谎》，华尔街报，2002.12.23

兰德勒，马克珂克帕特里克，大卫：《贝塔斯曼的总裁被解雇了》，纽约时报，2002.7.29

莱恩德克，汉斯/雅各布，汉斯-约尔根：《世界的鳄鱼》，南德报，2002.7.30

莱恩德克，汉斯/雅各布，汉斯-约尔根：《两个互不喜欢的人》，南德报，2002.7.31

莱恩德克，汉斯：《第三只眼》，南德报，2001.7.16

莱恩德克，汉斯：《科尔家庭这件事》，南德报，2001.7.14/15

洛卡提斯，西格弗里德：《居特斯洛的石窟人》，柏林报，2002.10.28

路德，西格弗里德：《公司管理作为毕生事业》，米德霍夫，舒尔特-希伦（编）：赖因哈德·摩恩，企业家，基金会创始人，公民，2001

《猜想的新食材》，经理杂志，2002.7.31

米德霍夫/蒂伦：共同的信，2002.7.30

米德霍夫，托马斯：《我有的最后是借来的权力》，接受法兰克福汇报采访，2002.8.2

米德霍夫，托马斯：分别信，2002.7.30

摩恩，利兹：《充分信赖西格弗里德·路德》，柏林报，读者来信，2003.12.27

摩恩，赖因哈德：《赖因哈德·摩恩把统治权交给他妻子利兹》，世界报周日版，2003.2.9

米勒，埃克哈德：《董事会的骚乱》，克雷斯报，2003.11.21

佩里那，卡亚：《贝塔斯曼重整他的团队》，布里尔内容，12/2000

普拉特豪斯，安德烈亚斯：《希特勒的最好的供货商》，法兰克福汇报，2000.1.18

雷内法兹，莎宾娜：《居特斯洛的仙女》，柏林报，2003.2.17

李凌，伯克哈特：《摩恩家的新势力》，世界报，2003.2.21

施马伦，洛塔尔：《成功的实践者》，新威斯特法伦报，2001.8.25/26

施马伦，洛塔尔：《蒂伦遇到摩恩的继承人》，新威斯特法伦报，2001.8.25/26

舒勒，托马斯：《在家庭手中》，柏林报，2002.7.30

舒勒，托马斯：《侍者》，柏林报，2003.12.15

舒勒，托马斯：《安全理事会》，柏林报，2003.4.1

舒勒，托马斯：《在这个维度里令人惊讶》，柏林报，2000.1.18

舒勒，托马斯：《内心煎熬。贝塔斯曼的权力之战》，柏林报，2003.2.21

舒勒，托马斯：《长时间被低估》，柏林报，2002.7.31

舒勒，托马斯：《摩恩的信》，柏林报，2002.10.14

舒勒，托马斯：《只有第二个好的解决方案》，柏林报，2003.7.9

舒勒，托马斯：《被施罗德眷顾》，柏林报，2003.8.26

舒尔特-希伦，盖尔德：《我们没法统一意见》，接受世界报周日版，2002.8.4

舒尔茨，托马斯/图马，托马斯：《威斯特法伦的不安宁》，明镜周刊，2003.11.24

《让强者更强》，明镜周刊，5/2003

施泰因嘎特，嘉宝：《他或我》，明镜周刊，2002.8.5

陶依尔，马库斯：《清洁工》，法兰克福汇报周日报，2003.9.7

蒂伦，冈特：《董事会主席的信》，2002.10.8

蒂伦，冈特：《别人眼中我是米德霍夫的一部分》，

经理杂志，2002.7.31

蒂伦，冈特：信，2002.7.31

蒂伦，冈特：《历史委员会新闻发布会的声明》，2002.10.7

乌里希，佛利克：《一个模范企业》，时代周刊，42/2002

独立历史委员会为了研究第三帝国时期贝塔斯曼出版社历史：新闻发布会，2002.10.7，文件

独立历史委员会为了研究第三帝国时期贝塔斯曼出版社历史：《1939-1945年卡尔贝塔斯曼出版社的党卫军版本》，2000.1.17

《贝塔斯曼的文化碰撞》，华尔街报，2002.7.30

《贝塔斯曼的首席执行官被辞退》，华尔街报，2002.7.29

薇奈特，约阿希姆：《无罪的结束》，周报，2000.1.28

第二十章

布瑞维奇，尤里夫：《在居特斯洛的家》，南德报，2002

《贝塔斯曼总裁蒂伦任期延长》，法兰克福汇报，2003.12.20/21

格林沃尔德，安可：《第一联盟》，新威斯特法伦报，2000.2.2

《我们比别的集团的企业家多》，采访冈特·蒂伦和

西格弗里德·路德，商务报，2003.12.22

荷贝史特莱特，迈克：《居特斯洛的后备人才》，德国金融时报，2000.11.17

兰德勒，马克：《一个贝塔斯曼的继承人用计谋成了明显的继承人》，纽约时报，2002.8.12

兰德勒，马克：《一个德国的媒体巨头准备退出并减少债务》，纽约时报，2003.7.30

摩恩，布里吉特：与作者对话，2003.5.26

摩恩，克里斯朵夫：与作者对话，2001.7.19，2003.3.20

《从居特斯洛到这个世界》，网络商务，2000.1.24

《基金会里的一股清风》，新威斯特法伦报，2002.2.20

诺纳斯特，托马斯：《居特斯洛的家族》，商务报，2000.11.27

里肯斯，克里斯蒂安：《摩恩的狗年月》，经理杂志，5/2002

舒勒，托马斯：《宗族制度的儿子》，柏林报，2003.4.10

封·陶博，达格玛：《第二位妻子》，世界报周日版，2002.8.4

第二十一章

《作为电影见习生的出版社经理》，第5篇，3/1989

巴尔，君特/迈尔，塔季扬娜：《婚姻中》，焦点，

2003.12.8

  贝塔斯曼，阿尔恩特：和作者的谈话，2003.10.8

  《儿子的病改变了她的一生》，图片报，2002.5.10

  《曼弗雷德·科恩莱希诺到底过得怎样？》，图片周报：2001.2.1

  比科霍尔茨，罗尔夫：《小天堂……安德烈亚斯·摩恩在市图书馆读书》，新威斯特法伦报，2001.3.4

  比科霍尔茨，罗尔夫：《不要匆忙探究……安德烈亚斯·摩恩的论文》，新威斯特法伦报，2000.11.7

  比特，约翰内斯：《西格贝特·摩恩75岁了》，钟报，1998.11.23

  布拉姆斯，史蒂芬：《这是个梦》，新威斯特法伦报，2003.6.21/22

  《你好，费舍尔博士》，联系人，1994.5.9

  《艺术爱好者荣誉戒指获得者》，钟报，1998.11.25

  埃克哈德，延斯：《针对贝塔斯曼的赤裸裸的贪婪》，商务报，2003.10.31

  艾勒特，古斯塔夫：与作者的对话，2003.10.9，2003.12.2

  艾柴特，乔治：《神医，可以吗。曼弗雷德·科恩莱希诺今天75岁了》，南德报，2000.12.1

  埃弗斯，马可：《在上帝手中》，明镜周刊，2003.10.27

  《棕榈树下的扑克纸牌》，焦点，2003.11.3

  《曼弗雷德·费舍尔》，法兰克福汇报，2002.4.16

  《到底在做什么……？曼弗雷德·科恩莱希诺》，心

灵女人，2001.5.30

哈夫纳，海因茨：精神病之谜，C.H.贝克，慕尼黑，2001

雅各布，汉斯-于尔根：《中等级别》，南德报，2003.12.2

雅各布，汉斯-于尔根：《时代的影子》，南德报，2003.9.20/21

卡尼迟尼希，马修：《崛起成为接班人的妻子》，华尔街报，2003.12.1；译成每日明镜：《利兹•摩恩的复杂的罗曼蒂克》，2003.12.8

考夫曼，马蒂亚斯：《老贝塔斯曼的新困惑》，经理杂志，2003.10.30

兰德勒，马克：《贝塔斯曼的前董事会主席成为投资公司的伙伴》，纽约时报，2003.6.19

米德霍夫，托马斯：《我很冷酷的专业性》，2003.6.22

米德霍夫，托马斯：《德国中等企业发现了入股投资人》，南德报，2003.10.28

摩恩，安德烈亚斯：《涉及：对于〈爱会敞开心扉〉书中找出真相的态度》，给利兹.摩恩的信，2003

摩恩，安德烈亚斯：《共和国的情况》，缩减版：《乌里•维克特当权》，世界报，2003.1.27

摩恩，安德烈亚斯：和作者的对话，2003.6-12

摩恩，安德烈亚斯：www.modelart-mohn.de

摩恩，玛格达勒娜：与作者的对话，2003.1-6

《家乡的文化使者》，新威斯特法伦报，2002.1.19/20

《墓碑旁的长号声》，新威斯特法伦报，2002.1.24

《托马斯.米德霍夫加入纽约时报集团的董事会》，宣传稿，纽约时报，2003.9.18

里肯斯，克里斯蒂安：《马略卡岛：犹太人居住区里的买来的幸福》，经理杂志，8/2003

罗威德，塞西莉：《在72号，贝塔斯曼的建立者将目光放在赠送的礼物上》，华尔街报，1993.9.24

施马伦，洛塔尔：《以更高的速度》，新威斯特法伦报，1998.10.14

施恩菲尔德，莫妮卡：《我看可以开始了》，威斯特法伦报，1998.10.14

西本哈尔，汉斯-皮特：《居特斯洛的感恩节》，商务报，2003.11.5

感谢词

这本书的作者是我,但如果没有许多人的帮助、参与,这本书就不可能成形。我感谢所有为此书做出贡献的人,尤其是那些愿意和我谈摩恩家族和贝塔斯曼集团的人。此外,我尤其要感谢科妮利亚·博来施、比尔吉特·维丁尔和克劳斯·奥特,是他们让我接触到了南德报和媒体新闻;此外,还要感谢史蒂芬·埃尔芬拜因、米歇尔·迈尔和奥利弗·赫格塞尔,他们说服我跳槽到柏林报,也就是到了贝塔斯曼;还要感谢迪特·施罗德、马丁·聚斯金德、乌维·福尔区特和拉尔夫·科奇,是你们让那个我了解了贝塔斯曼。我还要感谢卡尔·奥拓·绍尔让我没有犯错误。感谢米歇尔·绍尔耐心地倾听我对此书的看法;感谢托马斯·比伯参加了重要的新闻发布会;感谢克里斯蒂安·博马留斯的热情好客和对此书的信任;感谢鲁本·法穆兰给予我道德上的支持,感谢父母运输上的帮助,感谢亚历山大·西蒙在关键时刻说了正确的话;感谢我的审稿人于尔根·纽鲍尔让我的书有了现在的样子。